过彤 关玲 朱星辰 著

新媒体内容创作与运营

广播电视文艺编导专业『十四五』规划实践教材

中国传媒大学出版社

·北京·

2022年,我国数字经济发展提速增效,网络视频用户快速增长,用户黏性不断提高,传媒产业加速变革,媒体融合步入"深水区"。当前,传统媒体与新媒体朝着"融为一体、合而为一"的方向阔步迈进,产业数字化是数字经济发展的必然路径,并且呈渐进式发展趋势。如何在复杂的媒介环境中探寻符合自身媒介平台属性的发展模式?如何在"元宇宙""AIGC""GPT"等信息技术层出不穷的当下,创新媒体的内容制作、营销和服务?如何构建具有特色的新媒体服务生态,锻造新媒体营销核心竞争力?这些是时代留给每一个新媒体从业人员的考题。

习近平总书记多次强调:在信息生产领域,也要进行供给侧结构性改革,通过理念、内容、形式、方法、手段等创新,使正面宣传质量和水平有一个明显提高。作为总台旗下两大新媒体阵地,央视频和央视网牢牢把握"创新"这一主旋律,积极打造"内容+平台+技术"的媒体服务生态,以一系列社会效益和经济效益双丰收的好内容、好产品、好项目,不断开创新媒体营销的新天地。

长期的实践,使我们对于"内容+平台+技术"三位一体的媒体服务生态,有了越来越深刻的理解与体会。总台2023网络春晚,全面升级"开新"理念,瞄准中国青年,以青春化、年轻态的表达,展现中国式现代化进程中青年的奋斗故事。《央young之夏》《冬日暖央young》《开工喜央young》《周末新花young》等央视频"young"系列升级焕新,创意表达擦亮青春底色。《2022中国烟台葡萄酒节》《2023中国春兰节》《中国(开封)清明文化节》《中国（成都）生活体育大会》《2023中国·乌拉盖文旅IP服务方案》等一系列节展活动，解锁"央地联动"新模式，聚焦中国城市发展，释放城市澎湃动力。

"一花独放不是春，百花齐放春满园。"面对滚滚而来的融媒体浪潮，我们选择携手并进。在这本《新媒体内容创作与运营》中，我们将新媒体创作与经营的实践路径与模式分享出来，仅是抛砖引玉，希望能为当下和未来的新媒体工作者提供新的视野和思路，对我国的新媒体产业发展有所裨益。

"为者常成，行者常至"，希望在不久的将来，能看到越来越多"新媒体人"同舟共济、并肩奋斗、锐意进取、开拓创新，创作出更多讲好中国故事、为时代鼓与呼的精品。也祝愿我国的网络视听行业行稳致远，不负未来。

是为序。

过彤

央视国际网络有限公司董事长

央视频融媒体发展有限公司总经理

央视创造传媒有限公司总经理、总编辑

序 二

随着技术发展，人们消费习惯的变化，信息传播格局发生巨变，大众传媒已进入新媒体时代。一场传统媒体向新媒体的转型邅变在所难免。新媒体是近些年新闻传播学和戏剧与影视学学科建设的热点方向，它是面向互联网和数字化科技，顺应数字化时代传媒产业变革趋势而逐步发展起来的，是艺术与技术的结合，具有较强的跨学科性和应用性。作为中国传媒大学两个一流学科之一，戏剧影视学院有责任也有能力，为学生在新媒体领域的研究和实践提供路径和方法论。

位于两个百年的交汇点上，新媒体正在属于我们的时代大放异彩。我们既手握舵盘，又肩负责任。面对信息大爆炸、技术的更新迭代、市场的瞬息万变等多种挑战。习近平总书记提出要求："要推动融合发展，主动借助新媒体传播优势。要抓住时机、把握节奏、讲究策略，从时度效着力，体现时度效要求。"怎样创造完美的时机？如何把握新媒体传播节奏？如何制定新媒体传播策略？我想，这本《新媒体内容创作与运营》，或许就是中国传媒大学戏剧与影视学学科给出的答案。

《新媒体内容创作与运营》不仅是一本引领新媒体时代的教科书，更是全媒体行业引路的指南针，为万千从业者赋能提供了实务宝典。这本宝典的主角既不是高深莫测的传播学理论，也不是复杂晦涩的产业数据，它剔除了复杂的技术，深入浅出地阐述了无论是传统主流媒体还是基于内容生产和社交基础的新媒体平台，都需要在复杂的媒介环境中探索符合自身媒体属性的发展模式；通过对新媒体爆款案例的总体特征汇总，洞察出新媒体内容创作的基本规律；依托对管理措施、运营策略、商业化模式的详细论述，分析当前新媒体运营的客观规律及行业发展趋势；系统性地比较分析微博、腾讯系列、抖音、快手、B站、小红书、知乎的平台内容生产机制及运营规律。

这本书写给学生以及新媒体从业者和对新媒体话题感兴趣的读者，希望他们能够理解与我们已经密不可分的"赛博世界"，从热闹的新媒体现象中看出些门道，从瞬息万变的信息技术革新中觉察出机会。我相信，这本不可多得的匠心之作定能使行业充溢生机与更多可能，让从业者坚守初心，与时代新浪潮共同奋进！

是为序。

关玲

中国传媒大学戏剧影视学院院长

广播电视艺术学教授、博士生导师

CONTENTS 目录

导　读　　　　　　　　　　　　　　　　　　　　　　　　／ 1

第一章　从传统媒体到新媒体　　　　　　　　　　　　　／ 1
　　第一节　媒介变化　　　　　　　　　　　　　　　　　／ 1
　　第二节　媒介类型　　　　　　　　　　　　　　　　　／ 43

第二章　新媒体内容创作规律　　　　　　　　　　　　　／ 62
　　第一节　新媒体内容爆款规律　　　　　　　　　　　　／ 62
　　第二节　新媒体内容生产模式　　　　　　　　　　　　／ 77

第三章　新媒体运营规律　　　　　　　　　　　　　　　／ 90
　　第一节　新媒体运营现状及管理政策　　　　　　　　　／ 90
　　第二节　新媒体运营策略　　　　　　　　　　　　　　／ 108

第四章　不同商业媒介平台内容生产及运营规律汇总　　　／ 131
　　第一节　微博　　　　　　　　　　　　　　　　　　　／ 131
　　第二节　微信生态体系　　　　　　　　　　　　　　　／ 148
　　第三节　抖音　　　　　　　　　　　　　　　　　　　／ 162

第四节	快手	/ 173
第五节	哔哩哔哩	/ 185
第六节	小红书	/ 206
第七节	知乎	/ 221
第八节	平台汇总及未来发展趋势	/ 238

附　录　总台新媒体运营概况　　　　　　　　　　　　　/ 251

后　记　　　　　　　　　　　　　　　　　　　　　　　/ 260

导　读

一、教材目标　>>>

1. 从新媒体内容创作及运营入手，全方位讲解不同类型媒介内容的生产规律及运营模式，为媒体一线人员提供创作及运营视角的策略与思路。

2. 详细划分媒介平台类型并阐释其不同的运营规律，为相关行业从业人员及高校相关专业的学生提供媒介内容创作理论依据及实践操作指南。

3. 连通学界与业界，将理论教学与实践案例相结合，并进行深度解读分析。

二、章节划分　>>>

本书分为四个部分，分别为：

1. 从传统媒体到新媒体：论述传统媒体和新媒体的差异，同时将现有新媒体平台按照不同视角进行类型划分。

2. 新媒体内容创作规律：总结新媒体内容爆款的规律，同时详细解读不同媒介平台的创作生态。

3. 新媒体运营规律：从媒介管理、商业化模式以及运营流程等角度入手，解读不同类型新媒体运营的共同法则。

4. 各大商业媒体平台运营案例汇总：分析知名互联网公司及其典型新媒体运营案例，总结不同属性新媒体平台的运营特征及机制。

三、内容布局　>>>

在上述四个部分中，本书采用板块写作的方式对所阐释问题进行有针对性的论述和解答，具体包括：章节内容概述、内容主体及案例、课后思考问题。

第一章

从传统媒体到新媒体

本章内容

从传统媒体到新媒体，媒介生态、媒介本体以及媒介运营方式都发生了显著的变化，不论是向新媒体转化的传统主流媒体，还是建立在内容生产与社交基础上的新媒体平台，皆要在复杂的媒介环境中探寻符合自身媒介平台属性的发展模式。

第一节 媒介变化

一、媒介生态变化

（一）从新闻信息平台到娱乐社交平台

1. 新媒体的传播优势

随着网络媒体的发展，由纸质媒体、广播、电视引领的传媒业态开始转型。在传统媒体时代，由于受到版面布局、排播计划、传播方式等多方面的限制，传统的报纸期刊、广播电视等媒体存在内容更新周期长、印刷制作成本高、传播速度慢、存储占用空间大、检索费时费力等问题。作为信息的载体，传统媒体资源有限，信息单向流动，在此背景下，传统媒体向受众发送的信息以新闻为主。网络媒体的出现改变了原有的传播格局，对内容生产、信息分发、信息接收等都产生了巨大的影响。网络媒体进一步打破了传统媒体的时空局限性，使得信息传播速度快、范围广、内容丰富、渠道多样，这种超时空的信息传播使麦克卢汉所说的"地球村"在一定程度上成为现实。①此外，互联网技术大大降低了信息存储和传播的成本，增加了信息量，提升了信息传播的互动性。传播者与受众之间、受众与受众之间都可以利用工具随时实现交流互动。在2022年俄乌冲突期间，各国记者对乌克兰进行实地探访，为身处世界各地的民众带来一线报道和实况直播，当地居民通过拍摄现场视频等多种方式发声，各国网友通过社交平台对俄乌的实时局势表达自己的观点并进行交流，这些超时空的信息传播和沟通都离不开新媒体。相比传统媒体的渠道内传播，新媒体的裂变式传播成本低、速度快、覆盖范围广。根据麦克卢汉"媒介即讯息"的观点，新媒体开创了社会生活和社会行为的新模式。

2. 媒介功能趋向多元化

早期新媒体的主要功能是供给信息，门户网站的兴起源于用户对信息的需求②，网站发布的信息以新闻为主。随着网络技术和社交媒体的发展，网站用户可以随时随地发布大量包括新闻、娱乐、生活在内的不同种类的信息，满足大众多样的信息需求，网民可以通过检索快速方便地找到自己感兴趣的话题。同时，新媒体为大众提供了新的社交空间，用户不仅可以通过平台与熟人交流，也能通过平台建立虚拟的社交关系。在微博等平台，一位用户发布内容后，其他用户可以通过点击、转发、评论等方式与其互动，在此过程中不仅传播了内容，用户间还可以通过互相关注、私信交流的方式建立社交关系。微信、QQ、钉钉等新媒体应用软件也为社交提供了平台，使人们的交流沟通更为便捷，也为高校、企业等组织的群体交流和管理提供了便利。新媒体可以满足用户在信息获取、社交、娱乐、购物、工作等多方面的需要，其功能不断增加，也不断满足社会日益多元化的需求。

（二）从以媒体为中心到以用户为中心

1. 重视用户的声音

传统媒体时代，媒体与大众之间的沟通是单向的信息交流，即媒体掌握信息源并发声，大众接收媒体提供的信息。到了新媒体时代，受众已经不再是被动的读者和观众，而是可以主动参与传播的用户，媒体的观念也从以媒体为中心转变

---

① 李良荣. 网络与新媒体概论 [M]. 2版. 北京：高等教育出版社，2019：20.
② 余虹，张雯. 新媒体用户分析 [M]. 北京：高等教育出版社，2019：13.

为以用户为中心。首先,数字化时代的用户已经获取了信息主动权,媒体不再是信息源的掌控者,用户可以通过文字记录、拍照、录视频等多种方式主动发布消息,成为传播信息的主体。2022年3月21日,东航一架客机在广西坠毁,在官方发布正式报道前,社交媒体上就已传出当地居民对事故情况的描述,称"听到巨响""看到飞机垂直掉落""看到山火浓烟"。[①]相关内容快速发酵,该事件迅速引起社会的广泛关注,央视新闻开通直播让网民看到救援现场的实时画面,以便回应群众关心、关切的问题。相关媒体发布新媒体内容,公布事故调查的最新进展。尽管作为信息传播主体的用户个体声量小,却能够在互联网上形成传播群体效应,产生更大影响力。网民的观点、看法引发媒体的重视,甚至会影响媒体的态度和决策,新媒体时代的到来对媒体的危机管理能力也提出了新的要求。

2.契合用户的需求

新媒体时代的用户在接收信息时具有更大的选择权。传统媒体时代的从业者大多从自身角度出发,考虑受众的喜好,将自己精心创作编辑的专业内容提供给受众。新媒体时代,算法在一定程度上比媒体从业者更了解用户,用户也可以自主选择自己喜欢的内容。网络技术大大降低了信息检索的时间和金钱成本,随着新媒体的蓬勃发展,人们在常用的媒体平台、偏好的内容类型、习惯的获取方式等方面都呈现出明显的差异,用户细分化、需求个性化的趋势越发明显。面对激烈的竞争,许多新媒体平台运用算法,分析在征得用户同意的情况下收集到的用户数据,如用户过往检索和浏览的内容,以此来解读用户的需求,进而精准推送用户可能感兴趣的内容。为了提高用户黏性,新媒体运营者也会通过多种方式与用户互动,从而提升用户的参与感。

3.依托用户的内容

相较于传统媒体时代,网络时代的用户已经成为新媒体平台的内容生产者。用户可以在网络上发布自己创作的文字、图片、音频、视频等。用户原创内容种类丰富,例如抖音的搞笑视频、大众点评的消费体验、知乎的问题回答等。一些用户生产的优质内容可以为平台吸引更多的用户,平台也会通过为优质创作者提供流

---

① 东航客机失事,目前已知的[EB/OL].(2022-03-21)[2022-04-22]. https://mp.weixin.qq.com/s/XA6hGwl1Suf_ALN4hRF7oQ.

量激励、现金奖励等方式支持用户继续创作。作为内容创作和分享的平台,哔哩哔哩(以下简称B站)多年来围绕用户和创作者构建了一个生产优质内容的生态系统。大量UP主在B站发布自己创作的视频内容,B站针对创作者推出了完整的奖励体系,还会为头部创作者举办年度"百大UP主盛典"。2021年,B站从专业性、影响力、创新性三个维度评选出年度"百大UP主"并为他们颁奖,对这些优质创作者表示鼓励和感谢。

(三)从副业心态到专业心态

1.内容质量提高

相比传统媒体时代,现在新媒体平台的内容呈现方式更为多样,用户也掌握了更多生产新媒体作品的方法。如今,新媒体平台上流量高的作品往往具有图片精美、剪辑成熟、文笔流畅、内容扎实的特点,呈现出专业化趋势。不论是经历了向新媒体转化的传统媒体从业者,还是新媒体领域的创作者,都以更加专业的态度对待新媒体创作。一个几分钟的短视频可能需要长时间的策划、拍摄和后期制作。博主李子柒曾在接受采访的时候说,她有些视频要拍8个月,为了拍"活字印刷",她专门花费了小半年的时间去学习。①李子柒花费了大量时间还原"文房四宝"——古时候制作笔墨纸砚的过程,最终的视频时长仅为11分40秒。虽然制作周期长,但李子柒的视频受到海内外大量网友的关注和喜爱,许多专注内容的用户也同样愿意投入大量的精力和成本去生产专业的高质量作品。

新媒体内容关注的不只是作品本身,更多的是符合用户需求、传播需求、社交需求的产品,能吸引用户的内容才是新媒体需要的内容。这要求更多的传统媒体人在从事新媒体工作的时候转变思维,用专业态度对待新媒体内容生产和运营。

2.收益方式多样

用户早期在新媒体平台发布内容的主要目的是分享和交流,伴随着网络新媒体的发展,一部分用户能通过生产优质内容吸引大量粉丝,从而借助平台流量实现商业化。抖音、快手、小红书、B站等平台会根据作品的数据给创作者们发放创

---

① 因为她,数百万人爱上了中国……[EB/OL].(2019-12-10)[2022-04-23]. https://mp.weixin.qq.com/s/oX12VlPMOnDzapS7ibvtdw.

作补贴和活动奖励，例如B站用户可以通过充电计划、直播打赏、广告分成、创作激励活动等渠道获得收益。此外，KOL（Key Opinion Leader，关键意见领袖）营销是新媒体内容生产者获取盈利的主要模式之一。有一定粉丝量的用户可能会收到品牌方的推广合作邀约，他们可以选择承接广告业务，向目标受众推广品牌和产品，常见的形式是在文字、视频作品中植入品牌方的产品，直接或间接地进行推广。自身的流量和人气也会提高博主的商业价值，他们可以通过多种方式将粉丝影响力变现，例如人气博主可以通过直播带货、参加线上线下的活动实现流量变现。一些出色的新媒体运营者甚至可以凭借个人的核心竞争力建立自己的品牌，多渠道提高盈利水平。

3.专业团队运营

媒介环境快速变化，网民需求日益提高，不断地对博主的内容生产提出更高的标准。头部博主群体中"单打独斗"的越来越少，更多"职业博主"会选择与MCN（Multi-Channel Network，多频道网络）机构签约，选择他们擅长的赛道，以团队化的方式运营账号。从本质上来说，MCN机构就是推动内容生产者、平台方、广告方等进行有机互动的经纪公司，可以帮助内容生产者更好地实现内容分发和商业价值变现。[1]这些专职博主产出内容的全过程包括策划选题、拍摄制作、发布推广等，各环节都有专业的工作人员参与。团队会对账号粉丝、作品数据等进行深入分析，有计划地运营账号，提高账号的粉丝量和商业价值，从而提高团队收益。2022年，刘畊宏的"毽子操"火爆全网，刘畊宏成为抖音的"现象级主播"，这除了依靠刘畊宏本人的健身经验及明星身份，离不开他背后的MCN机构——无忧传媒和抖音平台的助力。[2]刘畊宏也与知乎官方MCN机构——知外文化达成合作[3]，目的是全方位打造"刘畊宏"IP。

从传统媒体到新媒体，媒介生态变化详见表1-1。

---

[1] 郭全中.MCN机构发展动因、现状、趋势与变现关键研究[J].新闻与写作，2020（3）：75-81.
[2] 两周狂卷5000万粉丝，刘畊宏背后的推手做了什么？[EB/OL].（2022-05-01）[2022-05-05］.https：//mp.weixin.qq.com/s/7S-xjNzwY4Sul89Q9DRpKg.
[3] "不带货"的刘畊宏，面临一次商业化大考[EB/OL].（2022-05-12）[2022-05-13］.https：//mp.weixin.qq.com/s/KkC9JsKRiOL1ocJDBh_zqA.

表1-1 媒介生态变化（从传统媒体到新媒体）

传统媒体	新媒体
渠道内传播，传播成本高	裂变式传播，传播成本低
以提供新闻信息为主	娱乐、社交等多方面功能
以媒体为中心	以用户为中心
信息单向流动	信息网状扩散
缺乏与读者的互动	了解用户需求，积极与用户互动
内容为王	注重运营
从业者生产内容	用户和从业者共同生产内容
在传统媒体的基础上向新媒体转化	内容、盈利模式、运营都趋向专业

二、媒介本体变化

（一）内容优势不再是单一优势

1. 优化产品，让平台好用、有用

对媒体平台来说，优质的内容不可或缺，而一个好用、有用的平台是吸引用户使用和参与内容生产的重要前提。一个好用的平台首先应该是可用的，主要表现在媒介产品运行稳定，有一定的技术支持，产品能够得到运营维护，用户不会因为网站问题而无法顺畅使用；好用也表现在大多数用户可以掌握媒体平台的使用方法并进行目标操作。好用和有用是媒体平台立足的基础。例如，短视频社交平台抖音运行稳定，主播在直播时不会经常被产品无法运行等问题困扰，用户打开软件就可以观看视频。此外，抖音还为想参与视频创作的用户推出了便于使用的剪辑工具"剪映"，降低了用户参与短视频创作的难度，使用户参与短视频社交方便可行，产品也更容易受到用户的青睐。

有用指媒介产品所提供的图片、视频等内容是用户所需要的。如果用户在使用一款媒介产品时感到有用的功能较少，无法定位、获取自己需要的内容，用户就会选择其他有用的媒介产品。小红书早期提供的信息以美妆为主，对不了解美妆的用户而言其媒体可用性较低，经过产品功能的演进升级，现在小红书笔记搜索界面简洁，笔记内容涵盖娱乐、生活等多种类型，用户还可以通过评论、私信等方式进行交流探讨,这不仅满足了更多用户的使用需求,也提升了用户体验。

2.提升体验,让用户想用、爱用

为了争取用户资源,各大媒体会想办法提升用户体验,使用户想用、爱用自家媒体平台,增强用户黏性,各媒体平台的差异化优势也由此而生。在提升用户体验方面,各媒体的共性做法是通过大数据分析用户需求,尽可能地为用户提供契合其需求的内容,优化界面的视觉设计。此外,各平台也会突出自身的特点,形成差异化优势,找准愿意使用自家媒体平台的用户群体。抖音和B站都是以视频为主要内容呈现方式的平台,抖音用户偏好短视频,B站用户更偏好中、长视频,两款媒体产品的视觉呈现和使用设计有许多不同之处(见表1-2):抖音视频多为竖屏,用户打开软件就能快速收看视频,滑动屏幕即可切换视频;用户可以在短时间内浏览大量自己感兴趣的短视频,不需要消耗太多注意力,用碎片时间就可以进行娱乐。B站视频多为横屏,用户可以通过弹幕进行交流,切换视频时需要对内容进行浏览和选择,用户需要集中注意力来观看视频。抖音国民度高,用户基数大,年龄跨度大;B站用户以年轻人为主,用户黏性强。两个媒体平台的种种设计契合了两个不同用户群体的使用习惯,也是媒体平台的差异化优势所在。

表1-2 抖音与B站的特点比较

	抖音	B站
用户群体特点	用户基数大,年龄跨度大,活跃度高	用户整体年轻化、圈层化,用户黏性强
视频呈现形式	以竖屏短视频为主,滑动屏幕切换视频	以横屏视频为主,拥有大量中、长视频内容,需要用户点选视频后进入观看页面
用户偏好内容	泛娱乐、泛生活	动漫、游戏、泛知识等
内容生产类型	UGV(普通用户制作的视频)为主	PUGV(专业用户制作的视频)为主
主要用户行为	点赞、评论、收藏、转发	点赞、收藏、投币、发弹幕
传播互动效果	点赞、转发量大,流量池大,易出爆款	弹幕、评论多,用户互动性强、参与度高

3.打造品牌,让平台价值提升

新媒体如果想提升其商业价值,就必然要打造品牌效应,依托平台资源扩大用户市场规模,构建自己的盈利模式。2011年,腾讯推出微信。依托腾讯QQ的庞大用户群体，微信在用户积累方面先天就具有优势。在版本更迭的过程中，微信不断完善产品功能，在依托社交功能积累用户的同时，拓展媒体功能、支付功能、游戏功能和服务功能，拓宽盈利渠道；依托朋友圈、视频号、微信支付、小程序、搜一搜、企业微信等生态产品，将定位从社交平台逐渐转向多功能平台；支付功能让微信打开了重要的金融业务盈利渠道；依托用户基数和支付功能，微信内购游戏以及《王者荣耀》等带有社交属性的游戏为腾讯带来了大量的游戏收入；微信品牌知名度、信任度、价值的提升，促使大量商家企业、部门单位入驻微信，设立公众号、企业号、小程序等，各企业单位基于微信的电子商务平台展开合作。微信的发展和其盈利模式的成功离不开腾讯的资源和品牌价值，平台资源也是推动新媒体发展的最重要优势。微信是腾讯非常重要的业务板块，持续打造"微信生态"（见图1-1）是腾讯未来发展的发力点之一。中央广播电视总台也依托庞大的观众规模、强大的大屏内容和人才资源、独一无二的公信力，打造了央视频、央视新闻等具有更强传播力、影响力的新媒体，形成传播矩阵。

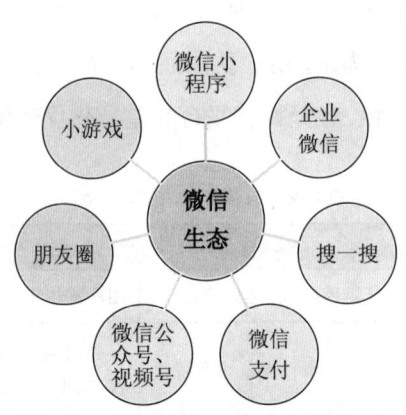

图 1-1　部分主要微信生态产品

对于新兴媒体平台来说，邀请名人入驻、加大广告投入、策划用户活动、设计视觉标志等也是提高知名度的重要方法。例如快手邀请周杰伦入驻平台并开启直播首秀，抖音与中央广播电视总台春晚合作为观众发红包，今日头条通过多种方式向用户推荐抖音、西瓜视频等字节跳动旗下的新媒体产品。各大新媒体也会在春节等节假日利用发红包、补贴等活动形式，刺激用户邀请好友使用软件。

(二)内容调性从追求"高大上"到亲民下沉

1.从讲话到对话

传统媒体时代媒体与受众之间是"讲话"的关系,媒体说什么,受众听什么。新媒体时代用户的地位极大提升,媒体与用户间双向交流的话语结构已然形成,曾经被动的受众现在可以通过点赞、评论、私信、弹幕等方式进行反馈,并在一定程度上影响舆论。为了契合新媒体的互动性,增强内容传播力,包括主流媒体在内的各大媒体都在不断尝试以平等的姿态加强与用户的对话。中央广播电视总台的新闻节目具有很大的影响力,在保持电视端优势的同时,中央广播电视总台主动贴近网民,不仅推出了央视新闻新媒体客户端,还入驻了抖音、微博、今日头条、快手、百家号、微信公众号、微信视频号、B站等平台,在各大平台与上亿粉丝进行互动,进一步提升了内容传播力和影响力。2021年9月25日,中央广播电视总台对孟晚舟回国进行了现场直播,截至25日23时,央视新闻新媒体端的《总台独家直播|晚舟,欢迎回家!》直播总观看量近4.3亿,央视频、央视新闻客户端、央视网等新媒体平台上点赞总人次达4亿。[①]当晚抖音直播累计观看量超5 000万,同时在线人数达500多万。中央广播电视总台在新媒体平台直播让网民对国家大事有了更深的参与感,提高了相关话题的互动讨论量,这一做法让传播切实延伸到基层,更利于形成良好的舆论氛围。

2.表达方式活泼化

传播语态的活泼化是新媒体内容"亲民"的重要表现,采用贴近群众的表达方式是拓宽内容传播圈层的有效方式。《新闻联播》就曾尝试用互联网话语将主流声音传达给观众。2019年7月25日,《新闻联播》针对美国一些所谓"对华强硬派"人士发表的言论展开了报道,康辉所说的"这一观点荒唐得令人喷饭"走红网络,网友纷纷在微博、抖音等平台转发、评论相关视频。这种有趣且有用的传播方式获得了大多网友的认可,不久后,短视频栏目《主播说联播》(见图1-2)在抖音、快手、微博等新媒体端上线,节目中的许多网络化表达让优质的新闻内容获得了更多的关注。

---

① 大事看总台!"孟晚舟回国"直播及话题点赞超4亿,阅读超36亿[EB/OL].(2021-09-27)[2022-05-12]. http://1118.cctv.com/2021/09/27/ARTIwbI3T36BNkH8wOdv9Pof210927.shtml.

图1-2 抖音、快手、微博平台《主播说联播》截图

3.树立亲民形象

新媒体可以通过打造媒体形象、创新表达方式拉近与用户间的距离，增强用户黏性。主持人、出镜记者是中央广播电视总台媒体形象的代言人。《新闻联播》中的主播长期以来展现的都是严肃、端庄的形象，而在"新闻联播"抖音号发布的《主播说联播》节目中，主播们走出演播厅，用日常化的表达方式配合相应的体态动作为观众讲解热点新闻，这种形象反差能有效拉近媒体和用户间的距离，让观众感到亲切。央视新闻也通过微博、微信、抖音、B站等平台发布了许多创新表达方式的作品，例如具有较高热度的"康辉vlog"系列短视频（见图1-3），央视新闻主播康辉通过vlog（网络视频日志）向网友展现大国外交最前线的新闻内容。采用网络视频日志这种记录日常生活的方式有助于树立媒体的亲民形象，让"高大上"的内容下沉到基层民众中。

（三）从通稿式发布到平台调性式发布

1.内容符合平台偏好

媒体平台差异的背后是内容风格、议题偏好、叙事方式等多方面的差异。不

图1-3 抖音"央视新闻"账号"康辉vlog"截图

同平台对不同类型内容的影响力维度不同,创作者发布的内容想要获得平台用户的关注,就要符合平台的偏好。

创作者将同一话题发布在不同调性的平台上时,侧重的内容应有所差异,目的是尽可能使话题触达不同圈层的用户。以中央广播电视总台中秋晚会的宣发为例,人民日报客户端、央视新闻客户端等央媒新媒体客户端的议题以政治、民生为主,内容严谨,这些平台发布的宣发推送文章侧重阐述晚会的内涵、亮点,视频内容侧重对演职人员的现场采访;微博、抖音等平台内容以娱乐资讯为主,叙事风格随意,话题内容通常以热度为导向,晚会宣发侧重明星、舞美、服饰等内容,文案网感强,有利于吸引观众收看晚会;贴近平台调性的宣发内容能带来长尾效应,知乎、豆瓣等社交平台的宣发内容主要以观众的观感、点评为主;在主打年轻化的B站,晚会内容的二次创作将提高晚会的热度。将一个平台上的优质内容发布在另一个平台上未必能获得同样的反馈,抓准平台内容偏好是提高内容传播力的要点。

2.形式符合平台调性

在新媒体平台上,内容可以通过图文、音频、视频、直播、H5等多种方式呈现,每个媒体平台及其受众都有偏好的形式。

同样的内容在不同调性的平台发布时，呈现的形式会有所差异，这是为了尽可能利用不同平台的优势。以2021年人民日报社报道"孟晚舟回国"事件为例。在人民日报客户端上，报道以评论员文章、外交部回应为主，用专业文字传达主流声音，让网民了解官方的态度和事件的意义。在微博平台上，人民日报官方账号采用的是直播、"文字+长图"、"文字+视频"、"文字+链接"的呈现方式。微博平台上的文字通常为简短的概括性表述，通过配合直播、长图、视频等方式讲述事件，方便网民了解事件始末，建立人民共同见证的仪式感。在微信公众号平台上，内容以图文形式呈现，相关图文内容经过编辑排版后，重点文字有所突出，方便网民获取关键信息。在抖音平台上，视频开头的声画冲击力至关重要，竖版短视频能够给观众带来全屏画面的冲击感，视频的背景音乐是烘托情绪的画龙点睛之笔。人民日报官方账号也采用了短视频配背景音乐的方式，其中一个视频截取孟晚舟下飞机的18秒画面，配上在抖音具有高热度的歌曲《万疆》，迅速引发网民的爱国之情，该条视频也获得了超千万次的点赞。针对同一个事件，人民日报社在不同平台上的内容呈现方式差异十分明显，但是这些形式贴近平台受众偏好，能够将信息传播给不同圈层的用户，进而实现平台的优势互补。

3.传播契合平台生态

新媒体平台拥有自己的推荐算法和传播生态，创作者发布的作品要想获得流量，就要符合平台的生态特色。微信公众号是通过社交空间朋友圈传播的，选取更具吸引力的封面和文章标题，找准受众群体，有利于文章在圈层私域内传播。视频号则会向用户显示视频的"朋友点赞"情况。微博拥有实时更新的热搜榜，用户发布内容时带上与热点相关的话题词条，其内容就更容易被其他用户浏览到，多个用户带同样的词条在微博内形成裂变传播也有可能打造热点话题。抖音会运用算法为用户推荐视频，热门话题下的同类视频有机会得到更多推荐。基于短视频的特性，抖音创作者会重点思考短视频的前三秒如何呈现，目的是从视频开头就抓住观众眼球，吸引观众观看。B站弹幕是用户参与创作、强化认同的重要方式，如果视频内容能引起用户发表弹幕表达观点的欲望，视频热度自然就会提升。了解媒体平台的传播生态，合理运用平台的推广规则，才能实现传播效果最大化。

(四)内容应符合多方面需求

1.用户需求

通俗来说,用户需求就是用户想要达到的目的。用户需求是媒体内容生产的动力,符合用户需求也是内容生产的目标。马斯洛需求层次理论认为,人有生理需求、安全需求、社交(情感)需求、尊重需求和自我实现的需求,后来五阶模型又演变为八阶模型(见图1-4),在尊重需求和自我实现需求中间增加了认知需求和审美需求。[①] "使用与满足"理论认为受众是有着特定需求的人,他们的媒介接触活动是有特定需求和动机的,并且这些需求和动机得到满足。用户想要达成的目的、解决的问题不同,用户选择的媒介、愿意接收的内容自然也会有所不同。

```
                    超越
                    需求
                 自我实现
                   需求
               审美需求
             欣赏和寻找美
            认知需求
        知识和理解、好奇心、探索
           尊重需求
    自尊及来自他人的尊重,对他人的尊重
         社交(情感)需求
      爱与归属,与其他人建立情感联系
            安全需求
   稳定、安全、受到保护,免除痛苦、恐惧、焦虑等
            生理需求
      生存需求,食物、水分、空气、睡眠等
```

图1-4 马斯洛的需求层次模型(八阶版)

虽然新媒体用户的需求非常复杂,但"爆款"内容一定能满足多数用户的某个或某些需求。换言之,找准用户需求是生产高质量内容的前提,许多新媒体品牌的特色也是基于用户需求生成的。用户的需求可能是显在的,也可能是潜在的。弹幕诞生前,用户可能很难清楚地提出他们在观看视频时头脑中弹出的想法,而弹幕功能满足了用户在社交(情感)这一层次上的需求,能够在满足用户审美需

---

① 匡文波. 新媒体概论[M]. 3版. 北京:中国人民大学出版社,2019:107.

求的同时满足用户交流、互动的需要。B站就是抓准用户的这一需求,依靠独特的弹幕文化吸引了大批用户,而B站的创作者也会根据平台用户群体的需求,生产一些能让用户产生发弹幕欲望的视频,或用相关话语引导用户发弹幕参与互动。知乎的专业解答、微信公众号的科普文章满足了用户的认知需求,小红书上大量关于美妆、穿搭的"种草"笔记满足了用户的审美需求,用户在新媒体平台上创作文字、视频,接受在线教育等行为也离不开用户的自我实现需求。抓住用户思维,洞察用户需求,才能生产出满足用户需求的优质内容。

2.传播需求

传播是一种行为,也是一种需求,存在多样化的价值。对媒体来说,只有一个用户的平台是没有意义的,媒体运营平台需要支付成本费用,只有拥有更多的用户,媒体才能提高传播的影响力,从而获得由传播影响力带来的经济收入、社会地位、公信力等多种价值。对用户来说也是同样的道理。用户在抖音平台直播带货,在晋江文学城撰写小说,在微信公众号撰写推文,这些行为都是有传播需求的。用户生产的内容只有广泛传播,才能提高影响力,进而实现内容价值。媒体和用户在生产内容时都会考虑传播需求,因此策划选题时要贴合平台调性,制作能引起受众共鸣和分享欲的内容,选择能让人产生兴趣的标题和封面,发布时带上热门话题词条,鼓励其他用户对内容进行"转赞评",从而尽可能增强内容传播力。

3.社交需求

社交是新媒体的重要属性,新媒体带来了新的社交方式,也为用户提供了新的社交空间。社交需求可以满足用户的情感需求,共同话题可以拉近用户间的距离,让用户有更多的机会交流,从而建立更亲密的关系。创作者发布的内容应当贴合社群价值观,这样可以增强用户黏性,提高群体的凝聚力。

媒体通常基于熟人社交和陌生人社交构建社交空间。在微信、QQ等平台上,用户的大多好友是在现实生活中与其有社交关系的人,他们之间原本就有一些可以交流的共同话题,网络媒体进一步扩大了他们的社交空间。一名学生在微信朋友圈转发了一条关于学习方法的公众号文章,那么他的身份同为学生的好友很有可能浏览、转载该文章,并用点赞、评论等方式跟他交流互动。一位抖音用户刷到了一个觉得不错的视频,他也很有可能把视频转发给对此类内容感兴趣的好友，这样贴合群体话题的内容可以满足熟人间的社交需要，强化他们的亲密关系。

在基于陌生人社交建立的社交空间内，创作者同样需要根据社群的价值观生产相应的内容。以微博超话社区为例，加入某个明星超话社区的用户现实中并不认识彼此，他们形成群体的基础是他们都对这个明星感兴趣，有关该明星行程、作品的内容都有助于加强用户间的交流，满足他们的社交和归属需求，进而加强圈层的凝聚力，他们彼此间也会因此产生身份认同感。如果某个晚会或者综艺节目邀请了这位明星，相关宣传平台就可以在宣发推文中带上该明星的超话，这样的内容会在超话社区引起广泛的交流和互动，内容传播力自然会有所提高。同样，在主打兴趣社群的豆瓣上，各小组的用户会有各自的共同话题，贴合社群兴趣的内容可以刺激用户的交流欲望，满足他们的社交需求，增强媒体平台的社交属性，提升用户活跃度。

4.发布时机

除了互动性、个性化，传播的时效性也是新媒体的重要优势。媒体在发布内容时要注重发布时机，尽可能及时、准时、适时地发布内容。

重大事件发生时，媒体应该及时发布相关内容，对事件予以报道。2022年3月21日东航MU5735客机坠毁，央视新闻等多家主流媒体第一时间对事件进行了跟踪报道，总台记者张腾飞等人在现场对搜救情况进行了直播报道，让全国各地的群众都能及时了解事故情况。报道中记者的专业表现和个人素养也得到网友的认可。面对群众关心关切的重大事件，抓住时机及时报道是媒体工作的关键，尤其是具有影响力和公信力的主流媒体，应该在第一时间为群众解答疑惑，及时的报道也能阻止谣言传播，有利于社会稳定。

不同时期，热点事件和热点话题有所不同，在热点周期内发布相关内容所获得的关注度会远超其他时期获得的关注度。媒体会契合节日、纪念日和社会热点话题，在传播周期内准时发布相关内容，借助话题热度提升内容关注度。国庆节前后，微博、抖音等各大平台都会发布往年国庆阅兵的相关视频，参与国庆节相关话题。在春晚播出的同时，媒体就会对其中的亮点内容展开二次传播，借助春晚在除夕夜的讨论度提高内容的传播力。2022年北京冬奥会期间，各大媒体都会准时地在各时间节点发布相关内容。

手机在改变大众生活方式的同时逐渐成为大众生活的一部分。中国互联网络信息中心（CNNIC）发布的第49次《中国互联网络发展状况统计报告》显示，截至2021年12月，我国网民规模达10.32亿，较2020年12月增长4 296万，互联网普及率达73.0%，我国网民人均每周上网时长达到28.5个小时，网民使用手机上网的比例达99.7%。①大量用户都有每天使用手机的习惯，新媒体内容的发布时机与大众的日常作息也紧密相关，大众的上网高峰期被看作新媒体内容发布的黄金时间点。创作者喜欢在午休时间发布视频，博主偏好在晚上七点半开始直播，这都是为了契合大众中午和晚上的休息时间而选择的发布时机。根据平台活跃度选择合适的时机发布内容，有利于提高作品关注度，尽可能地扩大受众范围。

（五）内容呈现方式多元化

1.传统图文

图文是传统媒体报道中最为常见的形式，文字和图片也是最常见的内容素材。媒体生产图文内容时要对图片和文字进行一定的选择和设计，使图文作品能够满足用户需求，符合传播规律。

相比文字，图片的优势在于能给受众带来现场感和视觉冲击力。在文字信息中加入图片可以提升受众的视觉兴奋度，新闻报道中的现场图片可以让受众直观地了解现场状况，加深阅读体验；在晚会报道中加入现场图片，可以让观众直观地感受文字所描述的舞美画面，带来深入的视觉体验。同时，图片也可以辅助文字传达信息，增加文字的说服力，让文字更加生动。

2.音频

广播曾经是传统媒体时代的重要媒介，然而视觉体验的缺失使其在新媒体时代的影响力大打折扣。但是，随着数字时代网络音频的发展，以音频为主要呈现形式的媒体也拥有了自己的圈层受众。其一是数字化的广播电台。用户可以通过手机在云听、喜马拉雅等音频分享平台收听各个广播电台的音频节目，其优点是伴随性强，不需要投入视觉注意力。其二是数字音乐。数字音乐已经代替磁带、

---

① 中国互联网络信息中心. 第49次《中国互联网络发展状况统计报告》[EB/OL]. (2022-02-25)[2022-05-07]. https://www.cnnic.cn/n4/2022/0401/c88-1131.html.

唱片，成为用户收听音乐作品的主要方式，许多歌手和音乐爱好者会通过网易云、QQ音乐等平台发布自己的音乐作品，用户可以收听自己喜爱的音乐作品，也可以通过购买单曲、开通会员等付费方式获得更好的听觉体验。其三是广播剧等有声作品。网络广播剧与传统广播剧在本质上相同，都是由播音员或配音演员演出的戏剧，以语言、音乐和音响为手段，通过人物对话和解说推动剧情发展，运用音乐、音效营造气氛。①网络广播剧的优势在于可以给受众带来全方位的听觉体验并调动受众的想象力。猫耳FM、蜻蜓FM等平台的音频作品覆盖有声漫画、广播剧、歌曲翻唱等多个种类，平台用户通常采取付费方式获取声音内容，这些新媒体音频平台可以给用户带来他们期待的听觉享受。

  随着音频媒体的不断发展，以有声读物、网络音频直播、知识付费为主要形式的"耳朵经济"展现出不可低估的市场活力。②在此背景下，播客也受到更多用户的喜爱。播客是指基于互联网，利用简易信息聚合等技术发布的可供下载的聚合音频文件。③2020年3月正式发布的小宇宙App是具有代表性的播客平台，播客创作者可以在小宇宙上创建自己的播客节目，听众可以在平台上发现垂直化、细分化的优质播客内容，从而满足个性化需求。播客节目伴随性强，相较视频节目，其制作更为简便，能及时追踪热点话题，提高信息传播的时效性。此外，小宇宙也积极尝试构建优质的社区平台，为播客创作者和听众提供交流、互动的空间。创作者可以选择标记时间点，让用户看到带有时间点的内容介绍，方便用户快速找到自己感兴趣的内容。用户在收听过程中可以针对具体时刻发表带有"时间戳"的评论，标记出亮点内容，其他用户点击"时间戳"链接就可以播放对应的内容。这一带有社交属性的设计为用户提供了指向性更强的互动方式，有利于用户间产生情感共鸣。

3.视频

  视频是新媒体时代内容传播的主要呈现形式。截至2023年6月，我国网络视

---

① 徐伟东，刘国君. 浅析网络广播剧的艺术特征[J]. 中国广播电视学刊，2013(8)：68-70.
② 樊丽，林莘宜. "耳朵经济"背景下播客内容新样态探索[J]. 中国出版，2021(24)：31-35.
③ 199IT互联网数据中心. PodFest China 2020中文播客听众与消费调研[EB/OL].(2020-07-26)
  [2022-05-27]. https://mp.weixin.qq.com/s/wIJ7nQJ-5AewMFK2_Tj3Yg.

频用户规模为10.44亿人较2022年12月增长1 380万人,占网民整体的96.8%。①视频以影像和声音为传播符号,兼有文字、图片和音频的优势:字幕可以传达信息,声画配合可以增强观众的现实感和参与感,丰富观众的视听体验。不断升级的硬件、软件推动着视频拍摄、制作技术的发展,移动互联网、移动化终端的普及和视频应用的发展简化了视频的生产和消费过程。数字及互联网技术的进步影响着视频内容生产模式,促使视频制作、传播、消费各环节发生变化,普通用户使用智能手机也可以完成视频的拍摄和制作,进而持续为互联网视频产业的发展注入活力。在通信、云计算、人工智能等多种技术的支持下,由内容生产方、内容营销传播方、内容分发平台和内容播放终端组成的视频内容产业链也更加完善。超高清4K、8K技术,绿幕、AR(增强现实)、MR(混合现实)、XR(扩展现实)等拍摄和虚拟制作技术不断为观众带来新的视听和审美体验。在未来,技术发展也将长久地影响视频的形态及其生产制作过程。目前,根据时长,视频通常可以划分为短视频、中视频、长视频(见图1-5)。

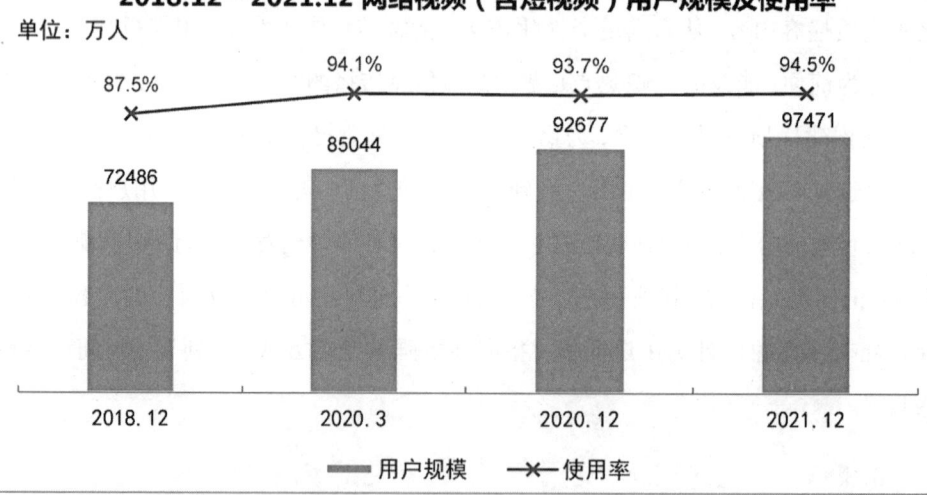

图1-5 2018.12—2021.12网络视频(含短视频)用户规模及使用率②

---

① 中国互联网络信息中心. 第52次《中国互联网络发展状况统计报告》[EB/OL].(2023-08-28)[2023-08-28]. https://www.cnnic.net.cn/n4/2023/0828/c88-10829.html.
② 中国互联网络信息中心. 第52次《中国互联网络发展状况统计报告》[EB/OL].(2023-08-28)[2023-08-28]. https://www.cnnic.net.cn/n4/2023/0828/c88-10829.html.

（1）短视频

截至2023年6月，中国的短视频用户规模为10.26亿人，较2022年12月增长1434万人，占网民整体的95.2%。[①]短视频的时长一般在5分钟以内[②]，也有从业者认为短视频一般在1分钟以内[③]。短视频是碎片化时代的产物，其内容丰富、种类多样，用户主要通过智能手机等小屏幕的移动终端来收看短视频。短视频通常以竖屏形态呈现，适应手机屏幕比例，符合用户的碎片化观看习惯，能给用户带来画面冲击感和便捷的观看体验。短视频内容涉及以幽默搞怪、时尚潮流为主题的娱乐生活类，以采访报道、社会热点为主题的新闻热点类，以广告创意、商业定制为主题的商务广告类等。

短视频的制作门槛相对较低，内容生产模式偏向UGC（User-Generated Content，用户生产内容）。抖音、快手等短视频平台上有大量用户创作并发布的短视频作品，用户拍摄一段素材后，经过简单的编辑就可以生产出一条短视频并上传至平台，视频生产成本低。短视频的特点是短而精，讲究快速起量获得热度，追求大流量传播，它的核心是抓住受众的注意力。短视频的创作思路是将重要信息前置，视频的开头三秒至关重要。在抖音、快手等短视频平台，用户通过滑动屏幕就可以直接切换短视频，视频的开头内容是否吸引人，将直接影响用户是否看完这条短视频。

虽然短视频体量小，但是创作者如果想要推出优质内容，就要在文字、画面、背景音乐、开头呈现上下不少工夫。短视频字幕的特点是简洁醒目。以新华社为例，其快手官方账号发布的短视频内容中都带有说明性字幕（见图1-6），如标题、亮点、数据等，关键信息通常字号大、字体粗、颜色醒目，能起到突出强调的作用。短视频通常还会选择贴合视频内容情感色彩的背景音乐，在一些热点类短视频中，解说和背景音乐是同时存在的，例如在致敬老英雄张富清的短视频中，创作者使用《我爱你中国》这一表达爱国情感的音乐作为背景声，从而烘托气氛，调动受众的情绪。短视频创作者在后期制作中也会使用一些如转场、花字、动画等的特

---

① 中国互联网络信息中心. 第52次《中国互联网络发展状况统计报告》[EB/OL].（2023-08-28）[2023-08-28]. https://www.cnnic.net.cn/n4/2023/0828/c88-10829.html.
② 汪文斌. 以短见长：国内短视频发展现状及趋势分析[J]. 电视研究, 2017（5）: 18-21.
③ 温静. "中视频"是视频领域的"自嗨"吗？[EB/OL].（2021-07-29）[2022-05-27]. https://mp.weixin.qq.com/s/hJoQmpsTG0WzM8pz_1g02g.

图1-6 新华社快手账号作品截图

效,目的是使视频更有节奏感,更加生动有趣。

(2)中视频

中视频是短视频和长视频的结合物。2020年,西瓜视频总裁任利锋在"西瓜PLAY好奇心"大会上分享了对中视频的见解,他认为中视频主要指时长1分钟到30分钟的视频,呈现方式以横屏为主。[①]相较于短视频,中视频的内容更有深度,能满足用户对高质量内容的需求,其常见的内容为知识科普、技能教学、解读测评等。平台鼓励用户创作中视频,营造良好的社区氛围。在网络拓宽知识传播渠道的大环境下,加强泛知识领域内容布局已成为各平台的发展趋势,而泛知识类内容的风格与中视频的形态特征非常契合,中视频因此成为泛知识类内容的主要表现方式。

中视频的主要创作平台为B站和西瓜视频。中视频的创作门槛相对较高,需要创作者付出一定的时间和精力。相较于短视频平台,中视频平台的核心是PGC(Professionally-Generated Content,专业生产内容)和PUGC(Professional-User-Generated Content,专业用户生产内容),也就是说中视频的内容创作者中更多是

---

① 西瓜视频总裁:中视频进入"战国时代",西瓜将拿20亿元补贴创作人[EB/OL].(2020-10-20)[2022-05-27]. https://mp.weixin.qq.com/s/7XmS9EqWpiwH7NwqURvB5g.

拥有专业身份（资质、学识）①的用户，具有一定选题策划、文案撰写、剪辑制作的能力。中视频网站的部分内容生产者既是网站的用户，又是能以专业身份贡献优质内容的创作者。比如B站知名UP主"老师好我叫何同学"既是网站的用户，又是拥有专业知识的中视频内容生产者。他的视频内容多为高水平的数码科技类内容，2021年他在B站只更新了五个视频，但每个视频都是B站的爆款视频。2022年4月17日，"老师好我叫何同学"在B站发布了一条科普3D打印机的视频（见图1-7），并登上微博热搜榜。他的中视频有几个典型特点：一是内容质量高、专业性强，科普3D打印技术、操作3D打印机对UP主的专业能力有一定要求，高质量科技类视频展现了生产者在内容方面的专业性，通常在某领域有一定资质、学识的内容创作者才能生产出让观众受益的知识类视频，从而让观众愿意花时间去看完一个中视频；二是视频制作精良，"老师好我叫何同学"发布的视频使用了大量运镜技法，"推拉摇移"让画面富有动感，视频的分镜和剪辑手法也十分专业，背景音乐恰到好处，观众视听体验俱佳；三是立足用户需求，他的视频满足了用户的认知需求，采用第一视角的叙述方式拉近与观众间的距离。从弹幕数量来看，在当期视频的叙述中，"做正确的事情，不就应该很难吗"一句话得到许多观众的认同和回应。这些基于共同价值观、能让观众产生认同感的话语，在满足用户情感需求的同时，也增强了粉丝的黏性。相比短视频，中视频能够展现更丰富、更有深度的信息，与用户间的连接也更紧密。

  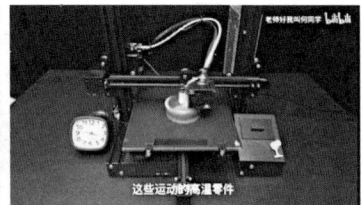

图1-7　B站UP主"老师好我叫何同学"视频作品截图

根据B站官网信息，B站94%的视频播放量都来自专业用户创作的视频。②在B站，知识类UP主不只是在某方面有专长的用户，更有一批专业的名师学者，如法学教授罗翔（UP主"罗翔说刑法"）、中国科学院院士汪品先（UP主"汪品先院

---

① 浅析UGC、PGC和OGC［EB/OL］．(2014-01-20)［2022-05-07］．http：//yjy.people.com.cn/n/2014/0120/c245079-24169402.html．
② 关于我们［EB/OL］．(2022-05-07)［2022-05-07］．https：//www.bilibili.com/blackboard/aboutUs.html．

士")。信息时代,大众对知识的需求不会消减,多样性的PGC也将放大中视频的市场潜力。

(3)长视频

长视频一般指时长在30分钟以上的网络视频。[①]长视频的呈现方式通常为横屏,内容包括网络剧、网络综艺、网络电影等。长视频的核心在于高品质的专业内容,相对短视频追求短平快的流量变现,长视频拥有更为完善的产业链,讲求以优质内容吸引用户并建立长期关系,从而依靠用户付费、广告投入等方式获得收益。长视频以OGC(Occupationally-Generated Content,职业生产内容)为主,通常由专业的视频制作公司和平台共同制作。具有代表性的长视频投放平台有爱奇艺、优酷视频、腾讯视频、芒果TV等,各个平台都有自己的用户群体。长视频可以给观众带来沉浸式的视听体验,与传统媒体端的影视剧、综艺节目相比,新媒体长视频同样追求"内容为王",在网络文化产业链中具有重要的地位。

短视频、中视频、长视频特点比较见表1–3。

表1–3 短视频、中视频、长视频特点比较

	短视频	中视频	长视频
主要观看方式	竖屏	横屏	横屏
主要生产模式	UGC	PGC、PUGC	OGC
视频特点	流量导向	垂直领域、泛知识	高品质、规模化
主要内容	娱乐、生活、广告	科普、讲解、测评	电影、电视剧、综艺节目
主要播放平台	抖音、快手	B站、西瓜视频	爱奇艺、优酷视频、腾讯视频、芒果TV

4. H5

HTML(Hyper Text Markup Language)即超文本标记语言,HTML5(简称H5)是对超文本标记语言标准的第五次修改,是构建以及呈现互联网内容的一种语言方式。[②]H5作品基于HTML5技术呈现内容,可支持文字、图片、音视频、链接、动画等多媒体素材,通过全媒体技术融合为用户打造具有开放性、互动性的交

[①] 视频行业大混战!一文带你了解短视频、中视频和长视频[EB/OL].(2022–03–22)[2022–05–27]. https://new.qq.com/omn/20220322/20220322A0C4G300.html.
[②] 李慧云,何震苇,李丽,等.HTML5技术与应用模式研究[J].电信科学,2012,28(5):24–29.

流场景,使用户获得沉浸式体验。

H5作品在创作中的着力点在于核心创意、交互设计和情感共鸣。H5作品的选题通常契合社会热点,经设计让用户通过滑动、点击、长按等方式操控屏幕参与互动,并产生情感共鸣,从而促使用户在社交媒体上分享转发相关内容。H5作品《快看呐!这是我的军装照》是人民日报客户端在2017年为庆祝中国人民解放军建军90周年开发的新媒体产品,由腾讯天天P图提供图像处理支持,作品上线后一时间火遍互联网。该H5作品抓住建军90周年的时机适时推出,用户只要上传照片就可以生成自己的军装照,这种互动方式更容易激发用户对解放军和国家的热爱之情,同时,用户会在朋友圈等社交平台上分享自己的"军装照",进而吸引更多用户参与。该作品在核心创意、交互设计和情感共鸣上都给用户带来了良好的体验,从创作、用户、传播三方面提升了作品影响力。

作为多元媒体结合的产物,H5互动设计的表现形式多种多样,常见的形式有图文、游戏、模拟互动。图文类H5作品以配有文字的图片为内容主体,通常采用滑动屏幕的方式切换页面,是比较基础的表现形式,支付宝年度账单、网易云年度听歌报告就是典型的图文类H5作品。

游戏是增加趣味性、互动性的重要方式,在H5作品中加入游戏设计有利于提升用户深度参与的积极性。H5作品中常见的游戏形式有三种:其一是知识问答,例如2022年北京冬奥会期间中央广播电视总台和科大讯飞推出的H5作品《虚拟冰冰带你说冬奥》(见图1-8),采用语音合成、3D虚拟动作控制、AI驱动口唇表情合成等多项人工智能技术打造了总台记者王冰冰的虚拟形象,邀请用户参与冬奥知识问答互动。虚拟冰冰提出问题,用户点击选项回答,这种趣味问答能让用户在答题互动的过程中深入了解冬奥的相关知识,烘托"全民冬奥"的氛围。其二是互动测试,例如新华社推出的《测测看,穿越回去你如何选》(见图1-9)、网易云音乐推出的《测测你的音乐品味有多潮》等。用户在测评后会得到一张测评结果图片,例如在参与网易云音乐的测评后,用户会得到他们偏好的音乐风格以及有多少人跟他们拥有同样偏好的信息,用户测评后通常会通过社交媒体分享自己的测评结果,从而实现更大范围的社会互动。其三是娱乐游戏,人民日报新媒体在2021年东京奥运会期间推出了游戏H5作品《东京奥运会金牌大挑战》(见图1-10),用户点击页面中的乒乓球、跳水、射击等项目就可以了解对应项目的相关知识,模拟参与对应项目的竞技游戏,成绩优异者还可以得到虚拟金牌并进行分享。这种游戏增加了H5作品的互动性和趣味性,具有寓教于乐的深层意义。

图1-8　H5作品《虚拟冰冰带你说冬奥》部分页面

图1-9　H5作品《测测看,穿越回去你如何选》部分页面

图1-10　H5作品《东京奥运会金牌大挑战》部分页面

模拟互动是指模拟现实情境,将用户代入一个特定的场景中,用户通过操作屏幕参与其中,并进行沉浸式的体验。2020年,新华网在《中华人民共和国反间谍法》颁布实施6周年之际推出了H5作品《有间谍 终止交易》(见图1-11),用户可以在基于真实案例打造的多个模拟场景下,感受间谍是如何编织圈套并向目标对象渗透的。该H5作品用生动的方式给用户带来了沉浸式的互动体验,培养了用户的反间谍意识。这样代入感极强的模拟互动能让用户深切体会到作品想要传达的意图。

 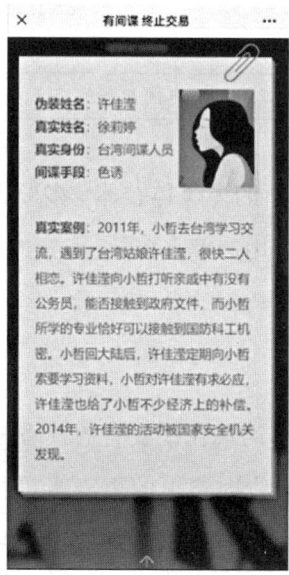 

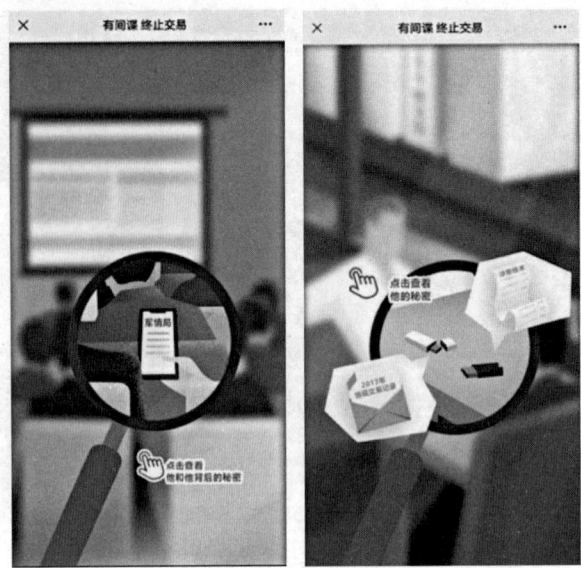

图1-11　H5作品《有间谍 终止交易》部分页面

优质的H5作品往往都能精准把握创作要点,并在设计时结合多样的互动形式(见表1-4)。

表1-4　H5作品中常见的互动设计表现形式

H5常见互动设计表现形式		优点
图文		简洁明了,利于呈现总结性信息
游戏	知识问答	互动性、趣味性强,寓教于乐
	互动测试	
	娱乐游戏	
模拟互动		代入感强,打造沉浸式互动体验

H5凭借其创意内容、创新的多媒体技术、多形式的交互设计,提升了用户的参与意愿和传播意愿,不断为用户带来多元、丰富的体验。H5已经成为新媒体时代内容的重要表现形式。

5. 移动直播

移动直播通常指可以在移动端在线收看的直播内容。现场直播的优势是能为用户提供在场感和交互性,减少时空上的距离感,用户在收看直播时可以通过评论等方式进行实时反馈。直播涵盖的内容种类繁多,主播可能是专业媒体从业者,也可能是普通的用户,中央广播电视总台、人民日报社、新华社等媒体的直播内容以新闻居多,乐视体育、咪咕视频的直播内容中有大量体育赛事,斗鱼、虎牙等平台上的直播内容以游戏为主,淘宝等电商平台的直播内容通常是商品推介,新浪微博、抖音、快手等新媒体平台用户的直播内容则更加多元,通常以商业类直播和音乐、舞蹈、美食等主题的泛娱乐直播为主。

6.VR全景产品

VR(Virtual Reality)即虚拟现实,理想的VR技术能够通过数字模拟,同时作用于人的视觉、听觉、触觉、嗅觉,提供具有沉浸性、互动性和直觉性的仿真体验。①近些年来,随着VR技术的发展,相关的新媒体产品不断增多。2019年,新华社在国庆70周年之际推出了对阅兵活动的VR全景直播,用"VR+5G+8K"技术为观众带来极具现场感的视听体验。2020年,新华社依托"5G+VR"技术推出了"云赏樱",为用户呈现樱花盛开实景。虽然目前VR技术仍处于探索阶段,但是可以预见,VR新媒体作品未来会更具生命力。

三、媒介运营模式变化

(一)运营与内容同等重要

1.运营的意义

在互联网时代,人人都可以是媒体,可供用户浏览的内容体量不断增大,用户在内容选择上的自主性越来越强。面对用户有限的注意力资源,各大媒体都会在内容生产过程中实施干预性行为,提升内容的传播影响力。对新媒体账号或矩阵来说,运营并不只是在生产出内容后再想办法对内容进行传播。定位和布局账号内容、安排内容发布时间、提升账号粉丝量等都属于运营工作。

高质量的内容运营带来的影响主要体现在以下几个方面。

(1)增大粉丝基数,增强用户黏性

运营的目标之一是抓取更多用户的注意力。一个好的作品可能会获得很高的阅读浏览量,但不一定能帮助平台和账号增长用户数量。新媒体运营者策划、制作

---

① 潘晓婷.VR新闻中的真实边界:符号重组与现实建构[J].当代传播,2019(2):40-43.

内容都要围绕用户有针对性地展开运营工作。账号运营者通常会分析账号的粉丝特征，找准自身定位，持续生产符合某类用户需求的内容，进而吸引新用户关注。除了关注新增用户，运营者也会基于用户画像，维护现有粉丝，通过了解账号粉丝的活跃度、留存率，对账号的内容布局和发展方向进行相应的调整。相比与受众缺乏互动的传统媒体，新媒体创作的一大特点是创作者会充分考虑用户的需求。创作者运营的内容不只是好内容，更是对用户来说有价值，能让用户产生参与感、满足感、获得感的内容。运营者通过把优质内容打造成栏目，定期更新形成约定感，与粉丝互动接纳建议，让粉丝投票决定下期内容，建立粉丝社群等多种运营手段，提升内容传播力，同时增强用户黏性。

（2）提升媒体和账号的知名度

内容是连接用户和平台的纽带，用户对平台的形象认知基于平台上的内容。对内容进行长期的系统性运营，可以树立平台和账号形象，提升知名度，打造品牌标签。例如经常发布健康科普类内容的"丁香医生"，就因"专注健康生活方式"而广为人知。

（3）提升商业价值

新媒体内容生产的目标之一是提升用户转化率，获得商业收益。高质量内容配合有效运营可以助力平台拥有更多的付费用户，也可以提高广告投放、产品推广等营销的质量。故宫博物院官方微信公众号"微故宫"的粉丝通常是对故宫、对历史文化感兴趣的用户。"微故宫"公众号在推广故宫文化的同时也会推广一些文创产品，相关文章体现出文案精良、图片精美的内容优势，也说明运营者在运营策划阶段有所思考。以推介2022年"故宫日历"的文章为例，文章的主要内容并非介绍日历，而是介绍日历中的文物，文章的文案风格也与平日专门介绍文物的文章几乎没有差别，只在文章结尾处放置了文创产品的购买链接。此外，运营者通过"评论抽奖活动"鼓励用户互动留言，提升了用户参与度；通过软文让用户感受到日历承载的是故宫的文化，宣传方式贴近用户心理，从而让用户愿意付费。在符合账号调性的内容中植入故宫淘宝店、微店的链接，可以有效提高用户的购买转化率。同时，"故宫淘宝""故宫文化官方旗舰店"也是故宫文创在微信公众号平台的矩阵账号，是其进行新媒体营销的重要渠道。"故宫淘宝"曾运用网络用语和"反差萌"文案拉近了与年轻消费者的距离。在微博等其他平台，故宫账号也会开展文创产品抽奖活动,做好互动营销。故宫矩阵账号在新媒体平台的运营大大提升了故宫文创产品的知名度和商业价值,吸引了许多潜在消费者。

2.账号内容的运营环节

(1)定位与布局

在制订新媒体账号运营计划时,首先要明确新媒体账号的定位和发展目标。运营者需要对账号功能、内容类型、目标用户、账号形象等问题进行深入思考。例如人民日报微信公众号在简介一栏写的是"参与、沟通、记录时代",作为党和政府的喉舌,其内容自然也要宣传党的主张、弘扬社会正气、通达社情民意,面向全体人民,充分发挥在舆论上的引领作用。[①]在明确定位后,运营团队往往会基于分析结果制定阶段性目标,对流量数据、账号影响力等提出要求。为了达到目标,运营团队会对账号内容和发展方向进行规划和布局。例如,账号应该入驻哪些平台,每个账号应该投入多少精力,各小组应该在本年度、本季度、本月内生产什么方向的内容、达成什么样的目标。

(2)策划与设计

内容策划与设计是内容生产的准备阶段,在这一环节,内容运营的主要工作包括确定选题、策划内容、选择形式。策划和设计通常是对账号在某一具体阶段的具体工作内容的规划和运营。例如,在国庆节到来前,账号运营团队会围绕国庆节这一热点进行具体的策划,讨论在这个阶段该生产并发布什么样的视频、图文、H5作品,怎样把握热点做好用户运营,并确定执行阶段的工作方向。确定选题是内容生产的基础,高阅读量的选题不是随意抓来的,其往往契合当下热点、符合账号调性,一些运营团队会通过开选题会的方式筛选团队成员呈报的选题。好的选题是新媒体内容生产的基础,确定选题后,内容运营团队要进行更为细致的内容策划并选择内容的呈现形式。首先要明确作品的主题、目的、受众、制作周期,在此基础上选择最合适的呈现形式;其次要对内容的创意点、动情点、可添加的元素、实现方式等进行充分探讨,做好内容制作前的准备工作。

(3)生产与制作

生产与制作属于新媒体内容运营的执行阶段,该阶段的主要工作为搜集资料、编辑制作、优化测试。制作开始前,运营者要从团队内部和外部搜集可能会用

---

① 人民日报社简介[EB/OL].[2022-05-11].http://www.people.com.cn/GB/50142/104580/index.html.

到的素材和资料，之后按照前期的策划来制作内容。如果内容涉及专业知识和技术问题，团队可以寻找相关专家展开合作，目的是保证内容的质量。在完成编辑制作后，还需要测试、审核内容，根据反馈的情况进行优化。《快看呐！这是我的军装照》的制作由人民日报客户端运营团队主导，腾讯"天天P图"提供图像处理技术支持，第三方供应商"未来应用"负责H5的前端设计开发和前端服务器的维护①（见图1-12）。该内容发布前团队进行了测试，军事专家也对"军装图"的原始图进行了审核把关，整合多方资源、技术的优势才生产出这样高质量的内容。

图1-12　人民日报客户端推出的H5作品《快看呐！这是我的军装照》

（4）传播与监控

在传播与监控阶段，内容运营的主要工作是推广内容，监控数据和舆论，以达到更好的传播效果，提高用户新增数、活跃度、留存率、转化率。运营者要思考内容的传播模式，用多种方法增强用户自行传播内容的欲望，通过了解传播数据和用户对内容的态度、看法，及时作出应对并调整传播策略，如果内容产生负面影响则要及时进行危机管理。在持续监控的同时，运营团队也会对这一阶段的工作进行总结复盘，目的是及时调整运营工作方向，以达到更好的运营效果。

3. 案例：从人民日报微信公众号看内容运营的思路

《人民日报》是中国第一大报，自创办以来积极宣传党的理论和路线方针政

---

① 8亿！关于"军装照"H5，人民日报客户端有话说［EB/OL］.（2017-08-02）［2022-05-12］. https://mp.weixin.qq.com/s/cBhNw-fTGW_MLpaZhwCGeQ.

策,积极宣传党中央重大决策部署,及时传播国内外各领域信息。[①]人民日报微信公众号是新媒体时代人民日报社忠实履行党的新闻舆论工作职责和使命,服务人民,为巩固壮大主流思想舆论发挥"中流砥柱"作用的重要渠道。下文分析了人民日报微信公众号2022年1月31日至2月2日三天内发布的内容(见表1-5),目的是学习人民日报微信公众号内容运营的方法,总结内容运营的思路。

表1-5　人民日报微信公众号2022年1月31日至2月2日发布的内容

日期	时间	标题	内容简述	获赞数	内容呈现形式	运营思路
2022年1月31日	05:36	来了!新闻早班车	新闻时事	1.1万	图文+音频	固定栏目
	07:11	今日除夕	除夕祝福	2.9万	图文	节日气氛
	07:56	微笑中国年	致敬除夕仍坚守岗位的人	2.1万	视频	节日气氛
	09:34	中方严正交涉	新闻时事	7174	图文	平台调性
	09:34	台胞心脏骤停!碰到了解放军……	新闻时事	3.6万	视频+图文	平台调性
	10:43	明天起,这些新规将影响你的生活	新闻时事	4860	长图	平台调性
	11:37	五福临门!人民日报新媒体定制红包封面快领!	春节活动	1.7万	图文+外链	福利+节日气氛
	12:02	这一波穿越海峡的拜年,刷屏了!	新闻时事	4915	视频+文字	平台调性+节日气氛
	13:12	2022河南春晚精华版来了,精彩看个够!	晚会混剪	3.6万	视频	节日气氛
	16:02	抢不停!人民日报微信万元现金红包陪你过除夕!	除夕发红包活动	1.5万	图文+二维码	福利+节日气氛
	17:11	冰雪华光,惊艳了!	交响京剧《冰雪华光》迎北京冬奥	2.3万	视频	热点
	18:32	快抢!人民日报微信万元现金红包又来	除夕发红包活动	1.6万	图文+二维码	福利+节日气氛
	20:20	当冬奥遇到除夕,除了美,还是美!	冬奥场馆高清图	1.0万	图文	热点+节日气氛
	22:24	只此青绿,极度舒适	央视春晚节目《只此青绿》	7.5万	视频	热点+节日气氛
	22:39	【夜读】新年三愿:家人安康、山河无恙、心中有光	情感生活向内容	3.1万	图文+音频	固定栏目

---

① 人民日报社简介[EB/OL].(2022-03-03)[2022-05-11]. http://www.people.com.cn/GB/50142/104580/index.html.

续表

日期	时间	标题	内容简述	获赞数	内容呈现形式	运营思路
2022年2月1日	00:00	虎年第一条微信! 拜年啦!	贺新春拜年图	6.9万	图片	节日气氛
	05:38	来了! 新闻早班车	新闻时事	1.2万	图文+音频	固定栏目
	07:24	你守着岁, 他们守护着你	边防战士新春视频	3.6万	视频	节日气氛
	08:37	虎! 虎! 虎! 虎! 虎年来了	老虎视频混剪	2.4万	视频	节日气氛
	10:00	单曲循环! 群星演唱《一起向未来》, 听几遍都不够	迎冬奥群星演唱视频	5.7万	视频	热点
	13:07	"听妈妈的话"全网暖心互动	情感作品（亲情）	7975	视频+图文	情感+节日气氛
	15:58	手慢无! 人民日报微信万元现金红包来了!	春节发红包活动	1.2万	图文+二维码	福利+节日气氛
	17:00	热"雪"沸腾! 超然水墨动画, 为冬奥健儿加油	冬奥会倒计时宣传动画	5375	视频	热点
	18:42	抢不停! 人民日报微信万元现金红包又来	春节发红包活动	7614	图文+二维码	福利+节日气氛
	19:41	冰雪英雄	用面塑手艺塑造冬奥运动员	8640	视频	热点
	21:52	【夜读】新的一年, 写给自己的6句话	情感生活向内容	3.0万	图文+音频	固定栏目
2022年2月2日	05:38	来了! 新闻早班车	新闻时事	1.3万	图文+音频	固定栏目
	07:11	习近平和妈妈	新闻时事	10万+	图文+视频	平台调性
	08:15	外交部: 这是对中国人民的严重政治挑衅!	新闻时事	1.6万	图文	平台调性
	08:15	除夕夜的这场直播, 看哭了!	致敬边防战士	4.2万	视频+图文	平台调性
	10:21	当冬奥遇见中国风, 美极了!	冬奥倒计时宣传	1.1万	视频	热点
	11:59	今晚首战!	冬奥赛程单	6130	长图	热点
	11:59	痛心! 两名消防员除夕夜救火牺牲	新闻时事	4.6万	图文	平台调性
	13:19	转存! 北京冬奥会金牌赛事指南	冬奥赛程单	4205	长图	热点
	16:10	送不停! 人民日报微信万元现金红包陪你过大年!	春节发红包活动	5839	图文+二维码	福利+节日气氛
	17:04	白敬亭、黄渤、宋茜、宋轶……你将会收到来自他们的5G视频短信!	春节活动	3470	图文+二维码	福利+节日气氛

续表

日期	时间	标题	内容简述	获赞数	内容呈现形式	运营思路
	18:15	快抢！人民日报微信万元现金红包又来	春节发红包活动	5808	图文+二维码	福利+节日气氛
	18:38	北京冬奥会开幕在即，快来测测你的冰雪运动天赋！	冬奥互动产品	2599	H5	热点
	20:41	冰壶开赛！中国冬奥军团首秀！	新闻时事	1.0万	图文	热点
	21:26	【夜读】爱读书的人，独处也不会孤独	情感生活向内容	1.6万	图文+音频	固定栏目
	22:11	赢了！中国冬奥军团首战开门红！	新闻时事	3.8万	图文+视频	平台调性

表1-5展示了2022年1月31日至2月2日三天内人民日报微信公众号发布的新媒体内容的具体发布时间、标题、内容简述、内容呈现形式、获赞数（截至2022年5月），并对其主要运营思路以关键词的形式进行了总结。这些思路可以吸引、打动用户，提升内容热度和影响力，增强用户黏性。基于该案例，运营者在进行新媒体内容运营时可以借鉴如下思路：

第一，打造固定栏目。因为运营者可以随时随地发布新媒体内容，所以相较于传统媒体，新媒体发布内容在仪式感和约定感上稍有欠缺。为了增强粉丝黏性，运营者可以打造一些固定栏目，在每日或每周的某个固定时间发布。这是通过长期的内容运营为用户营造约定感和期待感的一种方式，主播在每日固定时间开播也是同理。

第二，抓准平台调性。作为党和政府的喉舌，人民日报社在生产内容时始终牢记其定位与职能，每日及时报道党中央重大决策部署，及时传播国内外各领域信息。大批用户关注人民日报微信公众号主要也是因为它的职能和调性，用户希望在平台上获取跟国家决策、新闻时事有关的内容。从案例内容中可以看出，人民日报微信公众号每日都会发布新闻时事，这是保证平台调性、提升用户活跃度的基础。在这三天发布的内容中，《习近平和妈妈》获赞数超过了10万，远高于其他内容的获赞数。这篇图文作品聚焦党和国家的领导人，讲述了习近平总书记与母亲之间的故事。这篇文章符合党中央机关报宣传主流思想的职责和调性，其翔实的图文内容、触及人心的亲情故事、家风中的红色基因，吸引广大网友纷纷为之点赞。当下新媒体内容呈井喷式增长，专业化和垂直化的内容成为更多运营者的选择，找准账号的定位，将运营重点聚焦于优势细分领域，纵向垂直深耕内容，是新媒体平台打造核心竞争力的重要举措。

第三，契合热点话题。在这三天的内容中，人民日报微信公众号围绕当时的热点话题"北京冬奥会"发布了多种形式的内容，包括《北京冬奥会开幕在即，快来测测你的冰雪运动天赋！》等H5作品，群星演唱的《一起向未来》等宣传视频，冬奥赛程等图文内容。

第四，借助节日气氛。节日、纪念日是让大众产生情感共鸣和认同的绝佳时机，相关内容在烘托节日气氛的同时，也能借助节日本身的氛围引发用户的情感共鸣，提升内容传播力。

第五，打造福利活动。福利活动是引起用户兴趣、提高用户活跃度的有效方式。"人民日报微信万元现金红包""来自明星的5G视频短信"都是能激发用户好奇心的福利活动，用户在标题中捕捉到这些关键词，就能知道这条推送是做活动、送福利的，感兴趣的用户会点击内容，通过扫描二维码、填写报名信息等方式参与活动。

第六，拓宽内容来源。根据人民日报微信公众号标注的内容来源，这三日发布的内容除人民日报社内部各渠道生产的内容外，还有来自央视、新华网、澎湃新闻等平台的内容，与其他媒体在内容生产、发布输出等方面开展良好的合作，可以在内容运营上实现互利共赢。

（二）从作品到产品的运营思维转变

1.用户导向的产品思维

新媒体时代，受众的身份由观众、听众、读者转变为用户，生产者的运营思维也发生了从作品到产品的变化。这种转变是指用产品化的思维开展研发、生产、推广等工作。换言之，在新媒体领域，运营的产品不仅可以是宏观的新媒体平台和应用，也可以是微观的新媒体产品。在微观的新媒体产品生产的过程中，除内容因素外还要考虑其他因素，要针对产品属性进行差异化运营。

产品通常指可以被人们注意、获取、使用、消费，从而满足人们需求的东西。产品思维离不开用户导向，要想做好产品运营就要了解用户心理，这是实现产品落地的基础。运营产品也离不开市场营销思维，只有知悉产品的市场定位、竞争对手状况、商业运营模式，才能争取到更多用户，实现可持续发展。用户导向的产品思维影响着新媒体工作者的内容生产，给新媒体工作者的运营思维、工作流程带来变化。内容生产者会把自己生产的视频、H5等作品当产品对待，这意味着新媒体工作者在生产内容前会思考和确定内容产品的用户、功能、目标，研究和分析其他媒体生产的同类内容，并基于用户画像和账号优势规划内容生产的步骤和流程。在策划、执行阶段，内容产品的生产者也要考虑用户在互动、审美等多方面的需求。内容发布之后创作者仍应继续开展运营工作，监督内容产品的流量数据，对产品进行推广和优化，通过互动维护用户关系，实现内容产品的最大价值。

2.内容产品运营的不同阶段

新媒体内容产品的运营期包括产品上线前和上线后两大阶段。在产品上线前的研发期，运营工作包括产品决策和定位、产品设计、产品测试。生产新媒体内容产品首先要从战略层面思考，明确用户需求、市场环境和产品目标。深入分析用户需求和市场环境是产品定位的基础，对于微观的新媒体内容产品来说，用户的需求多种多样，例如获取信息、审美娱乐、提升认知、社交沟通、获取服务等。每个需求会有具体的细分层次，例如社交需求又分为熟人社交需求、陌生人社交需求、群体间社交需求、私密性社交需求等。用户可能无法准确说出他们的需求，这就要求运营者发掘目标受众的潜在需求，在内容生产全过程中时刻考虑用户需求。此外，产品决策要基于对市场的分析，这要求运营者对比分析同类型的其他内容产品，明确自身的可创新之处，同时结合自身资源明确优势所在，在此基础上制定内容产品的目标。完成分析后，运营者可以对产品的具体功能和内容进行细化设计，并确保设计切实可行。运营者要注重提升用户在内容产品的信息架构、交互设计、视觉传达层面的体验感，实现设计目标，同时考虑好生产预算等问题。

雷蒙德·弗农的产品生命周期理论认为，产品从进入市场到退出市场需要经历导入期、成长期、成熟期、衰退期四个阶段。[①]新媒体内容产品发布后，运营者要对内容进行初步推广，收集用户反馈。此阶段产品运营的主要目标是建立用户

---

① Vernon R. International investment and international trade in the product cycle [J]. The international executive, 1966, 8(4): 16.

口碑，如果用户指出内容有不合理之处，运营者要及时核实情况，调整对应的内容。在新媒体内容产品的成长期，运营者应该多渠道发力，进一步提升产品的知名度，从而吸引更多网友关注该内容产品。运营者还可以采取整合营销的方式提高内容产品的曝光量，努力为内容产品打造热门话题。在新媒体内容产品的成熟期，运营者要按时观察内容产品的各项流量数据，依托成长期的热度生产一些相关内容，在提高内容传播力的同时把吸引到的网友转化为自己的用户。在衰退期，运营者的工作并没有结束，一方面，运营者要观察有无与内容相关的热点话题能为产品带来新的传播热度，例如在《乘风破浪的姐姐3》开播不久后，王心凌获得了很高的网民关注度，与她相关的新媒体视频再次被广泛传播；另一方面，运营者要维护用户关系，对用户新增数和留存率、宣传期的用户活跃度、用户对内容的讨论度和传播力等数据进行统计，深入分析平台用户特征，思考之后用何种方式维系用户关系、满足用户需求，进而为打造新的内容产品做准备。

3. 案例：新华社H5产品《2021，送你一张船票》

《2021，送你一张船票》是新华社为纪念中国共产党成立一百周年，回顾百年风雨历程而创作的H5产品。这是一款在内容呈现、传播力、影响力上都具有代表性的H5产品，也是主流媒体在党的重要纪念日推出的典型H5产品。

从产品战略层面来看，《2021，送你一张船票》的内容定位是纪念党和国家的重大事件，回顾历史成果，从而唤起公众的集体记忆，引发国人的情感共鸣。在重大纪念日推出的新媒体内容产品应该能让用户产生情感认同，方便用户分享观点、抒发情感，并在此基础上尽力提升用户的互动体验感和产品的有趣性。这款产品融合了图片、文字、声音、动画等多种媒介元素，用H5技术呈现更有利于实现产品的运营目标。动态长图可以起到隐形时间轴的作用，《2021，送你一张船票》用横向动态长图为用户呈现了从1921年到2021年百年间党和国家发展进程中的重大事件，同时表达了对国家未来发展的美好期许。产品框架简单，叙事方式清晰，内容层次分明，降低了用户获取产品内容的难度，有利于扩大受众覆盖面。产品用横向长图展现"历史长河"，用户在页面中输入自己的出生年份，领取"船票"就可以"泛舟历史长河"，通过滑动屏幕开启时光之旅，回顾建党百年历史，重温民族记忆（见图1-13）。"船票"概念的提出离不开历史事实和民族记忆。中共一大代表在嘉兴南湖的一艘船上完成了大会议程，宣告了中国共产党的诞生，这是百年奋斗历程的起点,是公众永远铭记的集体记忆。"船票"概念为用户构建了仪式感和参与感,这一创意也是产品深受用户认同和喜爱的关键。

 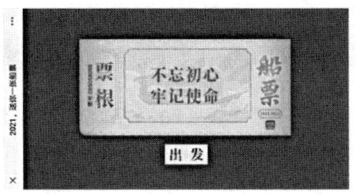 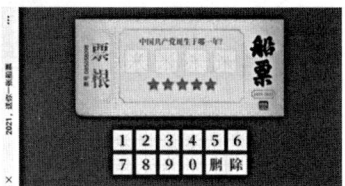

图1-13　H5产品《2021,送你一张船票》部分页面

产品中高度还原的历史场景和具有立体感的声音为用户带来了沉浸式的视觉和听觉体验(见图1-14)。在《2021,送你一张船票》中,全民族抗战场景的背景音是一段号角声,抗美援朝场景的背景音乐是雄赳赳、气昂昂的《中国人民志愿军战歌》,原子弹试验场景设置了爆炸的音效声,青藏铁路全线通车场景设置了火车驶过的音效声。贴合场景的声音增强了时光之旅的真实感,让用户仿佛置身其中。画面背景中不同年代人们的穿衣风格、生活方式随时间变迁而不断变化,场景细节可以唤起公众的集体记忆,丰富的视听设计容易引发不同年龄段用户的情感共鸣,对用户来说这是一个观看体验极佳的产品。

图1-14　H5产品《2021,送你一张船票》部分页面

该产品通过丰富的交互设计提升了产品的互动性和有趣性,为用户提供了沉浸式的体验(见图1-15)。用户可以通过滑动屏幕"乘船"开启时光之旅,随着用户操作,页面上的内容和背景音乐也会发生变化,增强了用户体验的趣味性。在任一节点,用户都可以点击"暂停"观看此处场景,或是回看之前解锁的场景,还可以随时点击"前进",继续观看尚未解锁的场景。这些设计提高了用户的自主性,用户好似在乘船旅游,可以自主选择要去的地方。除此之外,结合每个人的出生年份,场景页面还会显示个人和对应年份事件间的关联,仿佛有导游在为用户进行个性化的讲解。例如,在全面小康场景中,页面会显示"2020年,中国832个贫困县全部脱贫摘帽。××岁的你迎来中国全面小康"。这些为用户打造沉浸式体验的细节设计能让用户产生参与感和代入感。

  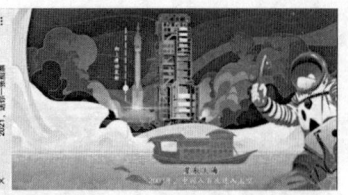

图1-15　H5产品《2021,送你一张船票》互动页面

　　该产品的另一个重要设计是在内容中加入互动答题环节,在增强交互性的同时服务于产品的战略定位,使产品起到"微党课"的作用。用户在"乘船之旅"中会遇到一些与党和国家相关的小问答,这些小问答可以强化用户对相关知识的印象,也可以提高产品的互动性和趣味性。该H5产品还充分运用了模拟场景下的体验类互动设计,用户可以在罗布泊场景页面点击屏幕上的原子弹,模拟我国第一颗原子弹试爆"发令",见证蘑菇云的腾起,也可以在卫星中心场景页面中点击屏幕发射火箭,送宇航员进入太空。一系列的互动设计让该H5产品不仅成为观看感极佳的作品,也为用户带来了一场充满参与感、互动感、仪式感、体验感的"乘船之旅",既满足了用户的需求,又让用户深切感受到我国百年发展历程,引发国人的情感共鸣。

　　在传播方面,该H5产品充分调动了用户自愿分享产品的欲望。"乘船之旅"结束后,用户可以获得属于自己的"纪念船票",页面上的"分享"按钮会引导用户将"船票"和产品分享给好友。在《2021,送你一张船票》生成的"纪念船票"上有产品的二维码(见图1-16),用户在社交媒体上分享"船票"后,浏览到相关信息的好友通过扫码就可以开启自己的旅程。这些设计满足了用户在社交、分享、交流方面的需求,也为产品构建了高效的传播模式,提高了产品的影响力。

图1-16　H5产品《2021,送你一张船票》的"纪念船票"

（三）从单向度到全向度输出的分发机制

在传统媒体时代，一家报纸媒体每日向用户输出的内容通常是无差别的，输出渠道也非常单一，主要是将报纸售卖给读者，读者从当日发布的内容中自行寻找感兴趣的内容。但在新媒体时代，内容分发机制有了很大的改变，新媒体平台可以通过多种方式输出符合用户需求的差异化内容，媒体也可以通过多种渠道分发其所生产的内容。建立新媒体矩阵，进行多元化的媒体渠道运营已成为行业的一大趋势。

1.多样的内容分发方式

为了争取更多的用户注意力，媒体在不同平台分发的内容有一定的差异，媒体通常会有针对性地提供满足用户需求、适应平台生态的内容。平台也会运用多种方法为用户精准推荐内容，通常会根据用户、算法和产品本身来分发内容。

首先是基于用户的分发方式。其一是基于用户属性分发内容，用户在注册账户时通常会填写自己的性别、年龄、居住城市等信息，一些平台也会让用户选择自己感兴趣的内容类别，这样平台就可以据此为用户推荐相应的内容。例如新浪微博会给用户推荐其所在城市的新闻资讯，还推出了同城热搜榜，方便用户关注所在城市的热门新闻。区域性强的内容通常只有当地用户关注，用这种方式推荐的内容比较容易切合用户的需求。其二是基于用户行为分发内容，用户浏览内容时会通过点赞、评论、转发等行为对内容做出正向或负向的反馈，平台会根据用户行为分析其感兴趣的内容，并在之后为用户推荐类似的内容。在B站，用户如果对首页推荐的某个视频不感兴趣，可以标记自己不想看的原因，例如此类内容过多等，平台会在用户选择后减少对类似内容的推荐。其三是基于用户社交关系分发内容，不论是熟人还是陌生人，用户互相关注通常是因为他们有相同的兴趣和爱好。一个用户观看、转发了某条内容，他的好友可能也会对此感兴趣，所以平台会基于用户社交关系提高分发效率，为用户推荐好友偏好的内容，引导用户在社交圈内自发传播。例如微信公众号的推送就会显示有几个朋友读过，方便用户判断哪个推送更符合自己的需求。

其次是基于算法技术的分发方式。这是新媒体平台常用的分发方式，参考的数据主要有播放量、完播率、转发数、点赞数、评论数等，平台也会将内容标签化。不同平台的智能算法技术的推荐策略不同，考虑的数据优先级也不同。基于算法的分发方式是平台内容呈现二八定律的重要原因，头部创作者的粉丝可以带来更好的流量，头部创作者生产的内容就会得到平台更多的推荐，从而获得更多的曝光量和新粉丝。

最后是基于产品的分发方式。这种方式会考虑平台的调性，符合平台调性的产品有机会得到更多的推广，例如小红书在推广视频号期间会给视频创作者提供更好的流量，而一些"鬼畜"剪辑则能登上某一时期B站的推荐首页。各平台都有自己偏好的内容产品，这些内容是平台实现差异化竞争的重要资源，与平台的定位和优势紧密相关，平台在内容分发上自然也会有所偏好。

2. 内容的多渠道分发

想要推广内容，实现传播效果的最大化，就要拓宽传播渠道，将内容分发到不同的新媒体平台。多渠道分发内容可以提高内容在不同维度的影响力，吸引各圈层用户的关注，还可以利用不同新媒体平台的长处，整合优势资源，提高品牌知名度，打造全网IP。

各平台的生态不同，在内容传播上的优势也不同。以央视新闻IP为例，其主要的传播平台是央视新闻客户端、抖音、快手、微博、今日头条、百家号、微信公众号、微信视频号、B站（见图1-17）。在央视新闻客户端上，用户可以看到完整版的《新闻联播》，可以观看央视新闻的直播内容，还可以获取过去24小时内的新闻资讯。客户端的内容量大、覆盖面广、专业性强，其受众多为央视新闻的高黏度用户。客户端是央视新闻维系忠诚用户、实现IP价值的主要平台。除了客户端，央视新闻也会在其他平台上创建账号，通过多渠道发布内容。

图1-17 央视新闻主要入驻平台

在短视频社交媒体抖音和快手上，央视新闻会发布由长视频剪辑成的精华版短视频，也会针对平台生产一些特定的短视频产品。抖音、快手拥有大量用户和先进的算法推荐系统，短视频本身具有很好的传播效应，短视频平台也为内容成为"爆款"提供了机会，例如央视新闻抖音号在2022年五四青年节发布的短视频《青年英雄》，一天获赞量就达到200万。短视频社交媒体作为内容分发渠道大大提高了内容的曝光度，容易让各圈层用户接触到创作者发布的内容，进而将潜在用户转化为实际用户。

微博平台具有强大的话题创造能力，央视新闻将内容发布在微博平台上时，会加上相应的话题，用户可以对发布的内容进行转发。通过用户间的"传播接力"，微博建立了高速的传播模式，这种裂变式传播易于打造热点话题，助推相关内容登上微博热搜榜。用户在微博评论区的讨论也易于扩大话题影响范围，利于央视新闻在此过程中进行观点输出和舆论引领。

微信是用户量巨大的综合性新媒体，其自带的社交平台"朋友圈"，在利用用户社交关系提升内容传播影响力方面有天然的优势。央视新闻公众号和视频号会截取其节目视频中的部分内容，并在此基础上利用图文形式进行深入解读，目的是让用户深入了解相关内容。用户在浏览微信视频号时还可以看到好友的点赞情况，创作者依托微信生态在用户聚集地"朋友圈"推广相应的内容，无疑会获得很好的传播效果。

百家号是百度旗下的自媒体平台，在该平台发布内容可以借助百度庞大的用户群提升内容影响力，且百家号界面排版清晰，方便用户浏览新闻。

今日头条上的内容覆盖面广，包括热点、视频、图片、社会等多个频道。今日头条可以根据用户的所在地、性别、年龄、兴趣爱好等为用户精准推送内容。基于今日头条的算法技术，央视新闻头条号的内容会被推荐给更有可能对它们感兴趣的用户群体，例如央视新闻今日头条账号发布了一条关于浙西南革命老区的内容，浙江当地的用户可能就会收到与该内容有关的推荐通知。

B站用户可以在观看视频的同时发送弹幕，这些弹幕也会成为创作内容的一部分，并且起到强化观点认同、引发情感共鸣的作用。例如央视新闻在B站发布的视频《祝贺！神舟十三号三名航天员顺利出舱！》中，用户会重复发送"我已出舱，感觉良好"等与视频内容相关的弹幕，并发送"欢迎回家""辛苦了"等弹幕以表达对航天员的赞美之情，这些内容可以引起用户共鸣。

新媒体在通过多渠道分发内容时要契合各平台的调性，发挥不同平台的优势，尽可能触达各圈层用户，全方位多向输出内容，提升内容的传播力和影响力。

3.新媒体矩阵

从"两微一端"到全媒体传播，打造新媒体矩阵已经成为媒体扩大内容覆盖面，提升传播力、影响力的关键。新媒体矩阵是针对用户的差异化需求提供个性化服务的多元化新媒体渠道的组合，其目标是尽可能触达更多的目标群体，转化目标用户，提升平台的知名度和影响力。

新媒体矩阵通常分为横向矩阵和纵向矩阵。横向矩阵指品牌在整个新媒体平台的布局，例如央视新闻的客户端和网站，其在抖音、新浪微博等新媒体平台的账号等。纵向矩阵主要指企业自家新媒体产品的纵深布局，例如头条系的今日头条、抖音、西瓜视频、火山小视频等新媒体产品。

新媒体矩阵的作用主要体现在以下几个方面：其一是可以使品牌旗下的内容更加多元化，例如微信公众号适合呈现图文作品，抖音适合呈现短视频，微博内容以篇幅较短的文字配图片、视频为主，多元化的内容和呈现形式可以吸引不同的受众。其二是可以有针对性地触达更多圈层用户。各平台都有自己的用户群体，例如B站的用户以年轻人为主，创作者在发布内容时可以针对年轻用户和B站的平台调性制作更符合用户需求的产品，这有利于将平台用户转化为自家用户。其三是可以协同传播，扩大影响力。多平台的联动传播可以增加话题的讨论度和热度，例如2022年春晚节目《只此青绿》火遍全网，用户打开央视频、抖音、微信公众号等就能在央视的新媒体账号上看到相关的内容，协同传播加深了网友对该内容的印象，在更大范围内提高了春晚和《只此青绿》的话题度和讨论度，吸引更多的网友在线上甚至线下买票观看舞剧《只此青绿》。其四是可以整合优势，推动产品运营。新媒体矩阵可以发挥不同平台的优势，合作打造优质内容。各平台间可以共享资源，实现用户转化，从而提升矩阵影响力和品牌价值。其五是可以挖掘多元商业价值。矩阵内不同平台和内容形式的组合可以全方位推广产品，使产品获得多元商业价值。以猿辅导与央视新闻、《开讲啦》联合制作的特别节目《撒开聊——2021请回答》为例，用户可以在央视新闻客户端、央视新闻淘宝直播间，以及央视新闻的微博、抖音、快手、B站、今日头条、百家号官方账号上观看直播，也可以在猿辅导视频号、《开讲啦》官方微博和央视频号、央视一套官方微博和云听直播间、"我们的太空"官方微博观看直播。除了直播内容、渠道上的合作，央视新闻也在官方微信公众号上发布图文内容，对直播节目展开宣传，告知用户"通过猿辅导App可以提问感兴趣的话题"，对猿辅导App进行软推广，运用多种方式实现商业价值。

❓ 本节思考题

1. 从内容角度阐释从传统媒体到新媒体这一阶段的媒介生态变化。
2. 简述新媒体内容与传统媒体内容的差异。

第二节 媒介类型

一、官方媒体

（一）从传统视听媒体到新媒体——央视频、央视新闻等

"船到中流浪更急，人到半山路更陡。"近年来，围绕"媒体传播从融合媒体时代进入智能媒体时代"话题的讨论和研究层出不穷。目前，业界正在探索如何维持传统媒体的长期优势和生存发展空间，传统媒体转型已是当务之急。研究发现，中央媒体的优势在于资源具有多元性和资源整合能力较强，劣势在于用户活跃度不高和平台开放性有限。①

1. 传统视听媒体：内容素材丰富

当"严肃的主流媒体"遇上"网生短视频"，通常会产生"1+1>2"的传播效果。通过对短视频的使用和创新，主流媒体更具多种独特优势。②

---

① 蔡雯,汪惠怡.主流媒体平台建设的优势与短板：从三大央媒的平台实践看深化媒体融合[J].编辑之友,2021(5)：6.
② 李苗苗,范以锦.融媒语境下主流媒体vlog新闻的优势与定位[J].新闻战线,2020(20)：4.

(1) 内容优势：丰富的素材库

内容生产是以内容为本的主流媒体的基础优势。主流媒体可同步、同频更新最新资讯、热点话题、前沿技术，能最大限度地保持对内容生产与传播的职业敏感。在新闻领域，主流媒体不仅拥有权威渠道和独家采访权，而且拥有庞大的新闻素材库，能够源源不断地提供公众每天所需的"硬新闻"。在文娱领域，中央广播电视总台、地方台等主流媒体积累了大量的优质题材和专业的从业人员。短视频的日常化、碎片化和及时性，有助于主流媒体跳出常规内容的局限，从丰富的素材中寻找灵感，采用不同的形式和视角，对新闻事件和文娱节目进行更有效的立体呈现。

2019年11月20日，"央视频"正式上线。这是中央广播电视总台基于5G、4K/8K、AI等新技术，推出的总台综合性视听新媒体旗舰平台，也是中国首个国家级5G新媒体平台。[①]央视频的天然优势在于聚合了总台的海量资源，总台下属的19个频道的内容均可以在央视频呈现。例如，2022年1月25日，中央广播电视总台发布了《关于第24届冬季奥林匹克运动会版权保护的声明》。声明指出，根据中央广播电视总台与国际奥林匹克委员会签订的协议，总台拥有2022年北京冬奥会在中国大陆地区（含澳门）的独家全媒体权利及分授权权利。[②]在各大新媒体平台上，央视频将无偿获得所有比赛的转播授权，而其他平台如果要获得总台的授权，则需花高价购买版权，否则任何以直播、转播、点播、回看等方式使用2022年北京冬奥会的音视频节目内容、广播电视信号或其他相关视听素材的行为，都将被视作侵权，总台将追究相关主体的法律责任。在传播国家级事件、活动方面，传统视听媒体拥有先天优势，并能将这种优势继续转化为新媒体平台的优势。

(2) 平台影响力优势："大屏"固有的权威性

中央广播电视总台一方面致力于搭建自有新媒体平台，另一方面也注重新媒体旗舰平台上的内容产品建设。目前总台拥有3个中央重点新闻网站（央视网、央广网、国际在线），17个自有App（央视新闻、央视影音、央视财经、央视频等）。传

[①] 中央广播电视总台"央视频"5G新媒体平台正式上线[EB/OL].(2019-11-21)[2022-05-31]. https://baijiahao.baidu.com/s?id=1650764321989937733&wfr=spider&for=pc.

[②] 中央广播电视总台关于第24届冬季奥林匹克运动会版权保护的声明[EB/OL].(2022-01-27)[2022-05-31]. https://www.cctv.com/2022/01/27/ARTIHgzyD4hhh iWY1b6jX4Y1220127.shtml.

统视听媒体积聚了专业的新闻人才、专业的采编队伍，拥有严格的审核流程，且发布的内容大多是独家新闻或者原创新闻，因此赢得了大众的信任。再加上长期形成的品牌效应、多元的信息渠道和丰富的传播经验，传统媒体凭借其在理论和实践方面的积累，形成了自己的独特优势。总台布阵新媒体矩阵，能够扩展其影响范围，稳固总台在人们心中的权威地位。

2. 原创能力不足：主流新媒体转型触及内容"天花板"

丰富的内容资源和平台权威性是传统视听媒体立足的根本，是其独特的优势，也是长板所在。主流媒体拥有其他媒体平台无法比拟的资源优势，在媒体运营、管理及制作等方面拥有丰富的经验和人才资源。但是，这并不意味着传统主流媒体能够适应新媒体的传播环境。主流媒体在向新媒体转型的过程中，内容生产能力容易出现"瓶颈"。主流媒体如何利用互联网技术手段提高内容创作效率，成为亟待解决的问题。此外，传统主流媒体在内容制作方面存在的一些短板，如画地为牢、单打独斗、形式单一、缺乏互动、用户感知差等，长期限制着主流媒体向新媒体的转型和发展，仍然是高质量内容产出的阻碍。

3. 媒体账号设置层次重叠，管理困难

多年来，传统媒体在向新媒体转型的过程中，已经建立起具有较强影响力的融媒体矩阵，但在内容创新、组织协同、资源统筹方面还有很多不足。在微博、微信、抖音等平台抢占用户注意力的新媒体时代，主流媒体原有的信息发布平台优势被削弱。即使传统的主流媒体致力于向新媒体转型，不断在微博、抖音、快手等新媒体平台建立信息发布阵地，但其在账号资源的统筹、运营手段的使用、个性化内容的产出等方面都存在明显的短板。

通过分析中央广播电视总台在微博和抖音平台上注册的账号情况，可以发现主流媒体在新媒体转型时期往往存在账号重叠、管理权限不明确、内容生产机制不健全等问题，这导致部分账号既消耗了人力、物力又无法产出有价值的内容。

表1-6　（截至2023年年底）中央广播电视总台注册账号的总数及类别分布（微博平台）

账号类型	数量	占比
综合/频道	8	2.93%
文艺	59	21.61%

续表

账号类型	数量	占比
人文	57	20.88%
社会	34	12.45%
新闻	21	7.69%
体育	20	7.33%
财经	18	6.59%
影视剧	13	4.76%
科教	10	3.66%
军事	10	3.66%
少儿	8	2.93%
农业	2	0.73%
客户端/机构账号	13	4.76%
总计	273	

表1-7 （截至2023年底）中央广播电视总台注册账号的总数及类别分布（抖音平台）

账号类型	数量	占比
综合/频道	2	3.33%
文艺	18	30.00%
新闻	10	16.67%
社会	9	15.00%
影视剧	5	8.33%
人文	4	6.67%
客户端/机构账号	4	6.67%
农业	2	3.33%
军事	2	3.33%
少儿	1	1.67%
科教	1	1.67%
财经	1	1.67%
总计	60	

中央广播电视总台在微博、抖音平台上注册认证的账号总数达333个，从账号类型可以看出，综合/频道类本应是整合传播内容的主要出口，但相关账号的占比却不突出。账号设置存在层次重叠问题，如微博平台上的财经类账号，内容重复，

同质性较高。因此,在保证高质量内容生产与强大传播能力的前提下,结合不同媒体平台的调性,调整优化账号布局,精简内容生产流程,将成为主流媒体在新媒体转型阶段的必然选择。

4.账号属性商业化思维有限

(1)社交性不强:账号活跃度一般

与商业应用平台相比,主流媒体的新媒体平台社交性较弱,面向受众的服务功能相对单一。虽然后台员工对内容阅读量、播放次数、好评次数、受众态度等有相对准确的定量或定性分析,可以为媒体提供评估依据,但是这种单一的反馈并不能将受众和媒体紧密结合起来。例如,许多App的实际下载量、用户量、订阅量和日活量的差距都比较大。因此,如果要激活现有用户,吸引潜在用户,就要加强用户与线上新媒体平台的互动连接。

主流媒体在新媒体转型过程中,有一个突出的问题是运营体系复杂,人员精力分散,难以做到账户运营的IP化、定制化,只能吸引泛流量人群,受众忠实度不高,导致账号的活跃度一般。

基于中央广播电视总台在抖音注册认证的账号的粉丝量及内容发布活跃度情况,我们选取了部分账号进行数据分析。

表1-8　(截至2022年年底)中央广播电视总台部分注册账号的粉丝量及活跃度情况(抖音平台)

类型	账号名称	粉丝量	总发布量	内容发布活跃度
影响力较高	央视新闻	1.4亿	6321	5条/天
	新闻联播	3406万	1198	5条/天
	央视网快看	2965万	6640	5条/天
影响力较弱	CCTV3·15晚会	1.2万	19	过往2条/天,已停更1年
	CCTV对话	23万	266	过往2条/天,已停更3个月
	CCTV生命线	84万	1364	2条/天

表1-8中的数据显示,"央视新闻""新闻联播""央视网快看"等账号的粉丝较多,传播力及影响力较高;"CCTV3·15晚会""CCTV对话""CCTV生命线"等账号的粉丝较少,且发布的内容频次较低、数量较少,未能有效维持用户活跃度。由此可以看出,账号影响力的体现——粉丝量在一定程度上与内容发

布数量及频次成正相关,这样的现象在主流媒体发展新媒体矩阵的过程中比较常见。

因此,传统视听媒体应该针对不同平台的调性,为用户提供更多定制化、个性化的内容,以满足不同受众的需求,增强账号的粉丝黏性。

(2)内容网感差:流量有限

传统视听媒体在内容生产上存在的一个显著短板是形式呆板,不能适应互联网时代受众的需求与口味,用通俗的话讲就是缺乏网感。网感是指内容有记忆点、有传播力、有话题性。有记忆点是指让用户记得住,有传播力是指让用户主动转发和分享,有话题性是指能够形成关注度的合力。

如果沿用传统的以媒体为中心的思维运营新媒体,一方面,内容生产无法充分反映用户需求,并且传统的信息传播方式不再适应新形势下用户接收信息的习惯;另一方面,媒体传播的信息没有差异,一些传统媒体仍习惯在不同媒体上同时发布相同的内容,没有将传统的传播方式与差异化的新媒体平台的传播特点相结合。

新媒体的核心属性仍然是媒体,这意味着新媒体传播是把"双刃剑",意味着新媒体传播与运营需要相当高的专业度。在此方面,传统视听媒体的传播运营能力显然不足,故而在传播过程中接连碰壁,乃至不断引发负面舆情。除了极少数运营成功的案例,大多数新媒体在很大程度上不仅难以全方位地把控新媒体品牌的风格、调性,而且对未来的发展缺乏明确的目标,更大的风险是不断触碰到舆论"红线"。因此在多元化分发的时代,以IP内容抢占用户注意力,通过年轻化、人格化、口语化的表达方式来提高账户的粉丝黏性及活跃度,需要主流媒体投入更多精力。

"央视纪录"抖音号相比央视旗下的其他账号(如"央视新闻"抖音号有1.4亿粉丝),粉丝数量较少,只有39万(见图1-18),且每条视频的点赞量只有几百个。究其原因,其内容网感较差,视频普遍较长,不符合抖音用户碎片化的使用习惯。同时视频内容单一古板,缺乏网络元素,难以引起用户互动的兴趣,因此极难获取流量。另外,截至2022年6月,该抖音号最近一条视频发布的时间是2021年8月20日,几乎停更了一年,由此也可以看出其账号活跃度在逐步下降。

图1-18 "央视纪录"抖音号部分视频截图

5.逐渐注重与商业新媒体合作

一直以来，中央广播电视总台在制作优质内容方面都具有核心竞争力。然而，移动互联网技术的飞速发展，导致观众更难专注于某个媒体平台，对媒体而言，想要长久地赢得用户变得越来越困难。传统视听媒体在向新媒体转型的过程中，已经逐渐认识到自身的局限性，因而更加注重与商业新媒体的合作，希望在新媒体运营业务方面实现双赢（见图1-19）。

例如，央视频推出的《央young之夏》，无疑是2021年夏天一道靓丽的综艺风景线。《央young之夏》以年轻网友为核心受众，邀请大家熟悉的"央视boys""央视girls"等总台主持人担任嘉宾，以央视频客户端为主阵地，创新传播方式，发布了大量独家内容，并联动央视新闻、央视网、央视财经、央视文艺、央视一套、CGTN、欧拉中心等总台新媒体矩阵（见图1-20），在其他新媒体平台上进行传播，对节目破圈起到了至关重要的作用。

此次《央young之夏》在实现内容传播效益的同时，在新媒体融合上也实现了突破。《央young之夏》得到了抖音头部主播的支持，当晚直播间观看量超过1220万，对公演直播形成强势助力，相关话题登上微博热搜、抖音热搜，全网话题阅读量达7.78亿。[①]

《央young之夏》成功填补了总台在网络综艺领域的空白,增强了总台在年轻网友心中的活力,提高了总台在市场领域的价值,提升了总台作为主流媒体的引领力、传播力和影响力,也为总台在新媒体领域的内容创新提供了有益借鉴。

图1-19　中央广播电视总台新媒体矩阵分布汇总——账号矩阵

图1-20　中央广播电视总台新媒体矩阵分布汇总——平台矩阵

(二)从传统平面媒体到新媒体——《人民日报》、新华社等

当下,传统平面媒体正逐渐向新媒体转化,力求在移动网络环境下进行重铸,以延续自身内容专业化和权威性的优势;同时,新媒体也正努力完成与自有传统媒体的资源整合,以提高新媒体品牌的推广力和影响力。传统平面媒体依托其积累了多年的专业内容优势,融合各类传播途径,形成了由网页版、移动客户端、微信公众号、微博官方账号等形式组成的全方位传播的新媒体矩阵,给用户带来了多元化、多场景、多层次的阅读感受。另外,新媒体也在着力推进自身资源整合,目的是实现全平台多体系的新闻资讯内容互联,推进图文、短视频、直播等多样化内容的覆盖,进行碎片化、移动化、立体化的内容传递,从而建立起更广泛的媒介覆盖体系。

---

① 光华锐评.总台这"夏"不仅是打个young,融媒效应还在持续释放[EB/OL].(2021-09-10)[2022-05-28]. https://mp.weixin.qq.com/s/ujFYAWJC9pCDFP_G8g7YyQ.

中国新闻事业全媒体化、平台化的趋势日益显著,全方位增速发展,报纸、广播、电视等传统媒体规模增长放缓,并继续致力于媒体深度融合与数字化转型。结合传统媒体向新媒体转型的现状,可以总结如图1-21所示。

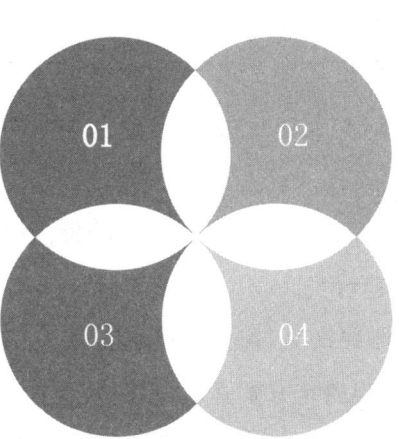

传统新闻媒体
以《人民日报》、《新闻周刊》、中央广播电视总台等为代表的报纸、杂志、广播、电视等新闻媒体。

新闻新媒体与自媒体
新媒体时代,腾讯新闻、今日头条等新闻新媒体以及大量的新闻自媒体开始涌现。传统新闻媒体开始进行自我变革。

外部资源渠道创新
新媒体时代,受众的阅读习惯呈现出碎片化、浅层次化等特点,主流媒体强调内容与传播形式的适配度,通过深度挖掘内容,把优质内容和创新表达结合起来,如设立了"两微一端",实现了传播效果的提升。

内部资源整合创新
除了借助形式和渠道等外部资源进行融合发展,平台内部资源整合也很重要。如腾讯新闻资讯App,依靠腾讯平台旗下的多种资源,为用户提供高效优质的资讯、视频和直播服务,扩大了平台的影响力。

图1-21 中国新闻资讯新媒体发展现状

1.从文字到视听的思维转换

20世纪80年代,第四次科技革命全面展开,移动端媒介因其打破了时空、地域等限制的特性,成为用户信息交流的主要渠道。截至2023年6月,我国网民规模达10.79亿人,较2022年12月增长了1109万人;互联网普及率达76.4%,较2022年12月提升了0.8%。[1]

2020年7月22日,新媒体蓝皮书《中国新媒体发展报告No.11(2020)》显示,截至2019年8月,新闻资讯类App用户规模达6.2亿人,渗透率达53.9%。[2]智研咨询发布的《2021—2027年中国新闻资讯产业发展动态及投资决策建议报告》显示,截至2020年12月,中国新闻资讯行业月活跃用户规模为6.98亿人,较2019年同期增长了0.02亿人。

---

[1] 中国互联网络信息中心. 第52次《中国互联网络发展状况统计报告》[EB/OL].(2023-08-28)[2023-08-28]. http://www.cnnic.cn/n4/2023/0828/c88-10829.html.
[2] 高志民.《中国新媒体发展报告No.11(2020)》发布[EB/OL].(2020-07-26)[2022-05-29]. http://www.rmzxb.com.cn/c/2020-07-26/2627579.shtml.

新媒体的普及和渗透，使网民拥有了更现代化的思考方式和网络行为。报纸、期刊等传统平面媒体面临被淘汰的处境。传统平面媒体如果要焕发新生命力，就要重新占领大众视野，获得用户关注，紧跟用户需求迭代更新。

（1）思维转换快，积极转变话语方式

新媒体的快速发展使网民具有更适合互联网时代的思维方式，文字虽然能够表达理性、深刻的思想内涵，但是在互联网时代，生动的图片和视频更容易吸引人们的注意力。

人民日报社率先对《人民日报》进行了电子版改版，在新媒体矩阵的建设上也紧随时代脚步，充分运用现代信息技术，利用多种形式，推出各种创新活动，提高了受众的关注度。近年来频频产出"爆款"的H5技术，也被充分运用在人民日报社的新媒体报道中。人民日报的官方微博、微信公众号也会利用H5技术将一些政策性数据和复杂信息发布出来，把原来晦涩难懂的信息转化成人人都能看懂的图文，形象且生动，大大增加了受众阅读的趣味性。在建党百年的庆祝仪式上，人民日报微信公众号就和快手等平台联合，发布H5长图，展示并介绍中国共产党自成立以来的历史进程和取得的重大成就（见图1-22）。该作品成为微信朋友圈的刷屏"爆款"，可见其取得的良好宣传效果。

图1-22　H5产品《复兴大道100号》部分页面

（2）网上搬运素材，版权争议多

在互联网新媒体平台风生水起的今天，版权侵权问题一直非常突出。对于以UGC为基础的新媒体平台来说，庞大的用户群体是其立足之根本。普通用户、自媒体从业者为了获取流量，未经授权搬运、二次剪辑他人作品的现象比较普遍。例如，2022年北京冬奥会期间，与奥运会相关的内容版权侵权问题就比较严重。按照规定，2022年北京冬奥会的独家全媒体传播权及分授权由中央广播电视总台享有。新媒体平台中只有央视频可以获得比赛的转播授权。其他平台任何以直播、转播、点播、回看等方式，使用与2022年北京冬奥会相关的音视频节目内容、广播电视信号等视听素材的行为，都视作侵权。因此，传统媒体的新媒体平台在制作和发布冬奥会相关内容时备受限制，只能通过对自家记者拍摄的照片进行3D效果处理、强化字幕包装等方式，参与到这场国家盛事中。

2.内容主旋律，形式网感强

随着短视频用户数量特别是年轻用户数量的增加，人民日报社和新华社也顺应了短视频平台的特点，在新闻主题选取和内容表达等方面更加年轻化，并显现出软化新闻语言硬度的倾向，越来越关注用户需求。

（1）策划选题，传播正能量

新媒体活动策划中最常用的一个方法是利用节日活动打造热点话题。人民日报抖音账号运营者会针对特定时间点策划相应话题，比如在国庆节前后推出大量阅兵视频，并特意选择了一些带有特别含义的话题，如阅兵车牌号等，这些话题粉丝参与度高，视频点赞数均过千万，加强了媒体和粉丝之间的交流。

（2）创新报道，充分利用新兴技术

当前，我国传统媒体实现融合发展转型仍处在困难期，新闻媒体怎样突破瓶颈，取得良好的宣传效果成为亟待解决的问题，诸多新兴技术应运而生，成为破局的关键。新华社充分利用5G、AI、8K、卫星传输、区块链NFT等技术，推出了大量产品，进行创新式报道，在新兴技术的应用领域称得上是行业的典范。

（3）设置重要议题，及时传达沟通，发挥主流媒体的引导作用

将以传统平面媒体为代表的主流媒体和自媒体放在一起比较可以看出，主流媒体最大的优势在于其掌握着权威资讯。在网络时代，自媒体快速发展，平台上

充斥着不同思想观念，对受众的价值判断和思维方式产生了影响。此时就要求主流媒体发挥作用，积极引领受众，使其能客观理性地审视社会问题，发表正确看法，从而建立起良性的舆论生态环境。

主流媒体依托其专业性与权威性，通过全媒体矩阵的联合新闻报道，在新闻事件出现的第一时间及时作出反应并进行报道，以不同视角、不同方式在各网络平台上传播大量资讯，有效平复了由于资讯不足造成的群众恐慌情绪，为广大群众辨识自媒体平台上资讯的真假提供了参考，牢牢掌握了主流媒体的话语权。两家媒体的积极应对，有效净化了网络环境，在应急事件处置中发挥了主流媒体的引导作用，维护了良性的舆论生态环境。

3.有效利用商业媒体流量

近年来，随着媒介融合向纵深发展，新媒体的发展势头十分强劲，信息传递的形态与速度也在改变，以应对当下媒介融合的新特点以及随之出现的创新性问题。人民日报社利用其客户端、微信、微博、抖音、快手等多种网络平台形成的新媒体矩阵，联合报道新闻，各平台之间取长补短，发挥多平台宣传的最大作用，实现了新媒体矩阵的有机整合，同时也利用商业媒体的巨大流量进一步优化了宣传内容，增强了宣传效果。

例如，人民日报社同多家商业媒体联合开展了助农性质的带货直播，在有效助推乡村振兴的同时也获得了一定的经济效益。早在2020年7月22日，人民日报社就联合微博、淘宝开办了"乘风破浪，有扶同享——决战脱贫攻坚专场直播"，并且邀请著名歌手林依轮参与直播带货。

4.加大力度布局品牌新媒体产业链力度

新媒体时代，形形色色的新媒体平台可谓百花齐放、各有千秋，在互相争夺用户市场的同时，也形成了互补。因此，新闻媒体要将新闻资讯快速传达给更多的受众，获取更多的流量，就不能只依赖单一平台。这就促使传统媒体进一步加大力度布局新媒体产业链，在多个平台设立新媒体账号，通过直播、联名、片尾署名等方式互相借力，实现合作共赢。

2021年，新华社联合百大平台、千所学校、千万青年打造了《明天你好——2021毕业季新青年演唱会》(见图1-23)。这场演唱会在腾讯音乐、小红书、B站、快手、抖音、虎牙直播、微博、咪咕、百度直播、斗鱼、新浪新闻、YY直播、六间房、KK直播、美拍、映客等多家平台同步直播,并且在微博上展开实时的话题互动,一时间在网络上引发热烈反响。2021年春节,新华社《声在中国》栏目携手网易云音乐播客、快手打造了栏目首部声音纪录片《温暖的声音》,通过文字征集和视频投稿的方式,在全网多个平台征集故事,制作成纪录片,在农历新年来临之际,为身处异乡的人们带来心灵慰藉。众多网友参与了活动,反响热烈,新华社与各平台的合作取得了十分理想的效果(见图1-24、图1-25)。

图1-23 新华社《明天你好——2021毕业季新青年演唱会》《声在中国》宣传页面

人民日报社还与李宁、奈雪的茶、哈尔滨啤酒、百事可乐等品牌联动,推出联名款产品(见图1-26),彼此借力宣传,在丰富品牌内涵的同时,也在网络上引发热议,达到吸睛引流的效果。

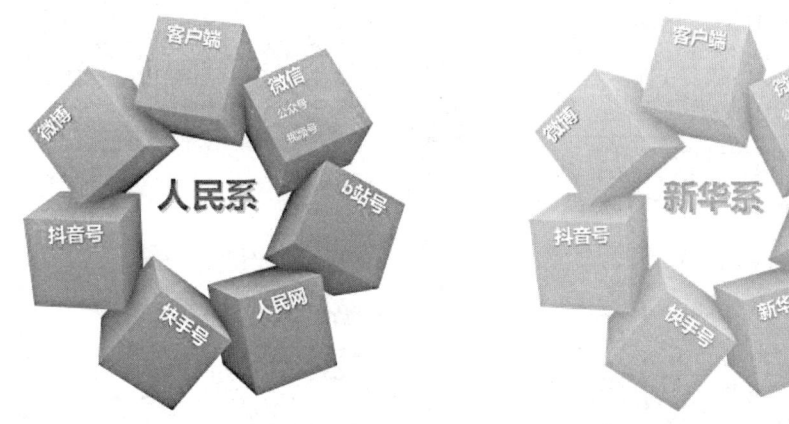

图1-24 人民系和新华系新媒体矩阵分布汇总

图1-25 人民系和新华系新媒体平台矩阵汇总

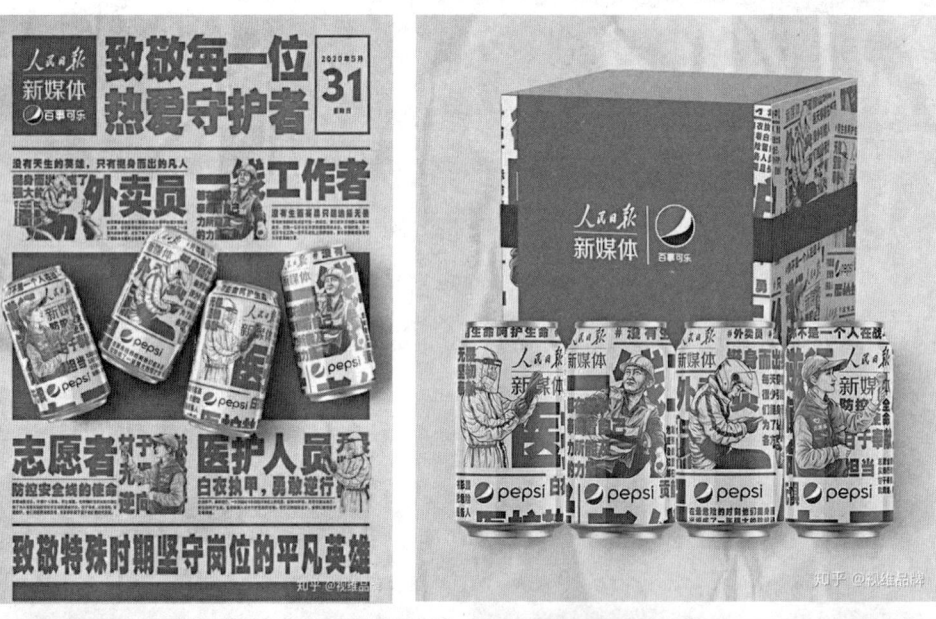

图1-26 人民日报社与品牌的联动

二、以碎片化内容为主的短视频新媒体

（一）抖音

抖音是短视频的主要载体平台之一。

截至2023年，抖音平台用户日活稳定在6亿以上，庞大的用户体量使之成为当下最具影响力的社交媒体平台之一。[1]抖音平台上的短视频内容具有时长短、信息集中、内容类型丰富和功能多元的特点。其母公司字节跳动以根据用户大数据精准推送内容闻名，超强的用户黏性下，推送内容充分占据了用户的碎片化时间，对用户的心智产生重要影响。

（二）快手

快手是当下中国最流行的短视频平台之一，其成立于2011年，原本是一个用于制作、共享GIF图像的手机App，2012年转型成为短视频社区。

与其竞争对手抖音提倡的"年轻人潮酷"特点有所不同，快手更加倡导"人人都应该被记录""生活，没什么高低"。快手选择直接面对大众使用者，相较于抖音，快手更平民化、更接地气。快手的KOL大多生活在社会基层，平台上日常生活类短视频的占比最大，细分内容更受用户青睐。同时，快手上有着浓厚的"网络直播"氛围，用户也相对更有黏性。用户喜欢主动点赞、评论、分享自己感兴趣的KOL，互动率很高。

截至2022年第一季度，快手平台月活用户超5亿，日活用户超3亿。[2]快手的主要用户是年轻人，其中中小城市和乡村地区用户以及北方用户较多，甚至"成为城乡边界消解、城乡文化拼接的新舞台"[3]。

---

[1] 2023中国短视频发展研究报告[M].中国国际广播出版社，2023.12.20.
[2] 一图看懂 | 快手2022年Q1财报[EB/OL].（2022-05-24）[2022-05-29]. http://k.sina.com.cn/article_1801487174_6b60834602002dgco.html.
[3] 姬广绪.城乡文化拼接视域下的"快手"：基于青海土族青年移动互联网实践的考察[J].民族研究，2018（4）：9.

三、以优质内容为主的中长视频新媒体

(一) B站

哔哩哔哩动画网于2009年创立,粉丝们亲切地称其为"B站"。B站早期是一家致力于ACG(动漫、电影、电子游戏)内容制作和共享的视频站点,通过十多年的努力,B站已经成为国内最大的二次元文化社区,月活用户超2亿,日活用户超7000万。①围绕用户、创作者和内容,B站形成了一个源源不断产生优秀作品的艺术生态系统,发展成为覆盖7000多种内容圈层的多元艺术社群,现成为中国国内众多年轻人文化聚合的艺术社群与视频网站。②

B站86%的用户都是在1990—2009年出生的,他们通常被界定为"Z世代"(通常指1995—2009年出生的一代人)。这类用户生产的内容大多具有差异化特征。近年,B站的影响力逐渐提升,并开始与官方媒体合作。B站以丰富的优质内容为内在吸引力,成功实现了转型,也在潜移默化中改变了主流文化的调性。

(二) 西瓜视频

西瓜视频是字节跳动旗下主打中长视频,聚合多元文化的综合视频平台,以"点亮对生活的好奇心"为口号,"丰富、新鲜、娱乐、有趣"是西瓜视频的名片。

与"自家人"抖音不同,西瓜视频更加关注下沉用户市场,通过大数据精准推送让视频内容更好地被传递和普及。截至2021年8月,西瓜视频月活用户超1.8亿③,主要用户来自二三线以下的城市,并且四分之三的用户都是"95后"。西瓜视频平台上最受欢迎的视频类型是生活类vlog。④

四、以功能为主的品牌新媒体

(一) 小红书——"种草"

作为一个深耕UGC的社交型电商平台,小红书于2013年6月正式成立。上市

---

① 哔哩哔哩发布2021年财报:全年营收194亿元,同比增长62%[EB/OL].(2022-03-03)[2022-05-30]. https://baijiahao.baidu.com/s?id=1726275804595158870&wfr=spider&for=pc.
② 陈诗宗.B站的运营及其利弊分析[J].采写编,2021(8):2.
③ 2021巨量引擎UGC互动营销白皮书[EB/OL].(2021-12-08)[2022-05-26]. https://max.book118.com/html/2021/1208/7142012154004061.shtm.
④ 岳改玲,曾卓.西瓜视频履行社会责任的探索与反思[J].采写编,2021(5):4.

之初的小红书主要是用户分享购物行为的平台,同时,作为消费决策的入口,用户在小红书上通过记录与分享构建起一个十分实用的、具备社交功能与网购功能的新型生活社区。目前,小红书主要依靠明星推荐、KOL推广、KOC(Key Opinion Customer,关键意见客户)"种草"的方式加大品牌的曝光力度。小红书的用户于2020年突破3亿,其中的月活跃用户超1亿,成为中国最大的生活方式分享社区,其品牌目标随之升级为"生活潮流的发源地,消费趋势的定义者"。2020年,小红书的市值突破200亿元,发展十分迅速。[①]

小红书的用户年龄集中在18—34岁,主要为年轻女性,这类用户占整体用户的90%,都市白领、职场精英女性是其核心用户群体。其内容定位为:标记自己的生活,把与生活息息相关的事物或经验传递给他人。因此,小红书依据其目标用户画像,对内容进行了细分,主要分为时尚穿搭、护肤、发型、彩妆、动漫、音乐、美食、运动健身、旅游、摄影、明星等30多个类别,以满足年轻女性的全方位需求。

(二)知乎——专业解答

知乎,是中文互联网的问答社区和创作者聚集的原创内容平台,于2011年1月正式上线,以"让人们更好地分享知识、经验和见解,找到自己的解答"为品牌使命。它通过真实的网络问答,营造了友好的社区氛围,并且内容具有一定的合理性,因此深受各行业精英的青睐。2021年,知乎月活用户超1亿,二线及以下城市用户占比52%。用户在社区里通过分享专业知识、经验以及见解,贡献了源源不断的高质量信息。知乎的用户主要由18—25岁的群体构成,高学历人群占比更是达到惊人的80.1%。[②]

截至2020年,已有超过4000万名答主在知乎创作了内容,全站问题总数超过4400万,回答总数超过2.4亿。目前,知乎推出了问答社区、会员服务体系"盐选会员"、搜索、热榜等一系列产品和服务,并聚集了包括图文、视频、直播等在内的多元媒介形式。2021年1月13日,知乎将品牌口号从"有问题,上知乎"更新为"有问题,就会有答案"。

---

① 2021小红书品牌营销手册[EB/OL].(2021-08-02)[2022-05-29].https://baijiahao.baidu.com/s?id=1706942202093972913&wfr=spider&for=pc.
② 知乎Q3财报:营收8.235亿 同比增长115.1%[EB/OL].(2021-11-23)[2022-05-30].https://baijiahao.baidu.com/s?id=1717191381529872290&wfr=spider&for=pc.

(三)微博——娱乐信息

微博,是基于用户关系的社交媒体平台,用户互动方式以陌生人社交为主。用户可以通过发表文字、图片、视频等多媒体形式的内容,实现信息的即时分享、传播互动。新浪微博于2009年8月上线,2014年3月27日,新浪微博正式更名为微博。截至2021年年底,微博月活用户超5.7亿,日活用户超2亿。①

微博具有文字篇幅短小、平台传播力大、用户大众化程度高等特点,其推出的微博热搜榜也成了互联网环境中衡量媒体影响力和话题热度的重要依据。

五、综合型必备新媒体——微信

(一)公众号

微信是腾讯公司于2011年1月21日推出的一个为智能终端提供即时通信服务的免费应用程序。微信公众号是腾讯公司基于微信这一全民社交工具,打造的将图片、文字、视频等多元形式的信息融为一体,一对多传播的媒体公众平台。

近年来,随着我国通信技术理论与应用的全面发展,基于技术优势和用户规模优势,微信将公众号应用范围逐步扩大,向社会多领域渗透、推广。微信公众号具有内容丰富、覆盖面广、传播速度快等特点。

(二)视频号

微信视频号同样是腾讯公司在微信这一全民社交工具基础上开发的新产品,目的是利用大数据算法推荐机制,把微信朋友圈强关系下的私域社交流量推向公域传播。视频号致力于成为人人都能创作的内容平台,呼吁"记录真实生活"。相对公众号的优质图文内容,视频号内容的创作门槛较低且更贴近真实生活。同时,视频号内容和朋友圈内容更新同步,用户可以将在朋友圈发布的视频直接上传视频号,视频号上的视频也可以同步发表在朋友圈,大大缩短了用户的创作时间,从而激发了用户创作内容的积极性。基于微信的生态特征,与其他短视频平台相比,微信视频号的最大特征是真实性和社交性。②

---

① 微博发布2021年第四季度及全年财报[EB/OL].(2022-03-03)[2022-05-29]. https://www.sohu.com/a/526946312_439726.
② 韩一帆.短视频平台发展趋势与路径探析:基于"微信视频号"[J].声屏世界,2021(16):2.

? 本节思考题

1. 谈谈央视新闻及人民日报客户端的内容优势及劣势。
2. 对比抖音和快手的视频内容风格及运营机制。

第二章
新媒体内容创作规律

本章内容

通过对新媒体爆款内容案例的总体特征的分析，总结新媒体内容创作的基本规律和生产模式，同时分析不同新媒体平台的相关媒介政策和生态呈现。

第一节　新媒体内容爆款规律

一、创作规律——从宏观到微观

（一）宏观规律

1.去模式化，打破创作边界

随着技术水平的提升、用户惯性行为的养成，新媒体创作容易陷入模式化生产的僵局。所谓模式化，是指内容创作时选择一种大多数人认同的形式进行加工，进而打造出类似的新形式。新形式的外在表现可能与源形式的略有不同，但其内在特征如出一辙。模式化的创作虽然能够提高创作效率、降低试错成本，但长此以往，会让创作主体陷入思维定式，让用户产生视觉疲劳，让新媒体平台难以持续发展。因此，想要生成爆款内容必须打破创作边界，拓宽创作渠道，更新创作方式。

2022年北京冬奥会期间，中央广播电视总台新媒体客户端搭建起冬奥短视频中枢机制，累计制作冬奥新闻短视频200余条，视频总播放量破百亿，播放量和点赞量均在同级媒体中稳居第一。其中《旋转的盛宴》《当冬奥遇上武侠》《中国队冬奥手势》《奥运选手的童年,每个人都是"小可爱"》等短视频视角独特,构思巧妙,将赛场上的热血画面进行混剪,以"手势""童年""武侠动作"等关键词联结冬奥激情瞬间,打破以往直接输出、宏大叙事等创作模式的局限,从"小切口"选题和创意入手,内容温情励志,展现家国情怀。内容反差大、题材新颖、突破既定模式是打造爆款视频的重要落点,《奥运选手的童年,每个人都是"小可爱"》这一短视频在冬奥会期间从若干聚焦冬奥赛场的视频中脱颖而出,究其原因,该视频从冬奥健儿的童年入手,通过"怀旧""回忆""展望"的方式带给观众全新的视觉感受,不仅让观众看到选手们赛场上的拼搏,也让观众看到他们背后平凡的生活,这在一定程度上满足了观众的猎奇心理。新媒体内容创作要牢牢把握"题材新""立意新""素材新"的原则,坚持去模式化,增强视频可看性,只有这样才能创作出有影响力的作品,给"口味"越发"刁钻"的观众留下记忆点。

2.勾连时代背景,挖掘热点素材

时代影响意识,环境影响思维。很多艺术作品具有时代性,是因为这样的作品大多非常典型,容易被身处同时代的人接受,从而与受众产生共鸣。艺术创作理论认为,创作四要素包括创作主体(创作者)、创作客体(环境)、创作本体(作品)、创作受体(受众),这四个要素在创作生产中形成动态的可持续的流转格局。在一定程度上,创作客体可以理解为时代背景,创作从现实中取材,以时代背景影响受众。

自2020年新冠肺炎疫情暴发以来,众多新媒体创作者基于疫情形势展开创作,以新冠病毒科普、预防宣传、医护救治、全国人民共击疫情等为主题的作品层出不穷。

3.会讲故事,重视细节

无论是新媒体的内容创作还是电影、电视剧、综艺节目、晚会等的筹备制作,都需要创作者具有讲故事的能力。讲故事是个体面对期望偏差时重新调整自我的一种基本沟通方式,它能在不同的个体之间建立同理心、引发共鸣。同一件事对不同的人而言有着完全不同的意义,叙事的妙处在于它把生活中的变化蕴含在一个广泛而全面的故事中,通过谈论故事的起因和其他含义,有效调动和掌控人们的情绪,"实现信息—情感—意义三个层次的集体对话和叙事疗愈"①。堆砌材料、"冰冷"输出内容断不可取。会讲故事、重视细节让视频内容更丰富、情感更细腻,这一做法也成为吸引用户、打造爆款的又一重要手段。

2021年,时逢建党百年,新华社发布视频《展信如晤》,以"写信"的方式向思想家严复汇报中国共产党建党百年来的发展历程。2021年也是严复先生逝世一百周年,由此可见该视频人物选取巧妙。

4.适当输出价值观,影响更深远

人们接受一个故事,不仅是在确认彼此间共享的价值观,而且是以开放的态度让它影响自己的信念和行动。好故事是说服他人的强大工具,当一个故事吸引受众时,该故事不仅能刺激他们的感官,还能激发他们共同的认知和情感。在故事接收过程中,正面内容会让受众产生积极情绪从而增强群体的凝聚力,负面内容会让受众产生消极情绪进而引发同情和焦虑。新媒体内容创作需要建构信息沟通、情感表达以及意义共享与互动的场域,使用户将关注重点从信息本身转向叙事与社会、文化、政治的关系。在故事讲述过程中,适当输出价值观会影响人们对相关思想观念的认知,做到内化于心和外化于行,进而使作品影响更深远,传播更广泛,意义更重大。

5.重视共情,但不过度

共情,是指让受众对内容产生共同情感,呼唤受众内心深处与作品主人公相似的经历,使受众代入作品,感同身受,从而对作品产生喜爱之情。每一个爆款作品的诞生,都需要作品内容在某种程度上契合当下的社会情绪和舆论热点。在热点的推动和新媒体平台用户的即时互动下,公众产生更广泛的热情,因而催生"共情"。

2021年年底,以"年终盘点"系列短视频为主题,人民日报社、新华社和中央广播电视总台创作了多个新媒体爆款视频,形成相当规模的影响力。这些视频以破防、快乐、重逢、追光、离别、相册等关键词为主题,通过讲述各行各业的故事,触及较广层面的受众群体,从医护人员踏雪为边疆战士做核酸检测的背影到残疾少年排除万难高考如愿,从万里江山辽阔多姿到建党百年熠熠生辉,丰富的画面

---

① 陈先红,袁文霞.信息·情感·意义:"短视频讲故事"的集体对话[J].新闻与写作,2021(10):90-95.

内容饱含着受众的共同记忆。创作，要重视共情的力量，当然也要把握方式和尺度，否则会有矫揉造作之嫌。

6.高效表达，拒绝无效信息

传统媒体时代，用户获取信息的习惯是定时性的：每天在固定时间阅读报纸、收看电视或者收听广播，这需要提前留出时间去获取信息。但移动互联时代出现了新的信息获取方式——充分利用碎片化时间获取信息。智能手机配上各类信息客户端，受众的信息获取不需要在固定的时间段里进行，这使信息获取效率得到巨大的提升。"速度快"是新媒体内容数字化传播过程的一个特点。在当今快节奏的工作、生活环境下，相对于需要花费更长时间来观看的长视频，大多数用户偏好用碎片化的时间观看短视频，从中获取有效的信息。因此，新媒体内容创作应该高效地表达核心观点，减少单位时间内的无效信息量，否则将降低受众黏性，降低完播率。

短视频的时长多在3分钟以内，在碎片化观看习惯的影响下，很多观众只能接受30秒以内，甚至10秒以内的超短视频。在时长极其有限的情况下，短视频就要选取能够突出内容重点的画面。

7.适度迎合平台，合理利用资源

平台的优势取决于平台的特色，比如央媒的内容一定是积极向上、偏好正能量的；抖音、快手等短视频平台基于全民创作和全民参与，平台调性趋于轻松易懂。内容创作首先要分辨平台调性和特征，适度迎合平台特点，合理整合利用资源，从而创作出符合平台调性的作品。

8.内容为"王"，粉丝为"后"

新媒体时代，媒体传播方式已经由以往的"一点对多点"变成"多点对多点"。在这种环境下，坚持内容为王，向受众提供权威、多元、深度、专业的内容，依旧是媒体内容创作的基础。内容作为传播的内核，所具备的人文情怀、价值观以及吸引大众的特性是不会随社会变化而变化的。传播的方式和形态随着技术的变革也在不断变化。未来，微博、微信、抖音等新媒体平台也许会被其他的新兴媒介超越，就像广播超越报刊、电视超越广播、网络媒体超越电视一样。新媒体仅仅是一种传播的方式和工具，现在的新媒体也会成为以后的传统媒体，十年后的传播方式是我们现在无法预料的。

内容输出的落脚点是平台用户,用户被新媒体平台发布的内容吸引后成为粉丝,大量的粉丝构成新媒体平台的受众基础,并能通过私域分享再次为平台引流,因此吸引粉丝、维系粉丝是非常重要的。忠实的粉丝群体在决定接受平台输出的文化之后,会产生一定的情绪带动价值,"以一带百,再由百至千",从而产生裂变式的传播效果。除内容传播、价值传递外,粉丝的作用还在于提供反馈。一方面是内容的反馈,创作者可以根据粉丝的留言、后台观看量等推拟未来的创作方向和规避方向,形成良性循环;另一方面,对于一些以营利为目的的自媒体来说,高黏性的粉丝群体是账号实现商业运营的重要基础,商业资本注入后,账号创立者可以凭借更多创作资金进一步拓展创作思路,形成另一个良性循环。

(二)内容制作规律

1.内容专业

媒体作为信息生产的主要机构,遵循"内容为王"的产业逻辑。内容不但是媒介产业最核心的部分,而且是媒介文化影响力的主要承载物,重视内容创作依旧是新媒体爆款产品产出的重点。

内容专业是打造新媒体爆款产品的基础条件。新媒体与电视等传统媒体在内容创作上的区别,在于新媒体内容在各专业领域有深耕的机会和条件。以微信公众号为例,从类型上分,微信公众号有服务号、订阅号、小程序、企业微信(原企业号)四种类型,我们常称的"公众号"如央视新闻、人民日报、新华社等都属于订阅号(下称微信公众号)范围。微信公众号为媒体和个人提供了一种新的信息传播方式,其主要功能是从微信侧向用户传达资讯。微信公众号作为公开性的虚拟公共场域,聚集了大量的信息资源,它的传播其实是一种显性传播,因为任何微信用户都可以随时随地关注并阅读微信公众号上的内容。对于微信公众号来说,优质内容就是制胜之道,选择什么话题展开论述,决定了实际的传播效果。从公众号的不同类型上,我们可以看到不同专业领域的发展,个人、企业、政府、媒体都可以建立公众号,因此同行业的公众号辐射范围较广,专业内容垂直深耕。医学生可以通过公众号的文章了解到医学前沿知识或其他专业知识;传媒从业者可以通过关注媒体行业"大号"(指关注者数量众多、文章阅读量较高的公众号)来了解行业样态。不同风格的行业公众号掌握的专业领域知识水平的深浅也有所不同，用户可以根据自己的需求予以关注。

除内容专业外还需要内容有创意。当专业领域的整体输出趋于同质化时，创意就是打破同质化怪圈的利器，同时还可以吸引更大的受众群。医学知识相对枯燥深奥，其用户往往局限于与医学有交叉的人群中，如何突破这一瓶颈，拓展普通用户群？"医生给水果做手术"这一视频话题很好地回答了这个问题。"火龙果患上近视眼""西瓜高血压需要做开颅手术""辣椒脊柱侧弯需要手术""茄子患上肺癌"……黑龙江省鹤岗市人民医院外科医生王野虓通过拍摄"给水果做手术"的视频，配合画外音解说，展现手术医治原理和过程，从而达到了吸引普通受众、拓展受众群体、传播医学知识的目的。王野虓自称"水果医生"，截至2022年6月13日，其账号在抖音平台有420.1万粉丝，获赞2622.2万次，其原创话题"科普界的泥石流想往哪流往哪流"总播放量高达7.9亿次；其账号在B站获赞数达726.4万，粉丝数110.9万；其账号在微博平台拥有29.5万的粉丝量，播放量最高的一条视频播放超50万次。王野虓爆款产品的出现，恰恰说明了爆款产品的出圈实质上是内容和形式的破圈。

创意与专业度并不冲突，对爆款产品而言，题材本身固然重要，但更重要的是内容展现的方式和呈现的价值。

2.技术专业

视频内容的呈现以制作技术为依托。引人入胜的画面可以提升用户的观感，提高视频完播率，画面与视频内容相辅相成、互动叙事。因此，新媒体内容（尤其是视频）在拍摄、剪辑、分镜脚本、配音等视听语言方面需要格外重视。

航空博主宋金泽，创办并运营了自媒体账号"燃烧的陀螺仪"（见图2-1），利用航空飞行员的身份拍摄工作内外的vlog。视频中他穿着睡衣从地面跃起，再平稳落地时他已经换成了出行衣装，拿起、放下牙刷和漱口杯、穿鞋，以及将行李箱放进后备厢等镜头也采用这样的剪辑方式——画面律动感强、配合音乐卡点转场、快速推拉摇移镜头以配合剪辑等，使画面富有节奏感和冲击力，再采取以相似的动作转场等剪辑方式使画面变化更加流畅。在色调方面，其视频以冷色调为主，而加深暗部色彩的处理方式更凸显了画面的特色。截至2022年6月13日，"燃烧的陀螺仪"抖音平台粉丝量达895.7万，视频获赞1.1亿；微博粉丝量达203.8万，视频累计播放量达1.6亿,收获了一批忠实粉丝。

图2-1 "燃烧的陀螺仪"视频截图

3.版权专业

随着互联网的普及和发展,用户获取信息的方式不断变化,获取信息的效率有所提高,但这也为侵犯版权问题的发生提供了便利条件。为更好地保护创作者、传播者、使用者的合法权益,2021年6月1日,我国开始施行新修订的《中华人民共和国著作权法》,通过对作品创作、传播、使用、管理、保护及其法律责任等内容的修正,鼓励作品的创作与合理使用。

内容产出需要鲜活的原创力,行业也需要通过法律法规来保护创作者的权益,禁止未经创作者本人同意的直接搬运行为。对于新闻这一特殊类别的内容,虽然新闻报道的事件本身并无版权,但一经拍摄和传播,创作者便拥有了著作权。但非营利性的,以公益性目的传播的新闻内容则另当别论。实际操作中,仍然要具体问题具体分析,一些视频内容会对新闻事件进行二度加工和整合,以增强视频感染力和传播效果。这里的二度加工区别于改变事实,是将新闻进行有机整合,形成完整的视频思维。那么在使用非原创视频时,就要严格审核视频出处和一手来源,第一时间与创作者或版权方进行沟通,取得使用授权,并在视频片尾标明素材来源,这也是对作品版权的尊重。然而,一些无良媒体为了博取流量,裁掉原视频版权水印后,再附上自己的图标上传到网络,这种行为不容姑息。

如今，流量单项指标不再是评价内容好坏的唯一标准，相比之下版权积累形成的流量池更有价值。对于新闻的传播，建立共享新闻内容版权库或许是一个有效途径：人民日报社、新华社和中央广播电视总台三家央媒牵头，利用其官方媒体的资源优势，扩充国家时政类新闻内容资源，再将有传播资格、无不良传播记录的地方媒体、个人媒体等纳入版权库，增加地方民生类新闻资源供给，通过新闻内容共享、交易等方式，各自进行合法的二度创作。总之，版权问题不容忽视，在新媒体内容创作与传播方面要格外注意。

4.管理专业

内容与技术是创作的前提条件，爆款产品的可持续发展需要对创作链进行系统规划和管理。其中，对创作者、创作团队、创作系统和创作成本的有效把控，有利于推动内容创作和平台经营良性循环。

创作主体的管理。创作者作为创作链的基础单元，其思维方式、创作理念会直接影响作品的质量，因此创作者要具备较高的创作能力和文化素养。同时，内容创作也对创作者的政治站位、内容敏感度、资源整合能力、资源调用能力、创意能力、版权意识等提出较高的要求，以达到从创作到共享再到商业交易最优展现的目的。

创作团队的管理。团队的协作能力对内容创作来说尤为重要。持续爆款产品的出现绝不是靠创作者一人就可以实现的，而是要依据团队各成员的优势，分工合作，以达到有效配合、高效工作的状态。

创作系统的管理。从内容生产到内容传播再到内容反馈分析后的改进完善，整个创作系统需要经验丰富的行业经营管理者运营与把控，即对内容的质量、方向、效果等进行精准定位和正确判断。

创作成本的管理。创作不仅需要人力投入，而且需要技术投入。技术可以辅助生产和创作，解决创作阶段的基础性问题，使人力更加有效地发挥作用。以技术支撑人力，可以缩短创作时间，保障创作时效，提高创作效率，提升创作质量，降低创作成本。

（三）外部环境规律

随着行业外部环境不断变化、行业内部竞争日益加剧，中国新媒体行业不仅淘汰了一些不应时而变，难以继续赢利的老旧运营模式和企业，还生产了一批出圈的内容。如何让投放长期走在行业前列并获得红利，需要平台系统的把握，通过分析运营发展的阶段和阶段内运营的规律，敏锐地发现发展机遇，迅速在内容上作出反应，以把握商业时机，一举点燃引爆点。

1.投放红利期：获客成本非常低

在平台和内容运营的起步期，获客成本非常低，该时期是投放的红利期。所谓获客成本（CAC），是指在某个固定周期内，广告成本、营销人员人力成本、营销工具成本的总和，单个客户成本=获客成本/客户数。运营初期，各板块营销模式还在路径摸索阶段，管理和发展机制都不完善。在这种情况下，平台需要不断试水，探索适合自身发展之路，因此营销成本低。新产品出现一段时间后，用户对新产品的探索期待较高，无论出于什么目的而关注新产品，该时期都是该产品的初期获客阶段。大多数广告投放的红利期，出现在渠道兴起但还未被广泛关注的时候，比如2012年的微博，2018年的抖音、快手，2021年的微信视频号。

微博是一个通过关注机制分享简短实时信息的广播式的社交网络平台，信息在全网范围投放，可以第一时间将信息和意见传递出去，这一优势使微博受到众多媒体和用户的喜爱。根据2013年1月中国互联网络信息中心（CNNIC）发布的第31次《中国互联网络发展状况统计报告》，截至2012年年底，我国网民规模达5.64亿。《2012—2013年微博发展研究报告》显示，截至2012年年底，新浪微博注册账号数量超过5亿，由此可见新浪微博2012年用户总量逼近网民数量，用户规模十分可观。2012年，新浪微博也成为社会化媒体营销的主流。据人民网舆情监测室《2012年新浪媒体微博报告》统计，截至2012年12月27日，新浪微博平台上经过认证的媒体微博数量（包括媒体机构和自媒体）已达110 166个，媒体的注入为新浪微博带来巨大流量。从2012年新浪财报来看，新浪微博第二、三季度共获得广告收入3 000万美元，在微博商业发展初期，这种简单的以出售版面为货币化手段的方式，为资金投放带来了较高的红利，这与平台的阶段性发展是密不可分的。

2018年以来，我国短视频发展走过概念价值为主的萌芽期、形式价值为主的探索期、内容价值为主的发展期，迎来商业价值为主的成熟期。2018年，短视频产业链发展逐步完善，平台和内容不断细分，快手和抖音也相继推出商业平台，开启红利收入阶段。2018年，我国短视频营销市场规模达140.1亿元，同比增长率高达

520.7%。2017年前后，快手两位创始人宿华和程一笑在多个公开场合提及，快手用户的地域分布结构和中国移动互联网的人群分布结构基本一致。36氪在2019年5月发布的《短视频平台用户调研报告》显示，快手注册用户已达7亿，其中"小镇青年"超过2.3亿，仅2018年一年平台用户就发布了28亿条短视频，视频播放量超过26 000亿次，获赞数超过800亿条。起步稍晚的抖音在2018年的发展势头同样强劲。根据《2018抖音大数据报告》统计，2018年抖音国内日活跃用户（DAU）突破2.5亿，月活跃用户（MAU）突破5亿。抖音共有5 724个政务号，发布25.8万条短视频，累计获赞43亿；有1 344个媒体号，发布超15.2万条短视频，累计获赞超26亿。抖音国内用户全年打卡2.6亿次，足迹遍布世界233个国家和地区。用户年龄覆盖广，从旅游、宠物、教育、时政到琴棋书画传统文化，用户在抖音平台上可以尽享各种内容。抖音平台的崛起背后是短视频行业的兴盛，短视频创作人人都可参与，面对发展势头如此强劲的平台环境，简单投放就会获得用户，迅速占领市场有利于平台的长足发展。

2020年1月底，微信视频号在微信端开始小范围内测，用户可以在视频号上发布1分钟以内的视频或9张以内的图片，之后微信视频号依据内测情况进行改版完善，增加了直播、带货等商业功能。微信视频号依靠微信端口成为用户与短视频的连接点，用户无须转换平台即可搜索观看感兴趣的短视频，节省了平台转换时间。微信视频号的强势出现，让微信生态链形成了一个闭环。2021年6月22日，腾讯副总裁、微信创始人张小龙在朋友圈宣布视频号日活跃用户破2亿。微信通过"高黏性用户+附近推荐+熟人社交"等多种方式将微信流量引向视频号。流量引流固然重要，但视频号的优质内容也是获得用户关注的重要原因。比如，2022年1月25日，微信视频号宣布成为"竖屏看春晚"独家合作平台，首次实现虎年春晚在视频号上的竖屏直播。"竖屏看春晚"是一次较为成功的使用移动端屏幕观看春晚的尝试，直播开始前就有超过195万人在视频号进行了直播预约；除夕当晚，超过1.2亿用户观看了直播，直播间点赞数超过3.5亿次，总评论数超过919万次，总转发数超过551万次。

无论是2012年的微博、2018年的抖音、快手，还是2021年的微信视频号，都发展迅猛，前景乐观，投资红利期的资金投放性价比较高。因此，投放时机的选取还需要投资人具备产品（平台）长足发展的眼光。

2. 内容红利期：核心是内容创作足够优质，且满足平台用户诉求

内容的红利期，需要以内容创作为核心，瞄准内容细分人群或细分领域，以垂直内容形成核心竞争力，并将内容准确投放到符合内容调性的平台上，满足平台用户的诉求。

2013年，曾任新华社记者的王晓磊创办了"六神磊磊读金庸"这一微信公众号，将时事热点与金庸笔下的武侠作品和人物结合起来进行内容推送，以诙谐、幽默且犀利的文风吸引了若干粉丝。运营至今，账号年龄已10岁，但公众号文章的阅读量依旧高达10万。"六神磊磊读金庸"公众号主页的介绍中简单地写着"众所周知，我的主业是读金庸"，可以看出该公众号定位明确，吸引的用户群体是那些看过金庸作品的人，甚至"金庸迷"们。用故事讲故事、用固有粉丝吸引新粉丝、用影视剧内容结合时政热点，这是"六神磊磊读金庸"公众号10年来经久未衰的核心。

2014年，又有中央电视台前主持人王凯创办微信公众号"凯叔讲故事"，向少儿家庭分享自己演播的有声故事。该公众号创办不到两年便积累了400多万粉丝。2016年，"凯叔讲故事"App正式上线，并于2019年7月完成百度领投，新东方、坤言资本、好未来跟投的超5 000万美元C轮融资。截至2021年3月，其App在安卓应用市场安装已超过1亿次，远胜其他同类育儿品牌。这再一次印证了内容创作是核心，创作者应该精准定位用户范围，在用户圈中拓展自己的内容链。

内容创作还需要满足平台的用户诉求。"六神磊磊读金庸""凯叔讲故事"两个爆款产品创办时都选择了微信公众号，这与2013年、2014年微信公众号的发展有密切关系。如今平台众多，内容创作需要选择用户匹配度高的平台，以充分满足平台用户需求，从而吸引目标用户。比如被年轻人称为"百科全书"的B站，已形成略带亚文化特色的大众文化生活圈，被大众接纳的程度越来越高，用户圈层在B站上体现得尤为明显，生活、二次元、知识科普等各领域内容在B站上都有属于自己的空间。鬼畜视频的代表《派大星的独白：一个关于正常人的故事》播放量近7 000万，它用原版动画的素材重新创作出简单的故事，在简单的剧情里抓住最普通的情感，备受观众喜爱。但如果将这一视频放在快手上，播放量可能会截然不同。快手以接地气的"草根"创作取胜，创作者和观看者更容易被现实故事打动。因此，内容创作要符合平台调性和满足用户诉求，这样才能在优质内容基础上，形成自身的核心竞争力。

3.运营红利期：从商业层面完善运营

2019年，随着短视频行业的集中爆发，巨大的流量红利吸引了众多广告主、KOL、MCN机构的目光。特别是在抖音平台，爆款视频、流量红人频繁出现。美妆博主李佳琦、情景喜剧博主"鬼哥"，以及通过幽默画风走红的"多余和毛毛姐"、举止夸张的韩美娟……都是这一时期应运而生的网络红人。网络数据显示，李佳琦2018年的粉丝量只有13万，但仅仅4个月后，他的粉丝量就达到2 100万，截止到2019年12月30日，李佳琦的抖音账号粉丝量达到3 724万，2019年1年时间里涨粉3 700多万。他以独特的风格形成自己的IP，"OMG""我的妈呀""好看到炸裂"这些语句一时间成为李佳琦的代名词。

随着市场环境的发展，我们会发现"爆款"一开始会大量引流，而一段时间后就会出现同类型细分板块的创作者之间的竞争。此时，原始内容的区分度并不高，因此更需要运营的助力。在依靠运营获取红利的阶段，商业运作应该符合运营的节奏，让用户感受到内容的持续多样性，进而形成运营矩阵和生态环，规模化的MCN公司也应运而生。

以现阶段B站的发展为例。B站是视频红人的聚居地，红人的打造、创作、运作和发展需要和平台进行积极的互动。只有当平台和个人相互助力，即平台给予红人流量、红人通过视频提高平台影响力时，才能形成商业化的运营获利体系。北京青藤文化作为一家头部MCN公司，其营销模式的核心是高效转化，即在建立系统全面的KOL资料库的基础上，多维度分析KOL并为广告主推荐最佳的整合营销方案，在与博主充分沟通的基础上确认KOL名单，然后通过大批量的账号形成巨大的流量池，多渠道分发，进而触达潜在消费群体。B站需要借助红人的内容流量为其积攒用户，红人需要B站为其引流，增加自身用户量，北京青藤文化作为中间渠道商，通过签约红人，辅助红人账号生产、孵化、投放平台、运营获得红利，逐步形成了MCN、营销、新消费"三位一体"的业务布局。专业的运营团队，在助力平台与内容创作者、及时分析用户数据、调整运营策略等方面具有一定的积极意义。因此，在运营红利期，专业的商业运营团队必不可少。

二、新媒体内容发展趋势——持续视频化

随着移动终端视频拍摄技术的迅速发展和广泛应用，传媒行业出现全程媒体、全息媒体、全员媒体、全效媒体等多媒体联动的效应。中国互联网络信息中心发布的第49次《中国互联网络发展状况统计报告》显示，截至2021年12月，我国网民规模达10.32亿，其中网络视频（含短视频）用户规模达9.75亿。观看和生产视频，已成为人们日常生活中重要的媒介实践。视频平台上流动的无数个视频以及人们的视频化生存方式，正在合力构建不同于文字时代、图像时代的数字文化景观。

无论是短视频还是中长视频，都在媒体生态链中充当了重要的角色。视频作为新媒体时代主要的信息传播载体，也是当代互联网用户接收信息的主要来源之一，持续视频化正成为新媒体内容发展的重要趋势。视频化有机协作，向标准化生产、一体化管理方向演进，驱动了传媒业态创新，提升了整体工作效率，推动视频制作不断向工业化迈进。为强化和发展视频化，各平台应形成板块发展、垂直发展态势，深耕视频内容专业分区，有效扩大需求不同的受众范围，同时各板块分区之间应矩阵发展、协同发展，生成有机流动的创作生态环，不断加强范围效应。

（一）青年用户青睐视频创作领域

与博客时代网络身份"书面存在"不同的是，当下的互联网已逐渐成为一种视觉媒体。从自拍社交到短视频社交，图片、视频等已成为青年主体用户用于自我描述、自我表达的主要方式。随着B站、抖音、快手等短视频平台的涌现，视频观看及视频创作已发展为一种特定类型的视觉自我呈现策略。

2020年11月艾瑞Click社区调研数据显示，2020年中国"85后"对移动互联网内容的日常兴趣分布排名前十的是：看电影、看短视频/直播、看综艺节目、玩游戏、追剧、听音乐/K歌、健身、看动漫、线上交友聊天和穿搭购物，其中五项属于视频内容范畴——看电影占比56.7%，看短视频/直播占比53.2%，看综艺节目占比51.7%，追剧占比45.5%，看动漫占比37.5%。由此可见，视频已成为当今青年用户的主要兴趣内容。

兴趣激发创作。根据2020年11月艾瑞Click社区调研数据，2020年，受访的2000名中国"85后"移动互联网用户内容创作兴趣分布中，图文占比68.8%，短视频占比66.9%，音乐音频占比42.9%，中视频占比42.4%，直播占比25.7%，80.5%的"85后"用户创作过中视频或短视频。视频，不仅满足了当今青年视觉化社交的需求，而且赋予了青年参与文化生产与传播的话语权。

从艺术表达的视觉化到日常生活的视觉化，视频创作已成为社会文化生活中不可或缺的一部分。视觉形态作为表达输出的主要形式，已成为包裹大众生活的常态化环境，占据了个人的日常生活空间。

（二）逐步建立视频内容服务商生态

自2016年以来，随着国内移动互联网的迅速普及、资本的注入，以快手、抖音、西瓜视频等为代表的短视频平台的数量呈爆发式增长，用户使用新媒体应用程序的习惯逐渐养成，平台和用户对优质内容的需求也不断增加，因此诞生了视频内容供应商。在互联网流量红利的规模效应逐渐见顶、用户兴趣随群体泛化而分化的背景下，视频内容服务商不再局限于视频本身，而是与影视综艺、电视剧、动画、图书、社区、游戏和周边产品等结合起来，建构视频内容服务商生态体系，形成圈层板块间的联动，以达到联合生产、营销的生态效果。

随着视频内容服务产业的发展，各细分行业间的界限随自身体系、技术、人才的发展逐渐模糊，相通性和互动性成为行业体系的连接基础，这也成为视频内容服务商内部体系构建的融合契机。同时，多数行业头部公司背靠巨头企业，具有一定的发展基础，资金、资源、技术的注入有助于有效整合资源，利用平台优势，通过不同板块环节联动组织生产，形成板块协同效应，高效发挥内容价值，谋求价值增量，赋能并带动实体产业发展，从而能动地建设视频内容服务商生态体系。

（三）盈利模式主要体现为视频内容垂类广告软植入

近年来，随着产业的发展，新媒体视频商业化趋势明显。从视频内容生产到营销，平台、广告主、创作者都在不断提升视频的商业价值。为增加广告投放量，提升广告推广度，拓宽投放渠道，广告主在投放上不断增加营销预算，包括内容营销（软文等）、电商广告、信息流广告、搜索广告、开屏广告等。广告主能够为视频创作者提供资金、资源，不断推动内容升级，视频中的植入广告能给广告主带来更多盈利，双方实现双赢。

广告植入、资金投放与视频内容、领域密切相关。近年来，媒体平台数量不断增加，伴随着视频内容类型和视频数量的急剧增多，在视频供大于求的用户主导的可选择型买方市场下，视频内容逐步向垂直方向发展。内容精耕不同领域，以此精准定位自己的受众范围，以"少而精"胜"多而粗"。买方市场下的内容垂直化发展也促进了广告的垂直软植入。例如美妆类广告主会寻找、定位美妆自媒体大V，以广告软植入的方式将自己的产品投放在大V的视频内容当中，以达到宣传、推广产品的目的。

广告植入的可持续性依赖于视频生产的良性、正向发展。在互联网时代，"一夜成名"的故事频频发生。爆款视频的出现往往只需要一个契机，但持续产出爆款视频、形成大IP则需要资本的介入，以流程化、规模化、可持续的团队行为，为多元内容扩充空间。内容范围的扩大会吸引更多广告主的关注，广告主从而获得更多投放渠道，通过视频创作者的优质内容获得良好效益。广告投放越多，内容创作的可使用资金和物料越多，创作者可操作的内容范围自然更广，垂类视频内容的广告植入由此形成良性循环。

（四）视频内容与商务、平台关系紧密

在数字及互联网技术普及、发展，相关业态不断演进的背景下，视频传播方式逐渐突破时空局限。视频产出方从生产到传播，视频消费方（用户）从触达到消费，两方链条的接触方式和渠道不断拓宽，使供给、消费、触达的成本不断下降，促成了视频内容的供需繁荣。在业态演进的同时，生产—宣发—商务趋于正向发展，用户、视频产出、平台和商务运营之间也在形成相互作用的互动链。

视频内容与商务关系密切。随着视频触达成本的降低，用户可以简单地通过网络在各平台搜索、观看自己感兴趣的视频内容，用户注意力也从过剩转向稀缺。为了更好地满足用户的观看需求，视频产出方根据用户注意力分区产出垂类内容，垂类商务也注入垂类内容，促成创作和商务的互利共赢。例如，穿搭博主的视频内容会与时装商务投放衔接，美食博主的视频内容会与食品商务投放衔接，生活博主的视频内容会与生活类商品商务投放衔接……同时，由于商务的注入，视频内容本身也会进行反向生产，根据商务特征对视频内容作出有针对性的调整，

创作和商务双方从而形成双向可持续的"投、放"链。

视频内容也与平台关系密切。平台供应产品，通过内容聚合呈现独特的风格，视频内容供应充足，也使互联网视频受众泛化，平台在产业链中的话语权逐渐增强。平台为提升自己的核心竞争力，提高用户体验感，从制作、分发、传播、采买、商业化运作等各方面进行调整：内容创作变得更加垂直，商业模式也逐渐从靠广告赢利转为靠付费观看获利，垂类内容对接垂类用户，以小分区带动大生产；平台面向消费者，将内容分发模式从"to B"转为"to C"，从而提升用户的个人体验感；调整内容传播从大众化到分众化，依据大数据为不同用户群体的不同喜好设定不同专区，例如抖音根据用户点赞和完播率定位用户喜好领域，增加类似视频的推送；平台内容从单一采买过渡到系统采买，系统的内容呈现方式更能拓宽受众观看范围，从而增强受众黏性，松散的产业链条也逐渐变得紧密。平台经营政策的调整，促使视频内容生产和投放模式随之调整，在以"to C"为主导的买方市场，内容整体向垂直化、分众化方向延展。

因此，为了使视频内容更好地匹配用户，使视频内容持续良性发展，视频内容的产出与投放应该全面考虑与商务和平台的匹配度。

本节思考题

1.试分析人民日报客户端视频内容火爆的多重原因。
2.内容版权化对短视频创作领域的影响是什么？

第二节 新媒体内容生产模式

一、新媒体内容生产模式的发展历程

（一）阶段一：行业初期，平台内容以UGC为主

2005—2009年，新媒体行业处于萌芽期，各大卫视是PGC主流渠道，在线视频平台普遍以UGC为主，鼓励用户生产内容、分享内容。平台通过降低用户生产内

容的标准,扩大用户数量。但由于内容生产者制作门槛低、版权意识不足及平台管理薄弱等问题,其内容质量难以保证,存在大量二次上传、抄袭、跨平台盗用等行为。此时,用户还没有形成付费习惯,广告是平台唯一的变现手段。

(二)阶段二:视频版权采买促进行业转型,互联网催生短视频行业

2010—2015年,各大卫视仍是PGC主流渠道,但随着人们版权意识的提高、内容审核力度的加强以及视频清晰度的提升,各平台内容质量大幅上升。为巩固和提高影响力,在线视频平台将独播作为竞争手段,但随着各平台将核心内容转向版权采购,恶性竞争也随之开始,平台间不断抢夺独家版权资源、哄抬版权采买价格。版权争夺战促使行业转型,平台开始考虑新的商业模式,从单个电影的付费点播到付费会员的推出,原始的付费模式逐步成形。

同时,我国进入移动互联网时代,网络降费增速,智能设备开始普及,短视频行业也随之萌芽。2012年,快手从GIF动图工具转型为短视频社区,小影、微视、秒拍等短视频平台也在来年纷纷上线,吸引了众多用户,如微视的日活跃用户在2014年春节期间高达4 500万。用户增长激发了短视频行业的活力,新兴平台的大量涌现也加速了平台的迭代更新。

(三)阶段三:在线视频商业模式迭代,短视频行业高速发展

2016—2018年,互联网的高速发展加速了媒体融合,平台对内容的需求不断增长,且卫视的资源容量无法容纳大幅增长的PGC数量,在线视频平台逐渐演变为另一主流PGC分发渠道。2016年,乐视表示将投入70亿元发展PGC,爱奇艺则宣布将以更大的力度与传统媒体联手,生产更丰富多元的视频内容。同时,各平台开始致力于打造原创自制内容,孵化平台自身的IP,从而缓解版权购买压力。

与此同时,视频平台的行业集中度不断提升,平台份额被严重分化,市场被第一梯队的平台分割。国家广播电视总局发展研究中心、上海国际影视节中心、北京大学视听传播研究中心共同发布的《2019中国网络视频精品报告》显示,2018年全网共上线网络剧283部,而播放量前五十名中,来自爱奇艺、优酷、腾讯三大平台的剧目占94%;2018年共上线网络电影1 526部,来自三大平台的电影资源占97%。同时,短视频市场规模呈指数级增长,从2017年的55.3亿增长至2018年的467.1亿,抖音、快手分别以4.26亿、2.85亿的平台月活量成为短视频平台第一梯队。

商业模式上，由于用户付费意识增强，付费能力提升，在线视频内容付费战略崛起。上述报告显示，2018年，网络视听付费用户规模已达3.47亿人，占网络视频用户数的56.7%，内容付费收入占视频市场总收入的34.5%。以广告收益为主的商业模式被颠覆，平台营收结构逐步改善。

（四）阶段四：形成寡头竞争的中场格局，转向构建新的体系

2019年起，"5G+AI+4K"的战略布局推进了媒体融合进程，视频平台的整体影响力较高，在线视频商业模式的更新使得平台对产业链的把控力增强。CNNIC发布的第49次《中国互联网络发展状况统计报告》显示，截至2021年12月，我国网民规模达10.32亿，网络视频、短视频用户使用率分别为94.5%和90.5%，用户规模分别达9.75亿和9.34亿，视频产业整体渗透率接近触顶。用户群体泛化带来的兴趣分化使在线视频垂类平台快速扩张，而在监管机制、内容分发机制、用户基础等因素的影响下，短视频平台头部效应越发明显。在线视频与短视频领域均已形成寡头竞争的格局。

在这一阶段，用户趋于饱和，用户数量增速持续下滑。用户即流量，随着人口红利的消失，流量红利也逐渐消散，平台间的竞争从用户争夺转移至品类扩张，平台致力于加速商业化变现。面对互联网下半场的增长焦虑，打造优质内容、沉淀用户、寻找可持续发展的商业模式将成为头部平台间持续竞争的关键；如何消除平台间的壁垒，实现流量与资源共享，构建更高维度的竞争体系，将是头部平台要面临的新挑战（见图2-2）。

阶段一	
阶段二	
阶段三	

图2-2　内容生产各阶段主要平台概览

二、新媒体内容生产模式的类型划分

（一）PGC

指专业生产内容，以专家或专业机构为内容生产主体，具备专业的内容生产能力。PGC生产模式下的内容具有垂直化的特点，能够满足用户更明确的求知需求和溯源需求，并注重版权与内容的稀缺性，传播面和影响面较广。PGC在内容生产激励方式上依靠平台流量扶持、商业化模式支持、算法技术支持等。

近年来，各大平台纷纷成立了自己的影视公司或工作室，旨在为平台提供专业的自制内容。同时，越来越多的传统媒体工作者加入新媒体行业，拓宽了PGC的来源渠道。如腾讯视频旗下拥有多个综艺工作室，推出了《心动的信号》《演员请就位》《令人心动的offer》等自制爆红综艺节目；东方卫视《极限挑战》总导演严敏在2019年离职后成立了自己的工作室，与B站合作推出《说唱新时代》、与腾讯视频合作推出《新游记》等节目，节目播出后在平台播放量位居前列。

（二）UGC

指用户生产内容，以用户为内容生产主体。其创作门槛低，有庞大且可持续输出的内容基础。由于内容生产者更贴近用户本身，内容更易引起用户的共鸣，因此UGC生产模式下产出的内容更能给用户带来真实感。而在内容生产激励方式上，UGC更侧重于对个人的精神激励与物质激励，如创作者或播放量排名、其他用户转赞评的认可以及平台的激励计划、内容创作奖金等，为用户生产内容提供了动力。

现阶段，短视频平台如抖音、快手等拥有大量用户生产的内容，用户可以自主发布视频，生产内容。例如，快手在2012年转型为短视频社区，并将自身定位成记录与分享生产、生活的平台，将视频制作和视频展示作为其核心功能。2021年，快手累计库存内容量达260亿条，25%的用户同时是平台的内容生产者，日发布作品数达3 000万条。在建立用户关系时，通过点赞、评论等互动方式，内容生产者能够感到自我价值被认同，获得精神激励，从而提升了用户黏性。除此之外，各平台都在逐步建立和完善内容创作者扶持体系及上升通道，如微信公众号的打赏、各视频平台的创作激励计划等。

（三）PUGC

指专业用户生产内容，以KOL、明星等专业用户为内容生产主体，以UGC的形式产出相对接近PGC生产的专业内容。此模式结合了UGC的广度和PGC的深度，其内容能够满足用户的个性化需求。同时，依靠内容生产主体对其粉丝的影响力，内容的号召力得以增强。在内容生产激励方式上，此模式更多地依靠系统化的商业合作管理机构支持、平台流量扶持、平台商业化模式支持等。

2015年，蜻蜓FM在行业内首次提出PUGC战略，大规模邀请传统电视、广播媒体的专业主持人和KOL、明星等入驻平台并发布优质内容。同年，蜻蜓FM用户突破2亿，日活跃用户达1 000万。

B站在内容构成上也以PUGC为主力，即UP主的原创视频。B站2022年第一季度财报显示，B站PUGC播放量占平台整体播放量的94%，月均活跃UP主数量达383万，月均投稿量达1 260万。高质量的PUGC和大量优质创作者是B站持续发展的核心动力。随着内容的扩张，B站也逐步建立起扶持体系，综合投币、收藏、评论、阅读、点赞等数据，给予用户首页推荐、分区排行、平台分成等创作激励。

（四）OGC

指职业生产内容，以相关领域的专业人员为内容生产主体。此模式强调职业身份，内容生产者以职业为前提，发布跟职业相关的内容。这最大限度地对生产者进行了筛选，对内容质量进行了严格把控。OGC模式通常会伴随商业行为，如专业记者通过写稿领取报酬，该行为属于职务行为。在此模式下，普通用户互动性受限，对生产成本、时效性的要求也更高。

(五) MGC

指机器生产内容,即运用人工智能技术,由机器生产相关内容,现阶段已应用于新闻、视频制作等领域中。如新华社2017年发布的国内首个媒体人工智能平台"媒体大脑",能够通过图像识别、视频识别等技术让机器进行内容理解和新闻价值判断,智能生产新闻稿件。

三、基于内容生产的新媒体平台生态及政策

(一) 新媒体内容生态建构——横向概览

新媒体内容生态由新媒体内容社区及其关联内容、关联品牌构成。

1.新媒体内容社区

新媒体内容社区由用户与新媒体平台共同构成。平台满足用户的兴趣需求,为用户提供信息内容,用户则通过平台参与内容创作与内容互动,形成内容社区运作的闭环。

新媒体内容社区根据不同的新媒体平台内容定位,可以划分为多个品类,如文娱类内容社区(如微博、虎扑、豆瓣、抖音、快手、B站)、消费类内容社区(如什么值得买)、生活方式类内容社区(如小红书)、汽车类内容社区(如汽车之家、太平洋汽车、易车)、知识类内容社区(如知乎、得到)、K歌类内容社区(如唱吧、全民K歌)、旅行类内容社区(如马蜂窝、飞猪旅行)、美食类内容社区(如大众点评、下厨房)、母婴类内容社区(如宝宝树孕育、妈妈网孕育)等。

2.关联内容

多样化的新媒体内容社区可以关联多样的内容生产。除普通用户外,各垂直领域的KOL、明星、MCN机构等也为内容社区提供了垂直类、营销类、电商类等内容,提高了社区的内容产能。如青藤文化在B站、小红书、抖音等平台上为品牌提供KOL直播、短视频带货等一系列营销类内容。多样的内容及生产方也助推各内容社区开发便捷的内容创作工具,完善多元的内容展示途径。

3.关联品牌

新媒体内容社区商业化变现的需求，助推新媒体平台与各类品牌和产品形成关联，如数码家电类、运动户外类、家居类、个护化妆类、服饰鞋包类、母婴用品类、美食类等。

将品牌和内容社区连接起来，既满足了品牌主对品牌曝光度和商品销售量的需求，也满足了平台和用户的商业变现需求，同时为普通用户提供了品牌内容的集中展现渠道。多样的品牌造就了内容社区庞大的流量池以及不断拓宽的内容变现渠道，这也促使创作者不断提升自身的内容生产能力。

（二）新媒体内容产业链条——纵向流程

新媒体内容的产业链主要由内容生产、内容分发、终端用户三个核心环节以及监管部门、内容营销平台、技术支持方、广告商等其他业态构成，其涉及的内容及产业如下。

1.内容生产

在内容生产端，内容生产以PGC、PUGC、UGC三种模式为主。

PGC主要指投资方在投资了影视传媒公司的相关项目后，通过制片公司、特效公司等制作公司，生产出的影视剧、综艺节目等内容。

PUGC和UGC由专业人士、MCN机构或用户个人通过各类工具软件完成制作。

2.内容分发

不同的内容在生产完成后有不同的分发渠道与分发平台。

PGC通常由发行商作为中间环节，分发至电视台、在线视频平台、院线、音像制品商等渠道。其中，在线视频平台以中长视频平台和聚合视频平台为主，如腾讯、优酷、爱奇艺、B站等，同时还有OTT及服务商，如云试听极光、奇异果TV等。内容分发后，平台可以将内容授权至其他制作公司进行游戏、文创等产业项目的开发，部分内容还可以通过版权分销的方式再次分发至其他平台。如电视剧《甄嬛传》在各电视台播出后，乐视网以两千万元购得其独家网络版权，在其出品方花儿影视被乐视网全资收购后，《甄嬛传》的版权又被分销给优酷视频。

PUGC和UGC通常由用户直接分发或通过MCN机构整合后分发至短视频平

台,短视频平台可以继续将内容分发至新闻资讯平台、社交平台、传统视频网站及其他分发平台,也可以省略短视频平台这一中间环节直接由个人或MCN机构将内容分发至以上平台。短视频平台主要有抖音、快手、微视、央视频等独立短视频平台以及西瓜视频、好看视频等聚合视频平台。用户在短视频平台发布视频后,可以将相关内容转发至微信、微博等社交平台,实现二次分发;MCN机构可以根据其KOL的不同内容类型进行精准投放,将泛娱乐内容分发至短视频平台,将新闻资讯内容分发至新闻资讯平台。

3.终端用户

用户是新媒体内容产业链的终端,也是整个产业链发展的内在动力,用户需求为整个产业链的发展提供驱动力。用户通过内容播放终端接收内容,内容播放终端由移动终端、大屏相关终端、专业及特殊设备终端(电影银幕、投影等产品)等组成。

同时,用户也是产业链商业模式中的一大主体。用户在内容分发平台上付费、打赏,分发平台获得的收入又反向分成至上一级分发平台和内容生产主体,以此形成付费分成环节。

4.监管部门

内容在生产过程中会受到国家广播电视总局、国家互联网信息办公室、公安部、文化和旅游部等部门的监督。各部门定期在中国网络视听节目服务协会理事会会议、中国网络视听大会等重大会议上就内容生产、行业动向等展开交流与分享,并审议通过了《互联网视听节目服务管理规定》《网络视听节目内容审核通则》《网络短视频内容审核标准细则》等政策与审核标准,以进一步规范内容生产秩序。如2021年发布的全新修订的《网络短视频内容审核标准细则》规定,严禁网络短视频中出现宣扬不良、消极颓废的人生观、世界观和价值观的内容,比如宣扬拜金主义和享乐主义,展示违背伦理道德的糜烂生活等。

此外,国家广播电视总局还会定期举办座谈会,邀请从业人员就内容生产、行业动向等进行交流与分享。例如2021年,国家广播电视总局网络视听节目管理司召开了网络视听文艺节目及人员管理工作座谈会,北京广播电视局、腾讯视频、芒果TV、B站、淘梦影业、中国网络视听节目服务协会等部分省局和业界代表在会上交流经验，省级广播电视管理部门、网络视听平台、制作机构代表以及国家税务总局相关司局参加了会议，并就网络文艺节目中存在的追星炒星、泛娱乐化、片面追逐商业利益等突出问题进行了探讨，以推动网络视听文艺节目高质量发展。

2022年6月，国家广播电视总局开始对网络剧片发放行政许可，要求包括网络剧、网络微短剧、网络电影、网络动画片等在内的国产重点网络剧片上线播出时，使用统一标识，并将发行许可证号在节目片头的显著位置展示。在"网标"发放前，网络剧片要经过备案和公示，取得相关备案号后才可以在平台上播放。从自审自播到备案登记制再到发行许可证的上线，可以看出，网络视听节目受到了更加规范的监管。

除网络剧片外，国家广播电视总局自2021年10月起还对短视频节目和账号开展了为期两个月的专项治理工作，全程监管抖音、快手等十多家头部短视频平台，清理了违规账号38.39万个，违规短视频节目102.4万条，引导互联网电视规范开展短视频业务。

5.技术支持方

新媒体内容产业链中，各个环节都有技术支持方的参与。在内容生产环节，软件开发运维商、视频技术商等为内容生产提供了保障；在内容分发环节及终端用户接收环节，电信运营商、服务器提供商、网站及App开发运维商等提供了技术支持。同时，新技术还能反向推动产业的迭代升级，如5G、VR等新技术催生了新的内容形式。

6.内容营销方

在内容分发前或分发过程中，专业营销平台会对不同形式的内容进行营销推广，以使内容分发得到更好的效果。如无限自在传媒曾为《让子弹飞》《唐人街探案》《八佰》等多部爆款影视剧进行营销推广，其出品及营销助力的电影票房累计已超300亿元；新片场短视频作为MCN机构，在内容创作者完成内容生产后，会帮助创作者对内容进行包装后再分发。

7.广告商

除上述提到的用户参与付费分成外，广告商是新媒体内容产业链中的另一主体。广告商通过向用户、MCN、平台等支付广告费，在用户创作的内容中进行品牌植入或对内容添加视频贴片广告、信息流广告等方式,达到自己的目的。

(三)新媒体平台内容创作补贴政策

1.扩大用户数量

为增加用户数量,各平台在创立之初纷纷发布内容创作补贴政策,为创作者提供资金、流量等扶持。其面向的创作者范围广,旨在普及平台、拓展用户群。如2017年,全新升级的企鹅号发布了"百亿计划",为创作者提供百亿流量支持、百亿产业资源支持、百亿资金支持,吸引了超过250万创作者入驻,日流量增长率超过300%(见表2-1)。

表2-1 各新媒体平台为增加用户数量出台的补贴政策

平台名称	发布年份	补贴名称	补贴内容
头条视频(西瓜视频更名前)	2016	千人万元计划	为短视频创作者提供10亿元补贴,为至少1000个头条号创作者提供单月至少1万元的保底收入
企鹅媒体平台	2016	芒种计划	为创作者提供100%的广告收入及2亿元预算补贴
西瓜视频	2017	"3+X"变现计划	为创作者提供高于日常流量6倍的分成收入、电商分成收入、直播分成收入
企鹅号	2017	百亿计划	百亿流量支持,打通腾讯内部全平台作为分发渠道;百亿产业资源支持,孵化百个精品短视频项目及城市合伙人;百亿资金支持,为创作者提供内容分成、平台支持、专项投资
腾讯微视	2018	达人计划	按每条视频有效播放量为创作者提供现金补贴(有效播放量标准:单次播放时长大于5秒)
全民小视频	2018	拍视频得现金	根据视频的内容质量、互动率、活跃度等因素计算魅力值,1 000魅力值折合人民币1元
网易号	2018	内容补贴计划	为短视频创作者及MCN提供10亿元补贴,补贴包括定向补贴、流量分成和特色签约三个模块;为图文类作者提供5亿元补贴
喜马拉雅FM	2018	万人十亿新声计划	从资金、流量及创业孵化三个层面为音频内容创作者提供30亿元扶持
西瓜视频	2018	风车计划	为专业媒体机构提供内容代运营、技术深度支持等解决方案
哔哩哔哩	2018	创作激励计划	针对UP主自制稿件的硬币、收藏、评论、阅读、点赞等数据进行综合评估,提供激励收益
快手	2018	快手广告共享计划	为用户个人作品播放页添加广告,根据广告效果提供相应收益

续表

平台名称	发布年份	补贴名称	补贴内容
趣头条号	2019	麦浪计划	每月为100家原创短视频机构提供百亿流量及一对一服务、品牌曝光等综合扶持方案
抖音	2019	创作者成长计划	让至少1 000万创作者在抖音获得收入
知乎	2020	海盐计划	为视频创作者提供5亿元现金分成、百亿流量等扶持
小红书	2020	视频号种子计划	为视频号创作者提供百亿流量、商业合作倾斜、一对一运营指导等扶持
新浪微博	2020	微博视频号计划	微博在一年内向微博视频号分成5亿元现金，投入10亿流量精准广告投放资源、300亿流量曝光资源
芒果TV	2020	大芒计划2.0	通过建立芒果学院、制定晋升机制、配备专属综艺、提供专业场地、辅以商业支撑等方式，将平台800多万UP主培养为成熟的PGC制作人
优酷号	2020	—	给予入驻创作者百亿流量曝光扶持，提供自制、合制、分账、采购四种变现方式
微视	2021	雪球计划	为入驻的MCN机构提供千万流量、百万现金、优享资源三大类扶持

2.扶持优质内容

随着用户数量的增长，大量优质内容创作者涌现，众平台将工作重心转向内容扶持，试图通过密集的激励计划，吸引更多优质创作者入驻。

如今日头条2018年发布了"青云计划"，为优质创作者提供单篇最高5 000元的奖金及流量扶持奖励；抖音2020年发布了"创作者扶持计划"，宣布未来一年将对优秀内容创作者提供价值100亿元的流量扶持（见表2-2）。

表2-2 各新媒体平台为扶持优质内容出台的补贴政策

平台名称	发布年份	补贴名称	补贴内容
百家号	2017	百+计划	为"原创作者榜"上榜用户提供万元奖金及定制权益
大鱼号	2017	大鱼计划	为优质创作者提供大鱼奖金、广告分成和大鱼独家合作机会
今日头条	2018	青云计划	为优质创作者提供单篇最高5 000元奖励及流量扶持
企鹅号	2019	TOP计划	招募万名高潜力创作者，给予50亿元创作基金与100亿流量扶持

续表

平台名称	发布年份	补贴名称	补贴内容
快手	2019	光合计划	为10万个优质创作者提供价值100亿元的流量扶持
抖音	2020	创作者扶持计划	为优质内容创作者提供价值100亿元的流量扶持
随刻	2021	追光计划	每月以榜单的形式给予创作者定向现金、流量、一对一运营等扶持；针对站内MCN机构，划分银奖、金奖、钻石奖三个成长型赛道，给予奖金、流量、商业化变现等扶持

3.加码垂直创作领域

在形成人才虹吸效应后，各平台将重心转至垂直创作领域，试图通过打造优质垂类内容扩大特定用户群，并满足用户兴趣分化下的不同需求。如快手在2022年发布的"篮球新世代"活动聚焦篮球领域创作者，抖音在2022年发布的"科技创作者计划"聚焦科技赛道（见表2-3）。

表2-3　各新媒体平台垂直创作领域补贴政策

平台名称	发布年份	补贴名称	补贴内容
西瓜视频	2018	万花筒计划	为宠物、手作、时尚、音乐等30余个垂直内容品类创作者提供10倍以上额外的流量支持和奖金
西瓜视频	2019	万元月薪计划	向vlog内容倾斜百亿流量，并投入亿元现金为优质内容提供10倍的收益分成
哔哩哔哩	2019	vlog星计划	以六大资源体系全力发展vlog内容，包含全年500亿次站内流量曝光、每月100万元专项vlog奖金支持、每月1亿专项活动站内曝光量支持等
快手	2020	文旅光合计划	投入超过百亿流量资源，重点扶持279个5A级景区、2 000位非遗传承人、1 000名金牌导游，以及1万名10万粉以上的文旅创作者
快手	2020	情感光合计划	投入超百亿曝光资源重点扶持情感类优质创作者，打造"四个1 000+"：站内头部情感主播增加短视频内容供给达1 000+，引入专业心理咨询师、离婚律师1 000+，引入扶持情感主持人，打造100万粉专业作者1 000+，培养情感短剧500万粉作者1 000+
抖音、西瓜视频	2020	知识创作人	为教育、科普、人文等学科领域的优质知识创作者提供百亿流量补贴、收入支持等双平台扶持

续表

平台名称	发布年份	补贴名称	补贴内容
抖音	2021	萌知计划	为青少年内容创作者提供从账号入驻、内容生产到商业变现、品牌打造等一站式服务,全年投入近百亿流量支持
西瓜视频、抖音、今日头条	2021	中视频伙伴计划	为优质中视频创作人提供20亿元扶持、三方平台联合流量扶持
快手	2021	双击音乐计划	为音乐创作者提供百万奖金与千万流量、歌曲宣发、短视频与直播运营、歌曲版权结算及线下演出等全方位扶持
快手	2021	暴击一夏	为二次元创作者提供40万元现金、5亿流量扶持
快手	2022	篮球新世代	为快手篮球创作者提供百万现金、千万流量扶持
抖音	2022	优质主播激励计划	为民歌、美声、民族乐器、西洋乐器、民族舞、古典舞、当代舞七大内容品类的部分主播提供千万流量、千万现金扶持
好看视频	2022	轻知计划	邀请100位名家、10 000位行家入驻,创作泛知识内容。通过直播、电商、问一问等百度系产品,助力创作者实现每人每年10万元的创作收益
抖音	2022	科技创作者计划	聚焦五大科技赛道:数码电器、航空航天、科技评论、科技科普、工程机械,为有志于传播科技知识、提高全民科学素养的创作者提供dou+券等奖励

❓ 本节思考题

1.试为抖音、快手两大短视频平台分别策划一则关于大学生毕业季求职知识的短视频内容。

2.试对比小红书KOL和抖音KOL的内容及其视听语言风格。

第三章

新媒体运营规律

本章内容

通过对新媒体管理措施、运营策略、商业化模式的详细论述,分析当前新媒体运营的客观规律和行业发展趋势。

第一节 新媒体运营现状及管理政策

一、新媒体运营现状

(一)官方新媒体

当前,新媒体的运营工作主要在各类新媒体平台上展开,这些平台分为官方新媒体平台和商业新媒体平台两类。官方媒体通常指的是有政府背景、由政府部门创办的媒体。官方媒体具有专用、权威、公开等性质,是政府监督与纠正不良现象、协调社会关系、传承文化、提供娱乐、引导大众、传播资讯的重要渠道。在媒体融合发展背景下,我国的官方媒体纷纷打造新媒体矩阵,一方面研发官方客户端;另一方面入驻各商业平台,开通多个官方新媒体账号,力图打造官方新媒体的全平台矩阵。由于官方媒体的性质和用途,官方新媒体客户端及其在其他平台的官方账号的号召力、影响力主要依赖于平台权威性、政策流量倾斜以及独家媒体内容。

1.平台权威性

官方新媒体平台,如人民日报新媒体、新华社新媒体、中央广播电视总台的新媒体矩阵等,依靠本身的官媒性质,获取的信息具有权威性,从业人员也更具专业性,因此有着很大的影响力。例如,中央广播电视总台在世界各地都设置了记者站,确保其能在第一时间获取一手信息,在距离事件发生最近的地方进行报道,以最权威、最真实的内容吸引受众。总台的记者也需要经过严格的考核和审查,从而确保从业人员的专业性。这都保证了总台在内容上的权威性。此外,2022年3月国家发改委发布的《市场准入负面清单(2022年版)》,明确指出非公有资本不得从事新闻采编播发业务[①],只有公有资本的新闻机构和平台才能取得相关资质,进行新闻内容的采编播发,这更加确立了官方媒体的权威性及其在新闻领域的主导地位。

2.政策流量倾斜

官方新媒体在与其他商业新媒体竞争的过程中,往往能够借助国家政策导向获得流量扶持。近年来,国家从政策层面不断加强对互联网的监管力度,逐渐提高对官方新媒体的流量倾斜程度,以官方新媒体内容为引领,弘扬优秀文化,传播正能量。在一系列监管措施实施后,官方新媒体的客户端及官方账号获得了更大的流量优势,各商业新媒体平台也给予官方账号一定的流量倾斜。

2011年5月,中华人民共和国国家互联网信息办公室(简称国家网信办)成立,其主要职责包括落实互联网信息传播方针政策和推动互联网信息传播法治建设,指导、协调、督促有关部门加强互联网信息内容管理,依法查处违法违规网站等。2017年6月1日,《中华人民共和国网络安全法》开始施行,进一步强化了我国网络空间法治建设。2018年1月27日,北京网信办发挥监管作用,责令新浪微博就传播导向错误信息等问题进行自查自纠,新浪微博热搜榜、热门话题榜停运一周,于2018年2月3日恢复上线。[②]重新上线的"微博热搜"新增了"新时代"版块,该版块内容以国家级媒体微博、政务微博等发布的内容为主,目的是宣传推广正能量内容。"热搜榜"版块支持将某个话题置顶,置顶话题也多与政务、时事等内容相关(见图3-1)。[③]

---

① 国家发改委.市场准入负面清单(2022年版):禁止准入类[EB/OL].(2022-03-25)[2022-07-27]. https://www.ndrc.gov.cn/xwdt/ztzl/sczrfmqd/jzzrj2/202203/t20220325_1320328.html?code=&state=123.
② 北京市互联网信息办公室微信公众号"网信北京"2018年1月27日文章。
③ 环球网.新浪微博热搜榜恢复上线:增设"新时代"版块,支持话题置顶[EB/OL].(2018-02-04)[2022-07-27]. https://baijiahao.baidu.com/s?id=1591481695170282212&wfr=spider&for=pc.

图3-1 2018年2月4日12时许显示的新浪微博热搜榜、热门话题榜

此后,微博热搜榜保留了政务、时事等内容的置顶热搜,抖音、快手的热搜榜也加入了政务、时事类的专题置顶热搜(见图3-2)。

图3-2 2022年6月13日16时许显示的微博热搜榜、抖音热搜榜、快手热搜榜

由于时事政务类内容要求发布账号具有极高的权威性,因此此类热搜由央视新闻、人民日报社、新华社等官方新媒体账号主持,这再次为官方新媒体账号带来极大的流量优势。新浪微博发布的《2021上半年微博热搜榜趋势报告》显示,2021

年上半年新浪微博热搜中的社会时事热点主要来源于媒体报道的相关内容，其中81%的社会时事热点热搜由媒体账号主持，媒体主持人中，65%是全国官方新媒体账号，16%是区域官方新媒体账号。其中，主持热搜数量最多的前三位分别为央视新闻（1 889条）、人民日报（1 678条）、人民网（790条），主持热搜数量增长最多的前三位分别为新华社、新华网、中国新闻网（见图3-3）。

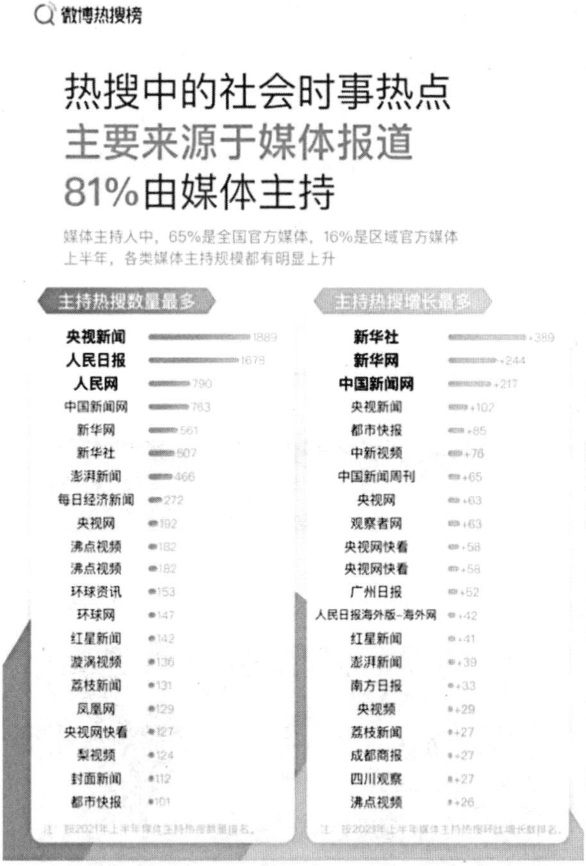

图3-3　主持热搜数量最多、增长最多的官方新媒体

（图片来源：《2021上半年微博热度榜趋势报告》）

3.内容独家

官方新媒体客户端、官方账号依赖官方媒体身份所获取的独家内容是其具有较高竞争力的另一重要原因。在事件报道中，官方新媒体往往能够凭借官方媒体的权威性及认可度获得更多独家内容，在竞争中赢得流量先机。

以中央广播电视总台为例，在重大事件中依赖平台优势获取的大量独家内容成为其吸引用户关注的重要手段之一。例如，2020年东京奥运会期间，中央广播电视总台独家持有2020年东京奥运会在中国大陆及澳门地区的全媒体权利及转授权，并严密核查和打击侵犯奥运会媒体权利的行为。①在新媒体端，总台的央视频成为唯一获得东京奥运会全赛事直播及回放免费授权的平台②，同时总台全媒体矩阵还对央视频进行了引流（见图3-4、图3-5）。在东京奥运会全量体育赛事直播的带动下，"央视频App累计下载量突破3亿，单日视频总观看量（VV）破3亿人次，央视频累计激活用户数突破1亿，央视频会员数量开赛一周即跨越百万大关。此外，央视频平台日活、同时在线人数、互动量、新增用户量等数据均不断刷新。在苹果应用商店总榜和娱乐榜上，央视频客户端皆名列榜首"③。

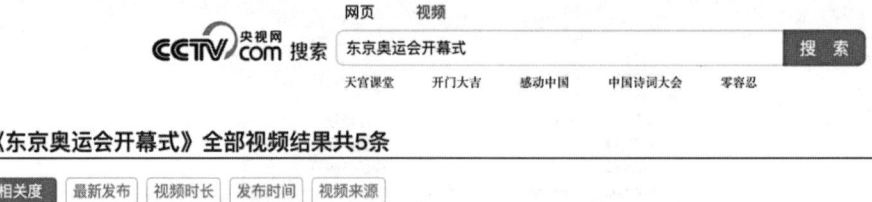

图3-4　在央视网搜索"东京奥运会开幕式"回放相关内容，显示的结果多来自央视频

图3-5　点击央视网内回放页面显示仅支持试看，完整版需下载央视频观看

① 央视新闻.中央广播电视总台关于独家持有2020年东京奥运会媒体权利的声明［EB/OL］.（2019-12-18）［2022-07-27］. https：//baijiahao.baidu.com/s?id=1653262264626101507&wfr=spider&for=pc.
② 总台的合作方咪咕视频和快手，以付费合作的形式分别获得2020年东京奥运会赛事直播及录播权利、精彩瞬间及花絮视频等短视频投放的权利。——作者注
③ 央视频.中国队，加油！来央视频，和3亿用户一起呐喊奥运后半程！［EB/OL］.（2021-07-31）［2022-07-27］. https：//baijiahao.baidu.com/s?id=1706779803779994288&wfr=spider&for=pc.

此外，在2022年总台春节联欢晚会播放期间，总台新媒体账号"春晚""CMG观察"等发布了大量揭秘春晚阵容的独家花絮；2022年2月20日北京冬奥会闭幕之际，国际奥委会主席巴赫接受了总台记者的独家专访；在北京冬奥会、冬残奥会总结表彰大会上，习近平总书记引用了央视新闻2月发布的自采内容《冬奥开幕式落泪的中国军人找到了》。

（二）商业平台

1.平台、账号、内容三者风格须统一

随着新媒体的深度发展，用户对内容的需求日益增长。为了提高内容触达用户的效率、获得更高的经济效益，垂类化运营成为新媒体平台运营工作的重要思路。当前较为知名的新媒体平台都有不同的内容定位，通过运营不同风格调性的账号，吸引不同的受众群体以及相应的商业投放（见表3-1）。在这样的背景下，只有平台、账号、内容三者风格统一，才能形成合力，达成事半功倍的效果。

表3-1 国内主要商业新媒体平台定位与主打内容分类

国内主要商业新媒体平台	平台定位	平台主打内容分类
小红书	向年轻人推荐真实、向上、多元、潮流的生活方式	彩妆、时尚、情感、美食、旅行、家居、数码等
快手	记录和分享大家的生活，发现真实有趣的世界	搞笑、美食、家居、农村生活、运动健身等
抖音	让崇拜从这里开始（2018年9月前）；记录美好生活（2018年9月至今）	剧情、生活、美食、知识、技能、游戏、动漫、特技、动物等
B站	中国年轻世代高度聚集的文化社区和视频平台	动漫、游戏、舞蹈、鬼畜、科技、娱乐、知识等
微博	随时随地发现新鲜事	时事、名人明星、社会、娱乐等
微信	微信，是一个生活方式	视频号：时事、社会、搞笑、教育、名人、生活等视频内容；公众号：新闻、知识、行业、搞笑、情感、故事等图文内容；小程序：企业展示、电商、餐饮、预约、游戏、新闻、社会服务等互动内容服务；朋友圈：生活、微商等图文或视频内容
知乎	中文互联网高质量的问答社区和创作者聚集的原创内容平台	知识、观点、故事、搞笑、情感、行业、新闻等

2.中腰部达人账号成为各大平台的主力

在各个商业平台中,针对中腰部达人的投放是现在各品牌投放的主力。随着产业纵深发展,各平台在经历了流量红利期后,头部达人粉丝增长趋于饱和,内容同质化问题逐步显现,平台、机构和品牌方都意识到中腰部达人对于整个行业的重要性。相比头部达人,中腰部达人粉丝量相对小,但具有价格实惠、风格多样、账号基数大、内容更加垂直、粉丝黏性强等特点,因此受到更多品牌方的青睐。而头部达人基于庞大的粉丝群和强大的号召力,在产品的破圈推广方面仍然具有较高价值。利用头部达人的影响力"集中力量办大事",再加上中腰部达人铺开式营销的组合打法,使投放覆盖面更广,因此成为不少广告主的选择。此外,在抖音、快手、B站、小红书等以UGC为主的平台上,尾部的KOL和UP主投放也相对较多。可以看出,中腰部、尾部账号如今越来越受到广告主的青睐。

3.同一内容多渠道分发运营、组合投放成行业趋势

随着产业纵深发展,越来越多的品牌主会选择以组合的方式进行投放。任何一个平台的用户都不可能与品牌的目标消费群完全重合,因此品牌会针对不同平台的用户特征、内容定位,设计不同的"种草"方式,进行产品的多平台矩阵式投放、差异化营销,构建品牌全方位的线上营销体系,从而在短时间内形成产品声量的叠加。资料显示,在新媒体的宣传阵地中,66.4%的广告主会选择2—4个平台合并投放,18.6%的广告主选择5—7个平台合并投放。[①]

以快消行业为例,母婴育儿、食品饮料和美妆日化等产品的品牌会依据目标人群的消费习惯,选择不同的渠道进行组合投放。如美妆日化类产品侧重于投放内容转化率较高且年轻消费群体较集中的平台,"抖音+B站+微博+小红书"成为此类产品侧重的平台。[②]

与此相对的是,母婴育儿类产品的消费群体多为有孩家庭,其消费者中家庭

---

① 馒头商学院.微信、B站、抖音、快手、小红书等7大平台玩法详解,一文读懂![EB/OL].(2020-11-11) [2022-07-27]. https://mp.weixin.qq.com/s?__biz=MzA3MDk4NzMzNg==&mid=2651773239&idx =1&sn=eabaf110a0c41f187a8970ec85cbd41d&chksm=84ce0210b3b98b0601e292a8d90430955bb204ff 429fbc29a9dc8b1f910a6dd118c356d8befe&token=1302776549&lang=zh_CN#rd.
② 微播易."一"时"新"起:从双十一看2021年自媒体营销新趋势[EB/OL].(2020-11-27)[2022-07-27]. https://wby-download-storage.oss-cn-beijing.aliyuncs.com/weiboyi/marketing/20201127.pdf.

主妇占较大比例，因此相关品牌多采用"抖音+微博+微信"的组合方式，以公域流量带动私域流量，通过微信微商进行运营。食品饮料类商品则由于受众广泛且产品单价较低，人群的覆盖率和触达率是其核心需求，因此对账号的垂类要求较低，多选择具有"短平快"特性的短视频平台进行推广。使用短视频领域月活用户数更多、活跃率更高的平台组合方式，如"抖音+快手"，能够充分利用平台为产品提供更多的曝光机会。[①]

二、平台运营管理政策

（一）商业化背景

随着互联网的快速发展以及5G时代的到来，互联网深度融入人们的日常生活，这让各大新媒体平台迎来了发展的黄金时期。在这一时期，更低的流量成本与更快的网络速度，一方面为用户带来了更便捷的使用体验，另一方面降低了新媒体行业的门槛，为新媒体人创造了得天独厚的发展环境。

2022年2月25日，中国互联网络信息中心（CNNIC）在北京发布的第49次《中国互联网络发展状况统计报告》显示，截至2021年12月，我国网民规模达10.32亿，较2020年12月增长4 296万，互联网普及率达73.0%。互联网高普及率和庞大的网民基数为我国新媒体行业的迅速发展提供了可能性，在这样的时代背景下，各大新媒体平台活跃用户数量迎来井喷式增长。当前用户规模及网民使用率居于前三位的互联网应用类型为即时通信应用、网络视频应用（含短视频应用）、短视频应用，其网民使用率均达到90%以上。[②]（见图3-6）

2020年以来，我国新媒体应用的智能化水平进一步提升，应用场景更加丰富，对社会生产生活的嵌入、渗透与影响更加深刻，新媒体社会服务能力显著提升，新媒体行业蓬勃发展。

---

① 微播易. "一"时"新"起：从双十一看2021年自媒体营销新趋势［EB/OL］.（2020-11-27）[2022-07-27］. https://wby-download-storage.oss-cn-beijing.aliyuncs.com/weiboyi/marketing/20201127.pdf.
② 中国互联网络信息中心. 第49次《中国互联网络发展状况统计报告》［EB/OL］.（2022-02-25）[2022-07-27］. http://www.cnnic.net.cn/hlwfzyj/hlwxzbg/hlwtjbg/202202/t20220225_71727.htm.

应用	2020.12		2021.12		增长率
	用户规模（万）	网民使用率	用户规模（万）	网民使用率	
即时通信	98,111	99.2%	100,666	97.5%	2.6%
网络视频（含短视频）	92,677	93.7%	97,471	94.5%	5.2%
短视频	87,335	88.3%	93,415	90.5%	7.0%
网络支付	85,434	86.4%	90,363	87.6%	5.8%
网络购物	78,241	79.1%	84,210	81.6%	7.6%
搜索引擎	76,977	77.8%	82,884	80.3%	7.7%
网络新闻	74,274	75.1%	77,109	74.7%	3.8%
网络音乐	65,825	66.6%	72,946	70.7%	10.8%
网络直播	61,685	62.4%	70,337	68.2%	14.0%
网络游戏	51,793	52.4%	55,354	53.6%	6.9%
网络文学	46,013	46.5%	50,159	48.6%	9.0%
网上外卖	41,883	42.3%	54,416	52.7%	29.9%
网约车	36,528	36.9%	45,261	43.9%	23.9%
在线办公	34,560	34.9%	46,884	45.4%	35.7%
在线旅行预订	34,244	34.6%	39,710	38.5%	16.0%
在线医疗	21,480	21.7%	29,788	28.9%	38.7%
互联网理财	16,988	17.2%	19,427	18.8%	14.4%

图3-6　2020.12至2021.12各类互联网应用的用户规模和网民使用率
（第49次《中国互联网络发展状况统计报表》截图）

中研产业研究院公布的《2020—2025年中国自媒体行业市场调查与发展前景分析报告》显示，自2014年起，我国自媒体行业从业者人数迎来大幅增长，2015年已突破200万，到2021年，我国全职从事自媒体的人数已达370万，而兼职人数更是超过了600万，这些从业者由学生、白领、专家学者、医务工作者、文学爱好者，以及自由职业者组成。[①]2009年微博一经推出便凭借其强大的社交性成为中国主要的互联网应用之一，这让更多的中国网友接触到新媒体的概念，2013年微信公众号的诞生为新媒体创业提供了平台，2016年获得千万投资的"初代网红"papi酱掀起了短视频的热潮，可观的经济回报让越来越多的人涌入新媒体市场。腾讯、百度、字节跳动三家公司每年给创作者的广告分成高达上百亿，自媒体个人或自媒体机

---

① 2022年自媒体行业发展前景及市场需求分析［EB/OL］.（2022-06-10）［2022-07-27］. https://www.chinairn.com/hyzx/20220610/123845438.shtml.

构每年通过各大平台获得的电商变现收入，也已经远远超过3000亿元。[①]当今，随着新媒体商业价值的不断提升，新媒体商业化转型已经成为大势所趋。

（二）商业化手段

大部分新媒体账号在运营过程中，前期往往通过推出优质内容吸引并积累粉丝，从而打造鲜明的账号风格，增强粉丝黏性，在此基础上循序渐进向商业化模式过渡。当前，广告投放、知识付费、内容电商成为新媒体平台商业化的主要途径。

1.广告投放

作为新媒体赢利的主要手段之一，与广告主合作成为新媒体运营商业化的一大途径。广告投放可以是开门见山的"硬广"，也可以是猝不及防的"软植入"。自媒体人或通过第三方平台或直接与广告主接触，进行双向选择，匹配成功后输出相应的内容以吸引用户。通过第三方平台与广告主沟通的自媒体，其内容的用户浏览量、点赞量、转发量、评论量等都会成为自媒体实现流量变现的指标，平台根据这些指标评估流量的大小并与创作者分成。直接与广告主沟通的自媒体，则由品牌广告主从产品销量是否提升等维度进行评判，从而决定是否继续对该自媒体账号进行投放，并评估投放金额。

2.知识付费

信息爆炸的快节奏时代背景为知识付费提供了一个良好的环境，用户愿意付出一定的金钱以高效获取所需的资讯。但知识付费具有一定的专业性门槛，且并非所有内容都适用于此，理想的受众市场、合适的包装模式、匹配的流量入口都是实现知识付费的重要条件。

如今，知识付费已经形成较为完整的产业链，缩减了知识价值转化的流程，其高效的模式特点，吸引了新媒体人争相前来竞逐。当前的网易云课堂、知乎live、十点课堂等都是业界发展较为成熟的知识付费平台。

3.内容电商

内容电商是自2020年以来新媒体商业化运营的主要目标之一。内容电商的关键在于将潜在用户转化为实际消费者，通过建立使用场景、直击用户痛点、引发心

---

① 刘颖.自媒体企业的流量变现商贸模式分析[J].商场现代化，2021(3)：108-110.

理共鸣、暗示购物需求、提供购买渠道的流程创造消费需求。内容电商主要分为两类，第一类是"重模式"，即自营电商，负责电商销售全流程，如李子柒通过自媒体打造了个人IP，成熟后衍生出同名品牌，销售周边食品（见图3-7）；第二类是"轻模式"，即商品导购，电商主播只负责选品及推广，如李佳琦（见图3-8）。

图3-7　李子柒同名淘宝旗舰店　　图3-8　李佳琦2022年"618"前夕直播预热微博推文

4.其他手段

除上述三种手段之外，也有部分账号倾向于线上推广、线下变现的方式，如餐饮行业的线下门店、医疗行业的线下诊所等，将流量带来的收益体现在线下，展现出线上线下消费边界不断融合的趋势。当然也还有许多如官方政务号、知识科普号等不以商业化变现为目的的账号。值得一提的是，这类账号有时也会以与平台联合推出营利性活动等形式变现。

如今，新媒体大规模商业化的趋势不断向行业发出文明化、规模化、规范化的需求信号，这既顺应了新媒体平台进行商业化运营的必然趋势，也满足了自媒体人流量变现的迫切需求。因此，各大新媒体平台都在官方相关规范化政策上做出了努力。

（三）平台政策支持

1.账号推广政策

无论在哪个平台，明确账号定位、推出优质内容都是吸引更多用户关注的关键。然而，随着近年来新媒体入行门槛的降低，从业者不断涌入，市场趋于饱和，行业竞争不断加剧，这导致用户自发搜索产生的自然流量逐渐稀缺，商家或个人想从公共流量池中突出重围的难度大幅提升。为此，各大平台为有推广需求的账号提供了官方辅助措施，商家及用户如果想获得曝光量、吸引更多粉丝，就不得不遵循各平台的规则，支付相应的费用（见表3-2）。

表3-2 各大平台的推广措施与推广规则

媒体平台	官方公开推广措施	推广规则
微信	微信广告助手	针对朋友圈、公众号、小程序、视频号等多场景，内含针对不同场景的多种广告形式，以自然融入微信场景。 朋友圈：常规广告、组合式卡片广告、全幅式广告、轮播式广告、滑动式广告等； 公众号：文章底部广告、微信贴片广告、公众号互选广告； 小程序：激励广告、Banner广告、插屏广告等； 视频号：视频号互选广告、视频号直播广告、视频号动态推广等
微博	推广博文	根据博文内容分为营销推广（博文含营销内容，希望提升转化量）和内容加热（博文不含营销内容，希望提升博文曝光量）两个类别。 含营销内容：适用于小店推广、粉丝触达、转发抽奖、品牌宣传营销活动等； 无营销内容：如优质的垂直领域内容、生活分享、观点表达等
抖音	DOU+	投放金额以将单个或多个视频推荐给潜在兴趣用户为标准，可根据个人需求选择不同投放目标（增加点赞评论量、粉丝量、提升主页浏览量等），也可自定义目标用户群（年龄、性别、地域、兴趣标签），进行定向推荐
快手	快手粉条	通过购买快币增加作品曝光量，可自行选择优化目标：涨粉数、播放数、点赞评论数等

续表

媒体平台	官方公开推广措施	推广规则
小红书	薯条推广	内容加热：推广非营销笔记，如生活日常、经验分享笔记等。 营销推广：以广告样式推广营销笔记，如商品卡片笔记等。 可自行选择针对某项指标进行提升（如笔记阅读量、点赞收藏量、粉丝关注量）
B站	创作推广	在热门活动中定向投稿可以得到平台扶持
知乎	知+	知乎官方为企业和个人用户提供的最符合知乎内容生态和平台价值的内容服务方案，提供了从内容生产到内容分发再到内容互动的全链条工具和服务

虽然官方给出了明确的扶持政策，但对于用户来说，如何正确借助官方政策扶持达到涨粉的效果仍然是一门学问。就抖音平台推出的"DOU+"来说，其作用体现在如下三个方面：其一，通过采买流量，测试相关账号所输出内容的质量，以加快内容创作能力的迭代；其二，快速进行阶段性流量审核，避免账号内容在免费流量渠道排队等待审核；其三，通过付费的方式提高播放量，将账号推进至下一个流量等级，撬动自然流量。

2.账号商业化政策

新媒体商业化的发展使得大量自媒体作者涌入网络市场，这同时也带来了专业水平参差不齐的问题，造成商业化新媒体平台上内容的巨大差异。平台上固然有众多自媒体作者能够产出优质的内容，但也不乏一些自媒体为博眼球、追逐商业利益而发布虚假新闻、炒作信息等，因此新媒体平台必须加强对商业化行为的规范管理，坚持正确的舆论导向，鼓励优质的内容生产，整顿不良的社区风气（见表3-3）。

从2012年起，中国各大互联网媒体为保证平台商业化内容走向规范作出了许多努力。资料显示，新浪微博于2012年推出"微任务"，作为新浪唯一官方任务平台，"微任务"用于对接广告主与微博账号，企业认证的微博用户通过授权"微任务"来发布任务，选择微博账号进行有偿的微博原发或转发。个人微博账号在授权"我的微任务"应用并通过审核后，有机会接到有偿信息发布的任务并自主选择执行或拒绝任务，接受任务后，"微任务"将以微博账号的身份在任务指定时间内发布任务微博，用户成功执行任务后可以获得相应的任务报酬。同时，"微任务"还具有审核任务内容、给予数据支持、保障交易安全等作用，并收取相应的服务费,这为中国互联网媒体规范平台商业化内容开了先河。

2018—2019年,其他平台也陆续推出了规范化管理措施,以适应自家平台商业化需求。快手推出"快接单"平台,广告主根据推广需求选择合适的达人并发布视频或直播推广订单,达人接单后通过制作商业短视频或直播的形式帮助客户实现电商下单、App下载或品牌营销等目标,并获得相应的推广收入。抖音推出的"星图"平台借助抖音达人投放广告,具有订单接收、签约达人管理、项目汇总、数据查看等功能,实现内容交易过程中多重交易角色的连接与沟通,并从中抽成。小红书推出"品牌合作人"平台,连接品牌方、MCN和品牌合作人三方,展示MCN旗下签约者信息、品牌合作人影响力信息和数据,以便品牌方挑选合适的合作对象。B站推出"花火商单系统",平台方通过审核入驻品牌和UP主双方的资质来提高匹配效率,UP主加入后可和广告主进行双向选择,在视频中植入广告。据微信广告公众号公示内容,微信平台在微信广告公众号中设置了流量变现板块,为符合一定条件的公众号创作者、小程序开发者、小游戏开发者、视频号创作者提供申请机会,将其账号内的指定流量分享给广告主作广告展示,从而获得广告收入。

2021年1月,小红书将"品牌合作人"平台更名为"蒲公英"(见图3-9),"蒲公英"是小红书官方推出的优质创作者商业合作服务平台,倡导"真诚分享播种内容价值"。"蒲公英"集品牌合作、电商带货、新品试用三大业务模块于一体,为品牌提供具有特色的营销服务。

图3-9 小红书官方商业服务平台"蒲公英"界面

2021年5月,知乎推出"芝士",该平台本质上与B站的"花火商单系统"相似,为用户主和品牌主对接合作提供服务,同时再通过一些工具覆盖内容营销全链路,整体上其作用还是简化和规范交易流程,提升营销效率。[①]

表3-3 各新媒体商业化平台及主要功能

媒体平台	官方商业化平台	平台主要功能
微博	微任务	用于对接广告主与微博账号,企业认证的微博用户和个人微博账号皆可通过授权"微任务"应用,进行商业化需求的对接。同时"微任务"还具有审核任务内容、给予数据支持、保障交易安全等作用,并收取相应的服务费
快手	快接单	广告主根据推广需求选择合适的达人并发布视频或直播推广订单,达人接单后制作商业短视频或通过直播帮助客户实现电商下单、App下载或品牌营销等目标,并获得相应的推广收入
抖音	星图	具有订单接收、签约达人管理、项目汇总、数据查看等功能,可实现内容交易过程中多重交易角色的连接与沟通
小红书	蒲公英	小红书营销好产品第一站,针对品牌的不同诉求,为新品牌降低试错成本,打造爆款产品,实现人群破圈,唤醒沉睡用户
B站	花火商单系统	平台将基于大数据,向UP主提供系统报价参考、订单流程管理、平台安全结算等功能;同时为品牌主提供UP主智能推荐、多维数据展示、多项目协同管理等服务
知乎	芝士	知乎创作者商业服务平台,可提供图文回答、文章、视频、圆桌、专题、线下活动等多种形式,以一口价、按内容阅读计费、按组件点击计费的形式变现,为客户(品牌主/代理商)、创作者、MCN机构搭建合作桥梁

三、用户品牌的运营需求

在新媒体运营中,除整体运营、平台侧的运营外,品牌侧的投放也是其不可或缺的一部分。目前,与品牌方合作是新媒体内容变现最主要和最直接的途径,而对于品牌来说,利润增长与否是衡量平台和账号是否值得投放的首要指标。因此,新媒体运营人员是否了解品牌的运营需求是新媒体能否获利和长久发展的关键,转化率更高的平台、"种草"带货能力更强的达人账号,更易受到品牌青睐。

---

① 玻璃晴朗. 三大平台的商业化对比:B站、知乎、微博,相似却不同[EB/OL].(2021-08-25)[2022-07-27]. https://zhuanlan.zhihu.com/p/403515804.

(一)品牌运营及其根本目的

1.品牌运营的含义

一般来讲,品牌运营是企业组织及组织提供的产品或服务的综合表现,是一种名称、术语、标记、符号或图案,或是它们的相互组合,用于识别企业提供给某个或某群消费者的产品或服务,并使之与竞争对手的产品或服务形成区别。①

品牌通过市场营销和运营,将品牌的相关概念向消费者进行推广,使品牌对消费者而言具有明显的辨识度,这种辨识度带来的熟悉感往往能够有效提升消费者购买同类产品时选择该品牌的倾向性。如在中国家喻户晓的国产品牌海尔,就利用商标(Haier)、运营名(海尔)、品牌运营角色(海尔兄弟)以及品牌广告语(你的生活智慧,我的智慧生活)组成了一套自己的运营标志(见图3-10)。当该类标志在生活中反复出现并与正面的宣传和评价相结合时,这种标志的组合就会让消费者产生心理暗示,消费者对海尔品牌的熟悉度和好感度被反复唤醒,品牌产品的竞争力由此得到大幅提升。

图3-10 海尔的商标、运营名、运营角色与广告语的组合

2.利润增长是品牌运营的根本目的

作为以销售产品和服务获得利润的企业,品牌进行新媒体运营的根本目的就是通过一系列手段,让品牌的系列标志深入消费者心中,并转化为购买力,从而实现品牌利润的增长。一项针对2019年中国品牌主未来一年营销工作目标的调查显示,品牌主的营销目标和主要需求占比居前两位的分别为"实现翻倍的销售增长"(70.8%)和"正确利用内容营销提升品牌价值"(61.8%),另外还有"建立消费者喜欢的品牌形象"(51.7%)、"正确利用营销新技术推动品牌创新"(39.3%)、"开拓二三线市场和人群"(38.2%),以及"将品牌与企业文化相融合"(28.1%)。② 可以看出,为了达成利润增长的根本目的,在具体营销过程中,品牌主又会将营销

---

① 百度百科.“品牌运营”词条[EB/OL].[2022-07-27]. https: //baike. baidu. com/item/品牌运营/1229307? fr=Aladdin.
② 艾瑞咨询.回顾|2020年中国电商营销市场分析报告[EB/OL].(2020-07-19)[2022-07-27]. https: //mp. weixin. qq. com/s/o6dxDT7siBxssOg61Bh06g.

目标具体到争取用户消费者、提升品牌价值两方面。

（二）争取用户消费者

1.消费者地位提升

在传统的消费模式中，交易是以企业为主体的，价值创造与传递是由企业向消费者输出的单向过程，企业发展追求"更大、更强、更高效"，消费者只能被动接受品牌提供的产品。但随着网络新媒体的发展，在新的用户品牌的商业逻辑中，信息触达速率大幅提升，品牌与消费者的信息差逐渐缩小，消费者可以通过互联网轻易了解其他同类商品并进行比较，消费者的选择更加多元化。[①]而市场上新品牌、新产品的层出不穷，促使主动权转移至消费者手中，于企业而言，赢得消费者就是赢得市场、赢得利润。

2.品牌与消费者的双向触达依靠新媒体运营实现

在新的消费模式中，品牌的优势不可逆转地消失，要想获得更多消费者的青睐，品牌不仅要向消费者输出理念和产品，而且要倾听消费者的意见和反馈，达成双向沟通。而在传统的运营线路中，由于物理空间的局限，品牌难以触达最广阔的市场空间，更无法从分散在各地的消费者群体中得到充分和及时的反馈。今天，在这个微博、微信、抖音、快手、小红书等平台崛起的社交自媒体时代，广大消费者的触媒习惯已经改变。在新的运营线路中，由于评论区留言、弹幕等互动形式的存在，新媒体内容平台、社交平台及平台上的KOL等内容创作者已经成为连通消费者与品牌的最主要的渠道。新媒体的交互性使消费者的感受、想法能够及时传达到品牌侧，品牌可以及时对产品和服务进行调整。

（三）品牌价值的提升

1.品牌价值提升的维度

在多元化的市场环境中，除争取用户消费者外，品牌提升自身价值也是提升利润的重要途径，因此提升自身价值成为品牌新媒体运营的又一目标。品牌价值

---

① 杜为东. 体验邢动派 | 拥抱商业新逻辑——打造用户品牌[EB/OL].(2022-06-05)[2022-07-27].
https://view.inews.qq.com/a/20220605A070HK00.

的提升方式多种多样。首先，品牌可以打造优质产品赢得消费者喜爱，使消费者获得体验价值，对品牌产生好感和信赖。其次，品牌可以通过设计消费定位，打造品牌效应，提升品牌符号价值，吸引消费者。此外，在具备一定的存量用户的基础上，品牌还可以通过优质的服务与持续的创新长期留住老客户，提升品牌的关系价值。①

2.新媒体运营对品牌价值提升的作用

在品牌价值提升方面，新媒体能够发挥媒介的宣传作用，对品牌价值塑造起到正向作用。无论是对产品的宣传还是对品牌理念、品牌故事的宣传，都可以通过新媒体平台上的内容创作来实现。

（1）达人"种草"提升品牌价值

在新媒体语境下，手机等移动端更容易触达年轻用户群体。随着年轻一代消费者消费能力的提升，受年轻用户信赖的KOL可信度提升，内容社交平台成为品牌"种草"变现的重要场所。内容创作者通过对品牌产品、服务的介绍，利用自身的达人效应说服消费者接受品牌的产品和理念，从而提升品牌价值。

（2）媒体背书为品牌赋能

媒体在社会中拥有一定的话语权，自媒体和机构媒体依靠自身粉丝量和社会地位能够对品牌进行推广，而官方媒体依靠其权威性和公信力，更能够对品牌起到背书作用，直接提升品牌的价值。如2022年青年节，饮料品牌"元气森林"与新华社联名，共同推出了"中国元气青年行"限定礼盒，在青年节的节日背景下突出品牌的"元气青年"调性，用官媒的背书提升品牌的社会价值和影响力，从而创造品牌的记忆点，拉高品牌的国民认知度。

本节思考题

1.试对比抖音与快手运营管理政策的差异及优劣。

2.试分析品牌组合投放多平台的商业价值。

---

① 筑艺匠.如何提高品牌价值？可以通过这4个维度积累并提升！[EB/OL].(2022-05-31)[2022-07-27].https://new.qq.com/rain/a/20220531A0BBXL00.

第二节　新媒体运营策略

一、运营线路

（一）传统营销路径：模式单一成本高，后劲不足

在传统的营销方式中，营销主体通常是"货"本身。无论是早期电视广告还是网络推送，都围绕着产品本身进行持续的品牌建设，通过不断曝光，提升认知度，迎合最大范围的用户的偏好与喜爱，达到刺激购买，甚至培养消费者忠诚度的效果。

传统营销模式较为单一，供给者向受众进行无差别的单向输出，主要形式是基于传统媒体的广告投放，如电视、广播、报纸、杂志、路牌广告等，以大面积曝光为主要途径。1996年问世的饮用水品牌农夫山泉面对早已站稳市场脚跟的娃哈哈和乐百氏的夹击，用短短几年时间就建立了自己的市场，一句"农夫山泉有点甜"的广告语让农夫山泉成功在消费者心中建立起差异化的品牌形象。"今年过节不收礼，收礼只收脑白金"的脑白金作为一种纯粹的保健品，在中国保健品行业信誉跌至谷底之时，却能在短时间内占领市场，很大程度上是借助其对自己"礼品"的品牌定位的成功，在我国这个具有悠久历史的礼仪之邦，迅速找准了广阔的礼品市场。[①]（见图3-11）

图3-11　脑白金、农夫山泉的经典广告形象

---

① 中国最著名的十大经典营销案例 十大经典广告案例解析 营销案例分析[EB/OL].［2022-07-27］.
https://www.maigoo.com/top/389831.html.

这些早年较为经典的传统营销案例，如今依然深入人心，但传统营销模式背后存在销售多层级、反馈周期长、用户维系能力弱、投入成本高、回报效率低等诸多弊端，而互联网的快速发展更让传统营销模式的短板不断显露，传统营销模式已经难以跟上时代脚步，出现后劲不足的问题。

（二）新型营销路径："种草"营销应运而生，强力渗透日常生活

随着当今新媒体平台的社交化属性不断增强，消费者的需求日趋多样化，用户渴求与商家进行双向的沟通与反馈，传统的营销方式已不再能有效地触及消费者的痛点，取而代之的是产品、品牌的真实口碑反馈，营销主体逐渐由"货"转向了"人"，以"人"带"货"的营销模式逐渐兴起。自媒体的发展给了普通人"摇身一变做红人"的机会和平台，人们通过在互联网平台上发表观点、分享生活、展示才艺等获得认同感和归属感，收获粉丝，逐渐成为在某些领域中具有话语权和影响力的KOL。

如今的品牌方更倾向于寻求符合产品调性的KOL进行更为形象具体的营销，譬如当前在各大新媒体平台上都十分流行的"种草"营销，小红书是这种营销方式的典型代表。不同于传统电商通过资源曝光得到流量，小红书采用"社区+电商"的模式，通过社交和内容来获取流量。另外，小红书采取的垂直社区UGC分享模式极具社群交往互动性，用户可以主动搜索自己感兴趣的内容或是根据大数据算法在推荐页面被动接收信息，众多KOL以图文或视频的形式分享"爱用物推荐""红黑榜测评"等内容，对产品使用效果进行测评，分享个人使用感受并加以推荐，这样的软植入更容易"收买"人心。小红书的用户"小红薯"们可通过私信、评论、点赞等方式互动，建立自己的社群互动圈层。KOL在这种新型营销模式中的重要作用不言而喻。

2021年"双十一"购物节期间，天猫美妆共有3个品牌成交额超20亿元，分别是欧莱雅、雅诗兰黛、兰蔻。其中，雅诗兰黛就充分运用了小红书的营销模式，常年出现在商业投放榜前列。千瓜数据显示，"双十一"之前的10月，雅诗兰黛再次登顶商业投放榜，商业笔记互动总量达48.83万次，相关合作达人有561名，笔记分类篇数集中在护肤、彩妆和美妆合集等垂直领域，精准触达目标人群。

除了加大商业营销投放量，找到与品牌调性相符的达人"种草"也是雅诗兰黛

在营销中非常重视的一点。通过博主人设传递品牌的调性、内涵以及情感价值，可以充分展示品牌特性，树立深入人心的品牌形象。2021年11月，雅诗兰黛与全网粉丝破千万的情感剧情博主"三金七七"合作，通过暖心的小剧场演绎，赋予产品更多的情感价值。对雅诗兰黛等小红书深度营销品牌而言，除了强关联内容和弱关联内容，营销更需要能够彰显品牌调性和情感价值的内容，以此打造差异化卖点，提升产品价值。

相对于传统的营销方式，这样的营销方式更具可信度和说服力，在帮助品牌建立具有长期发展价值的品牌认知度的同时，帮助用户做消费决策，刺激消费者购买，发挥媒体传播与人际传播的双重作用，引导消费者经历"被种草"—"拔草"—"主动种草"的过程，通过电商满足供给，高效提升该消费品的销售量和知名度。一方面，UGC口口相传的方式使用户之间建立起一定的信任，用户黏性高，在商业化变现过程中不易流失粉丝，且能实现较高的用户购买率；另一方面，社区累积的高质量用户数据能为平台选货采购提供依据，从而进一步改善用户体验，发掘产品的商业价值，进入良性循环。小红书这样的社交电商模式可以真正实现平台、商家、用户的三方共赢。

如今，在信息碎片化时代，这样的营销方式更加契合用户需求，无论何时何地都能有效渗透人们生活的各个领域。

二、运营核心

在新型的以"人"为核心的运营线路中，KOL作为"意见领袖"将推荐内容发布在内容社区平台，用户以内容受众和产品消费者的双重身份汇聚于内容社区平台，品牌方也将品宣投放于内容社区平台。可以看出，在全新的运营思路中，依据特定兴趣、专业、时空等形成的内容社区作为产业发展方向逐渐汇聚的焦点，成为新媒体运营的核心和中枢，具备以下三重中枢型功能。

（一）集合媒体服务

作为整个新媒体运营产业链的核心，内容社区平台的第一重功能体现在媒介服务的集合效应上。新媒体平台的基本特征在于能够依据用户角色需求为不同的使用者提供各类媒体服务，向其开放特定的服务功能和内容产品。

1. 集合和展示内容

从"创作者—平台—用户"的内容传播链条来看,平台承担了枢纽的角色,创作者将内容上传至平台,平台再将内容展示给用户。针对创作者和用户这两类使用者,平台开放了不同的功能以满足不同的使用需求。以抖音、快手等短视频平台为例,平台为普通用户提供了风格标签各异的内容,用户可以在平台上获取自己感兴趣的内容;平台为KOL和创作者提供了剪辑、特效模板等创作功能和完善的站内内容分发渠道,便利创作者进行创作活动和推广活动。由于平台的这种聚合功能,创作者和用户双方都能在内容社区平台上获取相应的服务,实现自身效益的最大化。

2. 匹配和转化商务资源

与此同时,在"品牌主—平台—用户"的内容变现链条中,平台还充当着桥梁角色,一方面连接品牌主,寻求品牌主对品牌曝光的需求;另一方面连接用户,向用户提供获取高质量内容的渠道。对品牌方,平台提供了各类品牌推广及转化服务(见图3-12),如抖音根据大数据算法将品牌广告精准投放给目标人群,为品牌开

图3-12　抖音平台用于品牌推广的算法推荐广告、视频链接购物车界面截图

放直播带货功能、达人"种草"视频链接购物车的"种草+转化"一站式服务等。小红书负责人也在2021年9月以"中国品牌如何依托行业生态构建用户关系"为主题的论坛上指出，通过总结小红书后台近30天的搜索排行榜，发现在护肤品类的主动搜索关键词中"男性护肤"位列第一，这表明男性护肤目前有较大的市场需求，且"用户需要更多的消费决策"。[①]可以看出，平台能够依托聚合优势，判断用户的需求点，从而横向连接相应品牌，统合产业链。

（二）承载和分发流量

在互联网领域，流量指一定时间内网络平台的人气访问量。内容社区平台的第二重功能是为用户提供服务，将用户聚集起来，从而承载大量的网络流量，并将流量分发给不同账号。

1.承载公域流量

用户在内容社区平台浏览页面推荐的视频、图文等内容时，其访问和浏览行为为平台提供了公域流量，各内容社区平台由此成为大流量的承载者。品牌方、媒体、创作者获得这类公域流量的主要方式是顺应平台的流量规则，依赖内容社区平台的流量分发使用户浏览到自己的内容和产品，从而获得自己的受众和客户，对内容或产品进行推广。

2.分发流量

随着大数据算法推荐技术的高度发展，目前的内容平台能够通过用户浏览数据对内容进行分类和分级推荐，从而合理匹配内容与流量，将合适的内容推荐给有相应需求的用户；同时也能依据不同用户的浏览行为进行用户画像，达到精准推荐的目的。以大数据算法推荐方面的领跑者抖音为例，它采用的是流量池机制。创作者发布视频后，平台将该视频投放进一个低级流量池，通过将该视频在低级流量池中得到的互动率、点赞率、完播率等数据与平台同向度的其他视频进行比较，平台就能够对该视频进行评分，互动率、点赞率、完播率更高的视频会被投放

---

① 聚美丽.品牌/平台/KOL共同探讨，如何依托行业生态构建用户关系[EB/OL].（2021-10-13）[2022-07-27].https://zhuanlan.zhihu.com/p/420970071.

至下一级活跃度更高的流量池,从而获得更多推荐和曝光的机会[1],同时也会根据该视频在上一流量池中的用户画像反馈,将视频推荐给更多对该内容分类可能感兴趣的用户。[2]

可见,作为流量的承载者和分发者,内容社区平台牢牢掌握着产业链的主动权。对于各类媒体而言,依据不同平台的推荐规则、曝光机制,创作相应内容并制定宣传策略,能够最大限度地获得流量,提升内容和产品的曝光度及影响力。

(三)开发和提供生态模式

平台拥有较完善的运营模式,同时也能制定相应规则,开发新的生态模式,从而开拓和丰富平台的功能,向平台用户开放更多功能,进而吸引更广泛的用户群体,不断拓展平台的发展边界。平台寻求自我更新和完善的频率影响着用户的使用积极性与倾向性,积极完善自我、打造新生态的平台在市场竞争中更易获得较高的用户忠诚度,这也启发各类媒体在选择平台时进行相应的思考——哪些平台更具发展潜力和发展前景?

1.通过寻求合作拓展平台边界

新媒体平台可以与其他机构平台达成合作,于创作者而言,能够由此获得更好的创作环境、更多的商业机会,同时为自己的受众带来更丰富的内容体验。2021年11月,快手与乐视视频达成"鲸群计划"合作,乐视视频宣布开放旗下影视剧版权供快手创作者使用。计划发出后,快手影视创作者纷纷参与创作。这一合作不仅大大便利了创作者以更多影视作品为基础进行二次创作,也提升了快手社区影视板块的内容多样性和丰富性,吸引了更多用户的关注。[3]"鲸群计划"合作成为内容社区平台通过自身资源拓展用户使用范围、完善和发展创作者的优秀案例。

2.通过升级技术打造平台生态

除了寻求外部合作,平台在内部也要积极进行自我完善。由于新媒体的科技

---

[1] 派嘉. 短视频的流量分发机制[EB/OL].(2020-11-13)[2022-07-27]. https://zhuanlan.zhihu.com/p/290999798.
[2] 悦益集团. 一文搞懂"抖音、小红书、知乎、视频号"流量算法[EB/OL].(2021-08-11)[2022-07-27]. https://zhuanlan.zhihu.com/p/398762916.
[3] 金融界. 二创合作先行者,乐视视频开展与平台方、创作者双线合作[EB/OL].(2022-03-24)[2022-07-27]. https://baijiahao.baidu.com/s?id=1728150660249950207&wfr=spider&for=pc.

特性，平台最直接的更新方式就是吸纳新技术、开拓新服务。平台吸纳新技术，可以通过微信小程序的发展来理解。作为一款最初以即时通信为主要功能的应用，微信持续吸收各类新技术，寻求自身功能的发展与完善，拓宽用户使用场景。如今微信以朋友圈、小程序、公众号、视频号、搜一搜等功能为基础，成为集通信、内容、社交、购物、教育、社会服务等功能于一体的用户平台，其中微信小程序已形成生态化的服务模式。微信公开课数据显示，2021年微信小程序日活数量突破4.5亿人次。为应对疫情的挑战，餐饮、零售、旅游、游戏等行业机构、商家纷纷入驻微信小程序，仅餐饮小程序一个门类，平均每天就有超千万的使用者。[①]无论是媒体、品牌商家，还是个人用户，都依赖微信平台所开发和提供的生态模式进行互动和交易，并从中受益。

总的来说，内容社区平台的中枢性功能使其在整个互联网媒体的产业链中占据着不可或缺的地位。于品牌方而言，品牌主对产品曝光的需求在平台上得以实现，平台承接品牌方资源，直接或间接（通过平台的创作者）地将品牌推向用户；于创作者而言，创作者从平台获得流量和变现渠道，平台是创作者内容的出口；于用户而言，平台开发和提供风格各异、功能多样的互联网生态，提供海量的信息和内容，能满足用户消费、娱乐等需求。可见，在互联网媒体中，内容社区平台当之无愧成为新媒体运营的核心，同时，平台也助力内部各主体获得长足发展。

三、运营商业化模式

当前我国互联网媒体运营的商业化模式主要有两种，分别是B端变现模式和C端变现模式。其中的B端、C端都是简称。B是"Business"的首字母，B端指的是企业用户、商家，B端服务顾名思义就是面向商家、企业、品牌方提供的服务产品。C即"Consumer"的首字母，C端指的是消费者、个人用户，C端服务顾名思义就是直接面向个人用户提供的服务产品。

---

① 中国青年报.2022微信公开课PRO开讲：小程序日活突破4.5亿人次[EB/OL].（2022-01-08）[2022-07-27]. https://baijiahao.baidu.com/s?id=1721374374767814897&wfr=spider&for=pc.

(一)B端变现模式

1.用户特点

B端变现模式与企业、商家直接对接,重点关注其模式本身能否给需求方提供对等的价值,这就要求B端服务深入了解客户的宏观需求乃至长期发展目标,为企业营销提供最佳方案。因此,B端变现模式相对更加复杂和理性,更为注重逻辑与效率。

B端用户大多是企业中的决策者,这类人通常具有时间成本较高的特点,在决策过程中,理性决策占比极大,他们对于常见的、无价值的、不匹配需求的内容不会投入精力,因而较难达成合作。因此,如果平台方想要在B端更好地变现,就需要不断完善平台产品,优化服务,提升用户体验,在彰显自我稀缺性上下功夫,这样才更容易得到B端用户的青睐。

2.变现手段

B端变现模式主要分为三大板块——营销、内容以及商品。

营销方面,平台方通过广告投放(展示类广告、信息流广告、搜索广告)、品牌主流量采买、营销抽佣、内容营销、活动赞助、话题开设、冠名等方式变现。

内容方面,平台方通过内容版权购买和内容专栏开设变现,品牌和商家如果要在该平台进行专栏投放,需向平台方购买投放权。

商品方面,平台方通过电商佣金和商家入驻获利,品牌和商家不论是入驻平台开设店铺,还是在平台上达成交易,平台都会收取相应费用。

当前,许多新媒体平台为了更好地吸引并对接B端用户,针对不同客户特点提供定制服务,从而进一步增强客户对平台的依赖性,建立稳定的长期合作关系。

比如,针对国民不断提升的线上办公需求,腾讯微信团队于2016年推出了面向企业的通信与办公工具——企业微信。这款应用除了具有与微信一致的沟通体验,还另设了丰富的OA应用,具备连接微信生态的能力,可帮助企业连接内部、连接生态伙伴、连接消费者。如今,企业微信已覆盖零售、教育、金融、制造、互联网、医疗等50多个行业,并持续向各行各业输出智慧解决方案。

同样作为即时通信工具,同一团队打造的微信和企业微信因面向不同的受众而存在多方面的差异。从设计理念上看,虽然二者同样追求便利受众,但企业微信更多聚焦于便利员工工作、提升企业效率。企业微信可通过丰富的第三方应用服务商的介入，实现各项功能，如随时随地打卡签到、培训学习、灵活的日报文件管理等，该设计方便不同企业员工在工作中使用，也便利企业对员工进行直接或间接管理。

（二）C端变现模式

1.用户特点

C端由于面向个人场景，其用户使用决策简单，切换平台成本低，相较于B端用户更为注重体验感，偏重感性和人性化，因此对用户具备持续的吸引力才能使C端模式进一步寻求变现空间成为可能。

2.变现手段

C端变现模式主要由四大板块组成——平台、营销、商品、内容。

平台方面，个人用户向平台支付会员费、进行虚拟货币充值，用于打赏、投票、获得平台付费功能使用权等。当下，各大新媒体平台都为用户可以享受到额外的专属服务而推出了不同形式的付费会员产品。

营销方面，内容创作者为了达到提升点击量、增加粉丝量、增强推广效果等目的，向平台方进行流量采买。比如抖音的DOU+，可以根据用户想要达到的增长效果（如增加粉丝量、提高点赞量等）以及目标投放人群进行精准设定。抖音在平台的推荐页面上也时常进行DOU+功能的宣传，以鼓励更多的个人用户进行流量采买。（见图3-13、图3-14）

图3-13 抖音平台DOU+页面

商品方面，平台可以在广大用户购买商品的过程中获益，因此越来越多的社交媒体平台增加了电商功能，以吸引更多用户在平台内消费，实现商业化变现闭环。

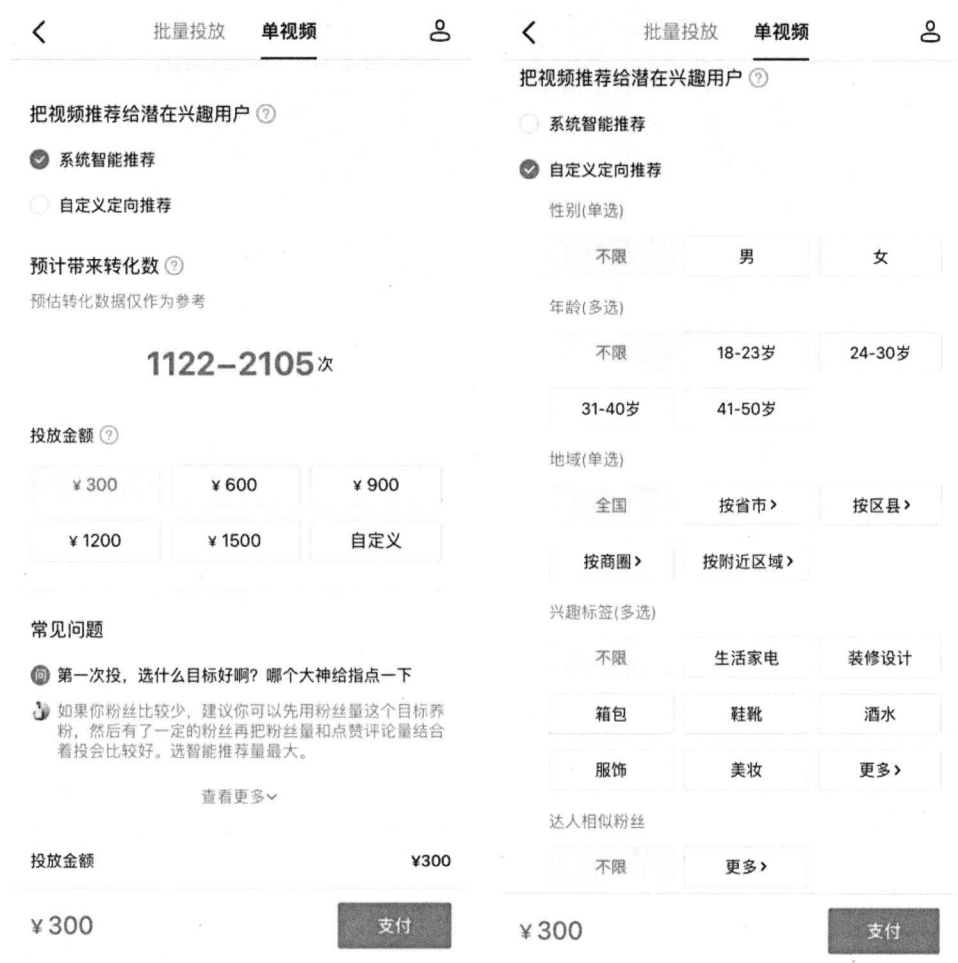

图3-14 在抖音平台投DOU+时可以根据用户需求进行不同指标的精准投放

早期小红书凭借其强社交属性不断吸引用户"种草",但平台的电商应用服务没有跟上,导致大部分小红书用户养成了在站内"种草",在站外电商平台购物的习惯。为提升平台闭环变现能力,小红书制定了"号店一体"策略,降低站内开店门槛,扩大店铺范围,允许第三方商家入驻平台,以实现从内容营销到电商变现的一体化,打通从"种草"到"拔草"的转化路径。除此以外,小红书也从未停止打造自营电商的脚步。2014年12月,小红书上线了电商平台"福利社",通过自营电商的形式连接C端用户,构建B2C模式。仅用一年,"福利社"销售额就达到了7亿元,作为垂直电商平台,这个成绩很是亮眼。(见图3-15)

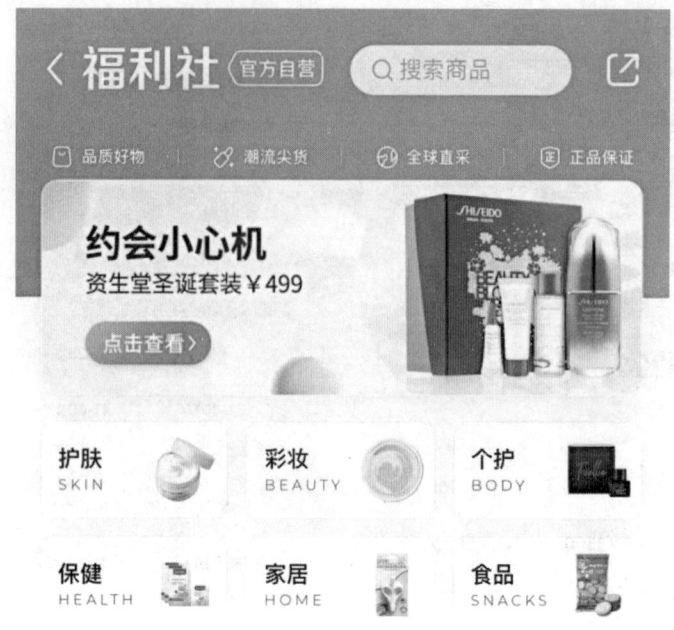

图3-15 小红书自营电商平台"福利社"界面

内容方面,内容付费和直播打赏现已成为C端变现模式的重要构成。随着当今网络经济的迅猛发展,文娱产业在其中贡献的占比不断攀升,2019年,占据了文化娱乐赛道81.7%收入的C端内容付费已成为促进文化娱乐产业发展的重要动力。

四、运营手段

(一)内容分发流程

内容分发是平台将创作者创作的内容匹配给用户的过程,其分发流程包括创作者创作内容、平台分发、用户端接收和浏览内容三个过程,其中平台端作为流程的核心,能够分别作用于用户端和创作者端,通过平台布局和机制提升运转效率。

1.创作者端

新媒体领域的创作者通常指进行媒体内容创作的群体,包括各类媒介机构的新媒体账号和自媒体账号等,本节内容以自媒体账号为主要论述对象。创作者从形式上分为视频创作者、图文创作者、音频创作者等,他们创作各类内容并投放于各新媒体内容平台,利用内容吸引受众。一部分非商业性质的创作者借助内容达到宣传自己或满足个人分享欲等目的,另一部分商业性质的创作者最终会依赖账号流量和粉丝量走向内容变现,从而实现价值的创造和利益的转化。

2. 平台端

平台通过聚合效应吸引创作者生产相应内容,并将内容匹配至不同的内容板块,进而链接至前端,满足不同用户的需求。在将内容进行有效匹配的过程中,平台往往采取以下三种策略来提升效率。

(1) 扩大同一内容的传播覆盖面

不同的内容需要匹配至不同的内容板块,选择多板块同时进行分配能够有效扩大同一内容在不同用户群体中的覆盖面,从而大大提升内容的曝光率,最大可能地吸引用户关注。

(2) 增强内容社区的整体性

不同内容板块应遵循平台的整体规则,以更清晰明确的方式将内容呈现给用户。原本复杂多样的内容产品在有机组合和排布后进入不同板块,增强了内容社区的整体性,能够给用户带来更优质的体验。

(3) 提高用户的内容使用流畅性

提升用户使用过程中对平台内容的依赖性和满意度,是提高流程运转效率的又一方式。通过合理分类的内容板块,强化创作者生态与用户生态的有机连接,加强平台内部结构方式的组织性,能使用户在浏览内容和进行互动的过程中获得更加顺滑的体验。

3. 用户端

用户作为平台主要的使用方和内容产品的消费方,对内容的获取行为主要分为三种:主动搜索、半主动关注推荐、被动算法推荐。

(1) 主动搜索

主动搜索指用户基于自身需求,通过自发性的检索行为获取自己想要的内容。这要求平台提供内容充实、题材丰富的产品,同时又能够吸引用户。对于内容社区而言,平台布局更应倾向于采取鼓励措施,如通过一定的平台补贴政策扶持和激励优质内容的创作,细化内容分类以方便用户检索等,以此进一步激励创作者创作、扩大创作者规模、提升用户对内容的兴趣，从而提升用户使用感受。

(2) 半主动关注推荐

通过主动搜索，用户能够发现和获取自己感兴趣的内容，关注自己感兴趣的博主和内容方向，进而在产品的后续使用中获得已关注博主的推荐。在此种模式中，平台应进一步加强创作激励、流量扶持、内容营销等，激励创作者提升创作质量，由此吸引用户关注，同时还应注意对商业化创作的规范管理，形成属于平台自己的良性商业推荐机制。

(3) 被动算法推荐

平台利用算法技术，综合用户搜索行为和用户的兴趣领域，为其推荐相关的内容，吸引用户在平台内进行更多操作，进一步提升用户黏性。对于平台而言，未来布局应更加侧重于优化（推荐算法技术和模型搭建）能力，从基于用户基本信息推荐、基于内容推荐和基于用户协同过滤推荐等层面提高推荐内容的触达效率。

(二) 内容分发内核——公域流量的分配

1. 公域流量的含义

按照品牌触达用户的能力以及用户所处体系，可以将用户流量分为公域、它域、私域三类。公域流量，即平台流量，它是平台通过提供多种服务将用户聚合于平台上而形成的用户流量，它不属于任何品牌、媒体，而是平台使用者集体共有的一种流量。平台可以制定规则，对平台的公域流量进行分配。品牌、媒体、创作者等可以通过参加活动、支付推广费以及搜索优化等手段获得公域流量，其实质是熟练掌握平台运营规则，顺势而为。

2. 公域流量的特征

首先，公域流量的增长在平台创建初期存在红利期。由于公域流量完全依赖于平台存在，平台发展的红利期即公域流量增长的红利期，同样也是平台上媒体账号运营的红利期。在平台创建初期就开始运营的账号，往往能够在短时间内被平台推荐引流，从而吸引大量粉丝。

其次，随着平台的日渐成熟，平台承载的公域流量逐渐达到饱和，平台获取新流量的成本显著上升，平台上的创作者的分层逐渐明确和固化，头部账号优势明显,腰部、尾部账号向头部跃迁的可能性也越来越低。

最后,公域流量成为创作者和品牌方获客的一个渠道,平台作为公域流量持有者和分发者,向媒体、创作者和品牌收取"过路费"。

3.公域流量的劣势

首先,公域流量依赖平台而存在,品牌、媒体、创作者在使用过程中并不具有主动权,每次推送内容都需要借助平台运营,即使是对站内粉丝进行推广,推广效果仍有可能因为平台机制的改变而受到影响。如微信公众号推文的推荐顺序,并非按照时间顺序排列,而是根据复杂的流量算法机制确定的,该算法下会出现用户已关注的账号文章不能在理想时间触达用户的情况。

其次,随着平台的日渐成熟,新入驻和获取公域流量的成本愈来愈高,仅仅对公域流量进行运营,于品牌、媒体而言是极不划算的选择。

最后,公域流量由全平台内的用户流量构成,特定品牌、特定媒体的内容难以利用公域流量对自己的目标受众进行精准曝光。这些问题推动品牌和媒体着手打造自己的私域流量。

(三)内容分发的渠道及结果——不断形成的私域流量

1.私域流量不断增大的原因

(1)流量热潮退去,公域流量获取难度上升

根据CNNIC统计数据,中国互联网移动端消费购物规模正在逐年上升,截至2021年12月,我国网络购物用户规模达8.42亿,较2020年12月增长5968万,占网民整体的81.6%。[1]目前,国内电商的营销预算主要用于宣传、营销、折扣等,目的是借此扩大用户范围,提升品牌号召力。对比2017—2021五年间国内主要电商网站的营销支出与该年度平台的活跃用户可发现,数据整体显示增长态势。这说明为了获取或维持等量的活跃用户,平台需要逐年增加预算。电商和网络购物的高使用率代表着线上消费场景的普及性和重要性,但数据同时也显示出流量进一步增长的空间有限,维持老用户、获取新用户的难度都在加大,对品牌方来说当务之急是运营好已有客户、提升用户黏性。

---

[1] 中国互联网络信息中心. 第49次《中国互联网络发展状况统计报告》[EB/OL](2022-02-25)[2022-07-27]. http://www.cnnic.net.cn/hlwfzyj/hlwxzbg/hlwtjbg/202202/P020220311493378715650.pdf.

(2)新型模式DTC成行业热点，媒体营销和销售渠道开始整合

DTC（Direct To Customer）是区别于传统销售模式的一种新型互联网销售方式，品牌主通过内容营销、数据分析、用户运营等方式使产品服务直接触达消费者，最终形成社群运营，并对消费群体和消费行为进行程序化和量化的分析。DTC模式的呈现方式多种多样，如Nike App对品牌消费者进行社区化运营，品牌方在电商网站开办官方直营店等都属于DTC销售模式。其组织架构包括由品牌主进行原材料生产加工包装等的生产线、由平台方和内容创作者及品牌方三者合作进行的广告创意内容营销等的营销线、由电商平台负责的线上支付和物流配送等的交付线，以及平台技术支持下品牌方进行数据分析和交易优化的数据线。

在传统销售模式中，品牌主经由分销商和销售门店等渠道完成产品销售，媒体宣传在其中只负责扩大品牌影响范围、提升品牌声量，品牌的营销宣传与销售渠道分属两端，品牌与客户的距离更远。而新兴的DTC模式将营销与销售二者有机结合，产品的销售方式更加丰富多样，媒体宣传和购买行为统一在媒体社区平台上，产品可以更全面、更直接、更有效地被消费者了解和接受。

在品牌与消费者的直接互动中，品牌方能更加快速清晰地了解消费者的需求，从而进行产品及服务的优化、提升消费者的购物体验。因此，复盘分析销售数据对品牌方有着重要意义，私域流量运营应运而生，用户与品牌因深度合作产生的信赖感便利了数据的收集和分析，促使品牌方在生产、营销、交付各流程上进行全面的升级优化，进一步实现品牌与消费者的同频共振。

2.私域流量的特色及价值影响力

（1）私域流量的含义

私域流量是区别于公域流量的一个概念，是品牌主、创作者通过与部分公域流量用户合作或依据信赖关系而产生的，是品牌主、创作者可以直接、多次触达，并达成点对点精准运营目标的一类流量。私域流量基于互联网内容社区平台形成，能够最大限度地满足用户的需求，高效地运营用户流量、提供服务。

（2）私域流量的特征

私域流量由于其点对点精准运营的特性，在流量的转化沉淀、私域运营成本、用户触达时间、用户运营精度、数据分析效率五个方面都具有独特优势。在流量沉淀方面，私域流量能够沉淀下来为特定的品牌或个人所用，用户黏性得到极

大提升。在运营成本方面，拥有和使用私域流量能够节省品牌及个人获取流量的成本。在触达时间方面，内容及产品触达用户的灵活度和时效性大幅提升，可以根据用户情况实现随时和多次触达。在用户运营方面，私域流量的用户运营的颗粒度、精确度显著提高，实现了全生命周期的运营。在数据分析方面，私域流量的数据成为企业及品牌的数据资产，能够反哺企业产品策略和企业战略。

（3）私域流量的价值影响力

用户在内容社区平台与品牌主或创作者进行交流，部分公域流量逐渐转变为平台、品牌主或创作者个人的私域流量，对于上述三者而言，私域流量的形成有不同的价值影响力。

对于媒体平台来说，私域流量的形成意味着这部分用户的黏性大大增强，用户消费意愿显著提升，平台的变现能力将大幅增长。

对于创作者来说，私域流量用户成为创作者或达人的粉丝，私域流量的增大将促使创作者向有较大影响力的KOL转化，从而发展达人经济，使自身的流量变现能力得到提升，也能够为创作者其他的内容创作账号导流。

对于品牌主来说，私域流量同样能够为品牌主其他的账号与销售渠道导流，从而拓宽产品销售渠道，借助用户信任提升产品销量。

五、运营主体与角色分配

（一）平台

当今私域流量运作方兴未艾，凭借低成本、高回报、用户黏性高的优势，私域营销极有可能成为未来各品牌方的重点营销方式。私域流量可以满足当下国内绝大多数自媒体用户通过精细化运营提升传播的精准度和有效性的需求。针对品牌方及商家对流量把控及精细化运营的诉求，各大媒体平台纷纷着手开辟私域入口，搭建平台私域运营矩阵，助力品牌方在公域流量池中积累私域资产。公域平台的私域流量一方面可供品牌方自主精细利用，另一方面又可以转化为媒体平台自身的资本，促使品牌方与平台方实现双赢。

然而，获取私域流量仍然存在不小的难度，影响媒体平台进行私域营销的关键因素主要有以下四个：用户行为、转化链路、技术生态和平台属性。

1.用户行为：用户群体庞大、使用时间长

平台本身是否具有足够大的流量成为决定该平台私域流量能否顺利生成的关键因素。平台本身的公域流量是构建私域流量的物质基础，用户群体庞大、使用时间长的媒体平台具有引流优势，只有本身具备大流量的平台才有将公域流量引向私域的能力。

2.转化链路：具备平台内闭环转化能力

所谓平台内闭环转化能力，即平台有充分完善的将公域流量池中的私域流量固化的功能和机制，能够把握用户注意力，沉淀用户群，使其成为可供品牌方反复触达的用户流量。

微信平台凭借其丰富多样的功能和运行机制，为打造平台闭环提供了良好的生态环境，便于实现流量的精细化运作。微信将"公众号+微信个人号+社区+小程序+朋友圈"进行充分组合，利用微信生态构建闭环式的私域流量矩阵（见图3-16），以公众号为公域流量引入的切口，通过内容连接，实现高精度引流，同时通过插入小程序实现两者间的相互导流和留置。微信公众号和小程序中可以添加个人号或社区入口，以实现用户私有化。个人号和社区用以增加用户直接交流的机会，强化产品认知，也可以协助打造专业化的产品IP。

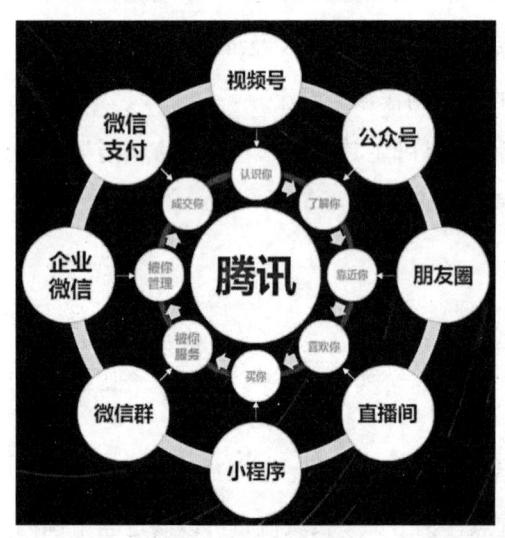

图3-16 微信生态图

私域流量闭环运行，需要做好规划，并调动用户的使用积极性，以降低对用户的干扰，实现用户对品牌价值的高度认可。由此，在这个组合矩阵中，还可以减少或增加其他渠道，以创建适合自己企业的私域流量矩阵。

3.技术生态：平台技术生态开放与否

平台的技术生态越是开放，越能给技术服务商和品牌方提供更大的发挥空间，吸引其入驻该平台，打破原有架构的藩篱，不断拓展平台独有私域空间的新功能、新玩法,这对于开展私域营销具有关键作用。

　　微信平台的公众号因其可以自定义功能菜单,为品牌商家提供专属定制服务,吸引了大量品牌的入驻。例如美妆品牌丝芙兰,就将线上引流的工作主要依托于微信公众号,线下用户扫码关注丝芙兰微信公众号,就可以获取门店销售人员的企业微信名片,还可以及时获得在线服务和美妆资讯(见图3-17)。此外,由微信公众号菜单栏,可以直接跳转至小程序(见图3-18),小程序中提供在线咨询、资讯订阅以及下单购买等多重服务。消费者不管身在何处,都能搜索离自己最近的一家丝芙兰门店,并预约多种美妆定制服务。在圣诞、元旦的年末欢庆时刻,丝芙兰适时推出了"冰雪派对"社交小游戏,消费者可在玩游戏的过程中获得专属优惠券,还可以将游戏即时分享给好友,邀其一起竞赛,既拓展了新客又

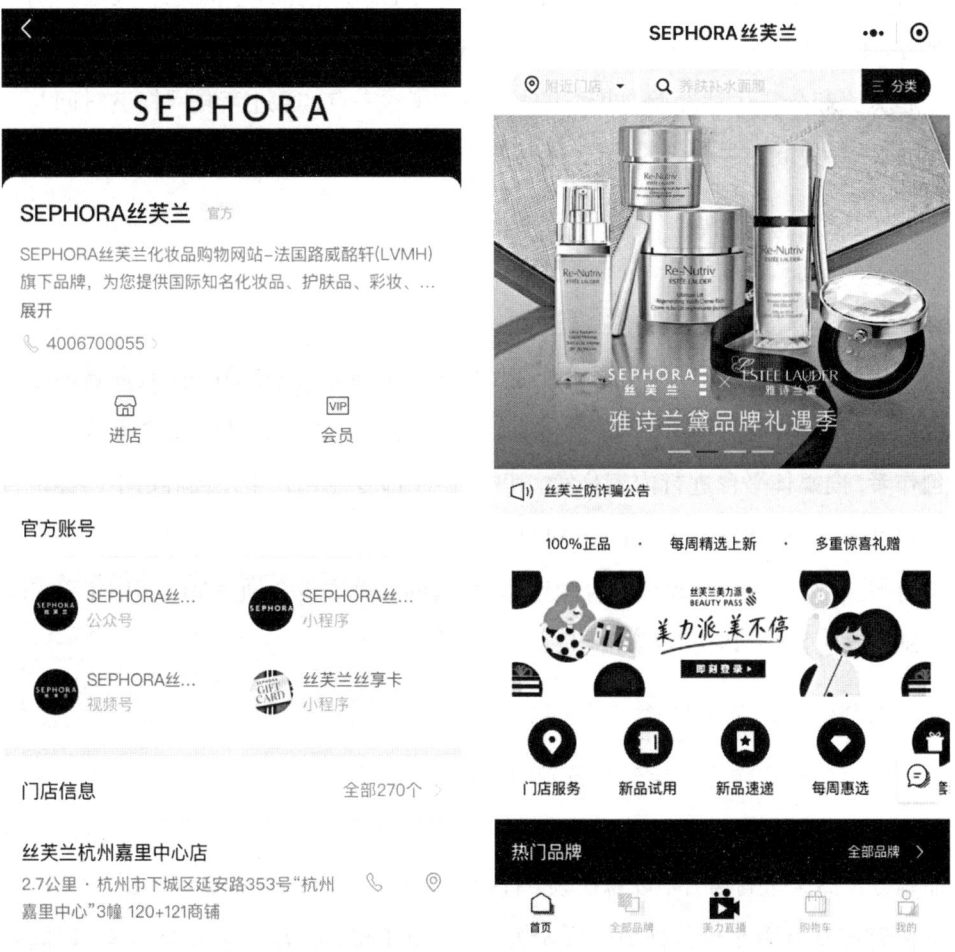

图3-17　丝芙兰官方微信公众号界面　　图3-18　丝芙兰官方微信小程序界面,由公众号可以直接跳转

激活了老客。①

4.平台属性：社交媒体的流量去中心化程度

适当的流量去中心化能给予个体用户更多的话语权和影响力，尤其对于私域运营而言，用户处于个性化的社群互动圈层之中，对畅所欲言以寻求归属感和认同感提出了更高的要求，任何人都可以成为引导话题走向的领导者，任何人都可以成为大众关注的焦点，这样的运营模式更适合开展私域流量营销。

对于小红书来说，流量去中心化成为其一个极大的亮点。平台算法会优先推荐普通用户的帖子，这为小红书吸引了大量的UGC，刺激用户在小红书上浏览和发帖，分享自己的购买经历和真实的使用感受。而且基于平台大量的素人用户，小红书的UGC相比其他电商平台更受用户信任，其他用户被推荐后也会自发地向别人推荐，形成用户裂变，为商品快速积累口碑。这样的模式就好比邻里街坊们相聚在一起交流和分享生活经验，小红书就是看中了这一点，通过互联网打破时间与空间的限制，建立去中心化的社区，为用户提供互动的空间。

（二）内容创作者

1.内容创作者的范围

内容创作者在私域流量营销产业链中发挥着举足轻重的作用，其涵盖的范围极广，除我们常说的UGC、PGC、PUGC模式中的创作者，品牌自身也可以成为内容创作者，向媒体平台进行内容分发。其中PUGC即专业用户生产内容由于内容垂直化程度较高，通常是由专业的MCN机构整合并发放的。内容创作者依托搜索平台、电商平台、社交平台等媒体平台触达用户，其间品牌方也会通过MCN、KOL等渠道定制专属内容，为其获取私域流量。

2.内容创作者的职能

内容创作者作为私域流量营销中不可或缺的角色，发挥着重要的职能作用，其一是自发生产优质内容以吸引用户关注，并基于自身粉丝拓宽传播面；其二是与品牌方及商家进行合作，以短视频、直播、图文等多种方式引流。除此以外，内容创作者还具有跨平台传播力和影响力，许多KOL布局自媒体曝光全矩阵，以同名

---

① 钟园园.丝芙兰以5G速度布局私域流量[J].中国药店，2022（1）：102-103.

注册多个自媒体平台账号，实现了一稿多发，能够以较高质量的内容，快速实现个人IP化。

3.IP化的运营模式

现如今，"IP化"成为聚集流量的有效途径，这意味着企业如果想有效地获取流量就要有足以对用户产生影响的IP。现实一点的方式是做"品牌人格的实体化"，即个人IP，让商家意识具体体现在有温度的专家上，进而渗透到社交圈，以潜移默化的方式引领大众的思维。这个角色可以由了解商品的购物助手、谙熟行业领域的专家、引领文化的KOL、有效刺激消费的KOC担任，也可以由能够与用户进行有深度、有温度沟通的个人伙伴担任……在像微信朋友圈这样的私域空间里，人们想要的不再是一个商业色彩浓厚的"功能化"品牌客服，个人IP才是社交网络里的有效节点。

4.私域的内容建设

在当前的营销市场中，内容营销仍是品牌方参与竞争的核心竞争力。针对品牌方的调研结果显示，推进内容营销、提高内容品质是"兼具短期及长期价值的营销策略"的首要任务，半数以上的受访品牌主有意增加内容营销预算，足以见得内容营销对品牌方的重要性。当前背景下，围绕以下三点开展内容建设，对私域营销而言具有深远意义。

（1）品牌建设

能够传达价值和展现差异化形象的品牌，更能吸引用户，沉淀私域流量。品牌方在提供好产品和好服务的基础上，与输出内容优质、展示形式新颖且具有稳定粉丝用户群的内容创作者合作，可以更好地优化品牌形象、传达品牌价值、扩展粉丝群体。

（2）固化粉丝

由于私域流量营销本身具有强信任感和强链接性等属性，适宜的内容建设有利于内容创作者、品牌方与消费者之间建立情感连接，增强粉丝黏性。

私域流量具有耐受性，这意味着流量不会轻易消失。流量之所以不会消失，一方面是因为这种情感连接基于人际连接的社交平台，社交平台是人际交往在互联网中的数字化显现，只要有人际连接就有"人情世故"，关系就相对稳定；另一方面是因为情感连接必须向对方提供价值，即使是在朋友圈里发货品广告，也需要用户认可这些信息的价值，否则就会面临被屏蔽的风险，这样的用户也就成了无效流量，无法沉淀在私域流量池中。

私域中活跃度较高的用户具有对内容需求高且持续、注重品质的特点，因此，私域流量积累需要更加注重内容建设，以不断满足沉淀在私域流量池中的用户的需求，进一步稳固粉丝。

（3）促进消费

由于当前电商直播等模式的飞速发展，内容营销不仅有助于品牌加成，而且能直接刺激用户消费。

（三）技术搭建者

在私域流量营销中，技术服务商作为必不可少的一环，涉猎服务场景丰富，覆盖功能广泛，发挥了关键的作用。在私域运营时，各个行业、各个领域的品牌方各有需求，这就需要第三方技术服务商根据各媒体平台的运营准则、自身掌握的技术，直击品牌方痛点，提供具有针对性的私域运营方案及代运营服务，其中涵盖用户沉淀、消费转化、复购裂变、运营及洞察全线服务等。

1.技术服务商提供的业务链

技术服务商提供的业务链主要有以下三种：

第一种，技术服务商从公域向私域引流，为品牌方搭建渠道路径，比如自有App、微信公众号、微商城、抖音/快手小店等，也在引流营销时为品牌方提供相应的技术支持服务。

第二种，技术服务商为品牌方提供私域运营业务，向私域引流后实现私域运营及转化闭环。

第三种，技术服务商实现以品牌的私域引流反哺公域，部分品牌相较于线上而言更侧重于线下变现的成效，如地方餐饮、个体医疗等，私域引流可以有效沉淀用户并刺激、引导消费者至线下消费。

2.渠道服务商的合作方式

技术服务商中渠道服务商的运营价值最大，主要分为私域建站服务商和技术供应商两类。

私域建站服务商负责助力品牌方搭建转化路径，建站方式以源码开发、购买SaaS（Software as a Service，软件即服务）及定制开发三种为主，通过建立自有App、公司官网、小程序商城、抖音小店等方式可实现搜索筛选、商品展示、订单管理、会员积分、物流查询、售后服务等全流程功能。当前以微信的服务生态最为成熟完善。

技术供应商主要指直播服务商，如直播服务商利用其技术能力为品牌主提供高清、稳定、合规及数字化的直播服务，从而实现公域引流与私域固粉双重效果。

渠道服务商的存在不仅可以有效提升品牌私域运营效果，而且能为私域运营的后续稳定发展提供坚实保障。

（四）用户

私域流量下面向用户的社群可以分为三大类：内容型社群、营销型社群、服务型社群。平台需要针对不同目的的社群，设定不同的管理和运营模式。

用户虽然在整个过程中没有发挥运营主体的作用，却成为各运营主体着力围绕的中心，向平台和商家释放反馈信号。在当前"公域+私域"的模式下，私域用户可以提供以下三种价值。

1. 用户终身价值

私域流量营销的产品有更高的复购率，能够进一步拉近品牌与消费者之间的距离，使之更易达成长期的交易和合作关系。

2. 用户推荐价值

私域用户更易通过推荐发生裂变。例如许多商家采取"推荐3人购买，推荐者免单"的裂变方式，有效增加了购买者的数量，并带动销售业绩上涨。这种实质上是"买三送一"的活动，在利用消费者锚定心理的情况下，吸引了真正的用户。

3. 用户媒体价值

用户群体画像可以为品牌主及商家投放的方向提供指导，比如通过小程序获得用户的关键信息，从而进行批量化、精准化投放，既能定向触达多频次购买的人群，形成购买兴趣的积累，又能确保投放人群的真实性。在媒体投放方面，用户是品效合一的突破口。

❓ 本节思考题

1. 试分析如何通过B站短视频为某款防脱洗发水建立私域流量。
2. 试分析互联网内容C端变现模式与B端变现模式的区别。

第四章
不同商业媒介平台内容生产及运营规律汇总

本章内容

本章通过对不同媒介平台的形态特征、用户画像、发展趋势等元素进行系统分析,总结微博、微信、抖音、快手、B站、小红书、知乎的平台内容生产机制及运营规律,并有针对性地进行比较分析。

第一节 微博

一、概述及特征

微博是现在最具影响力的社交平台之一,它是一种通过关注机制分享实时信息的广播式的社交媒体、网络平台。[①]它是基于用户关系建立的社交网络,用户可以通过PC、手机等多种移动终端接入微博平台,以文字、图片、视频等多媒体形式发表内容,实现信息的即时分享、传播互动,可以说微博改变了信息传播的方式。

(一)特征

1.大众化

经过十几年的发展,微博在互联网用户中的普及率极高。微博2021年度报告显示,2018至2020年微博月活跃用户分别为4.62亿、5.16亿、5.21亿,日活跃用户

---

① 资料来源:百度百科. https://baike.baidu.com/item/%E5%BE%AE%E 5%8D%9A/79614? fr=aladdin。

分别为2亿、2.22亿、2.25亿。根据财报，截至2021年四季度末，微博月活跃用户达到5.73亿，日活跃用户达到2.49亿。①

微博移动端用户的占比已经达到94%，30岁以下的用户是它的核心用户，占了81%，高学历的用户占78%，三四线城市用户的占比达到了57%。②从数据显示的用户群体来看，微博其实已经非常大众化。在平台内部，活跃的使用者包括精英学者、艺人明星、垂类博主、普通用户等。多层次的用户生态打造了信息丰富的微博广场，使得平台有能力满足大众普遍的信息需求。

2. 广场型

广场型意味着微博成为一个公开的信息汇集地，这里有最新的资讯、信息、新闻事件，用户能看到每天发生的大小事。这正如微博的口号所表达的：随时随地发现新鲜事。2021年夏季，微博抓住奥运赛事热度，与媒体机构达成合作，由媒体机构在微博平台传递赛场内外资讯，并与运动员进行联动。与奥运赛事相关的热门话题随时随地都可能出现，用户可以实时地关注赛事消息。

3. 头部账号特征

截至2021年，微博拥有名人、明星与娱乐、幽默、媒体、综艺与电视节目、时尚、美妆、金融、游戏等46个垂直领域内容，其中28个垂直领域内容在2021年6月的月浏览量均超过100亿次。截至2021年6月，微博有4 190万月活跃内容创作者，头部内容创作者达到230万。③2020年，微博娱乐明星及相关账号有2.8万个；超过3 000个MCN机构在运营自己的微博平台；150万个企业和机构在微博上传播自己的官方消息。④可见，微博拥有的垂类内容创造者已经达到了一个非常大的体量，其中不乏特定领域的头部账号，这些账号连接了微博上亿的用户，所以现如今微博已经变成了一个重要的信息传递平台。

---

① BT财经. 微博，被严重低估了吗？[EB/OL]. (2021-12-08) [2022-08-09]. https://36kr.com/p/dp1518520758699140.
② 馒头商学院. 微信、B站、抖音、快手、小红书等7大平台玩法详解，一文读懂！[EB/OL]. (2020-11-11) [2022-08-09]. https://www.niaogebiji.com/article-30991-1.html.
③ 东方财富网. 微博二次上市：护城河与难解的商业化[EB/OL]. (2021-12-08) [2022-08-09]. https://baijiahao.baidu.com/s?id=1718554535719130393&wfr=spider&for=pc.
④ 馒头商学院. 微信、B站、抖音、快手、小红书等7大平台玩法详解，一文读懂！[EB/OL]. (2020-11-11) [2022-08-09]. https://mp.weixin.qq.com/s/WD7bOA_omg3dTdB3X_JROQ.

4.粉丝特征

作为社交媒体，微博不同类型的内容塑造了不同的粉丝群体。首先是与博主黏性最高的粉丝，可以称为"亲密型粉丝"，他们大多是博主的家人、现实生活中的同学好友，是具有强社交关系的群体，现实生活中的强关联促进了平台内的强互动；其次是"游牧型粉丝"，这类群体纯粹被特定的内容吸引，对博主发布的内容产生兴趣，但是他们不会对博主自身产生太大的关注，只是选择性地呼应、认同相关账号的某些内容；最后是"崇拜型粉丝"，他们大多是明星、社会人士、网红的粉丝，是忠诚的追随者，往往第一时间关注相关账号的内容并进行互动。

值得一提的是，"Z世代"已成为微博的用户"新势力"。根据2021年微博财报披露的数据，截至2021年6月，微博确定的月活跃用户中超过75%的用户属于Z世代，即1990年或之后出生的一代。①

（二）优势与劣势

1.优势

微博是一个开放的公共话题"广场"，它为公众提供了一个表达观点和参与讨论的公共空间，由于内容创作门槛较低，因此任何用户都可以在这里被看到、被听到，相对自由地表达对相关话题的看法。这也促使微博平台产生源源不断的话题和热点，成为舆论的发酵之地。持续的新鲜感和对热点信息的渴望不断吸引用户进入微博，更多的人渴望在这里交流刚刚获得的信息。

对大型社交网络平台而言，流行就是热点、焦点，是最利于传播的内容。另外，平台社区的内容包含适应广大网友认知水平的题材和元素，这确保了微博大众化、普众性的发展方向。传播迅速是微博最显著的特征，一条微博在触发微博引爆点后，通过用户的互动转发就可以抵达微博世界的很多个角落，短时间内触达广泛人群。

2.劣势

人气是微博营销的基础，账号有足够的粉丝量和关注度才能达到广泛传播的

---

① 杨洁. 微博在港上市开盘破发！月活用户5.73亿，超75%属于"Z世代"［EB/OL］.（2021-12-08）［2022-08-09］. https://baijiahao.baidu.com/s?id=1718554035832519877&wfr=spider&for=pc.

效果。如果想要人为地在微博培养新的热门账号或是进行事件营销，就要付出偏高的成本投放信息流，后期的维护成本同样较高，且产生的流量具有随机性、不可控性。首先，微博平台发展已经进入了成熟期，政策法规以及商业资本等各方对其限制也较多，这就导致现阶段平台自我把控严格，内部生产的信息存在一定程度的限流；其次，微博里新内容生产的速度较快，很多未经官方审核验证的错误信息也有被大规模传播的可能，这就会造成网络谣言、网络暴力，由于微博的集群效应，负面信息很容易进行病毒式扩散。

二、内容制作

（一）瞄准赛道，找准定位

微博是一种通过关注机制分享实时信息的社交网络平台，内容制作者如果想要获得长期的流量与关注度，找准自己账号的定位就非常关键。微博定位要直观，昵称、简介清晰明了，内容尽量垂直。通过观察垂直领域博主的昵称和简介，我们可以发现他们大多采用简单清晰的标签来界定账号，让用户一眼抓住重点（见图4-1、图4-2）。

图4-1 央视新闻官方微博简介

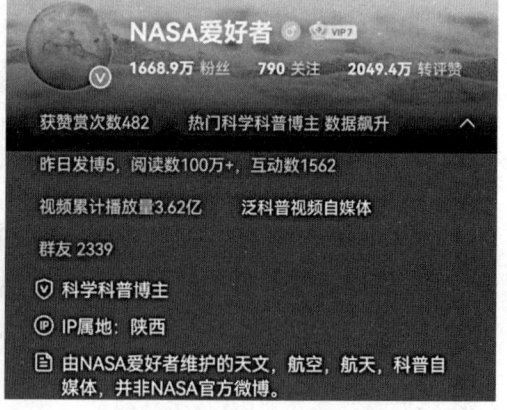

图4-2 NASA爱好者微博简介

（二）紧跟热度，保证时效性

微博平台的信息流丰富，内容更新速度快、时效性强。尤其是2014年平台上线的"微博热搜榜"以及后续推出的"超话"等，俨然让微博成为实时话题场。热门搜索能让用户在最短的时间内找到最火的内容、最有效的谈资,通过微博热搜获得的愉悦感远超以往手动订阅信息流获得的愉悦感。现如今,国家大小事件都可能在微博发酵,网友在"围观"中形成强有力的舆论场,间接参与社会事务。很多引发舆论广泛讨论的事件,要么在微博发生,要么从微博发酵。例如,在2022年虎年春晚期间25台春节晚会通过话题、视频、直播等方式在微博保持活跃,围绕此事件产生的话题阅读量超200亿,讨论度超7 000万,同比增长46%(见图4-3)。①随着时代的发展,微博已经深深融入中国网民的日常生活,平台的内容迭代也成为中国社会发展的见证和缩影,微博已然成为互联网上最具影响力的社交媒体和内容舆论场之一(见图4-4)。

图4-3　春晚时期微博热搜榜单

图4-4　微博热搜、热议话题首页

---

① 央广网. 微博Q1营收同比增长6% 广告业务稳健[EB/OL].(2022-06-01)[2022-08-09]. https://www.163.com/dy/article/H8PV3OA10514R9NP.html.

(三)内容创作形式的多样化

以图文起家的微博,在内容创作形式上同样在迈向新的媒介时代。事实上,从破除140字的字数限制开始,微博承载内容的媒介形态便逐渐丰富,目前已经囊括了图文、视频、直播连麦等多种形态。截至2022年3月底,微博视频号开通规模已超过3 000万。① 这个早期内容形式以图文为主的平台已经在不知不觉间转型为多形式的内容创作平台。以央视新闻微博账号为例,该账号结合微博热门词条、话题,通过长文、视频、直播、原创漫画、投票等多种形式进行内容创作,满足粉丝的不同内容需求(见图4-5)。

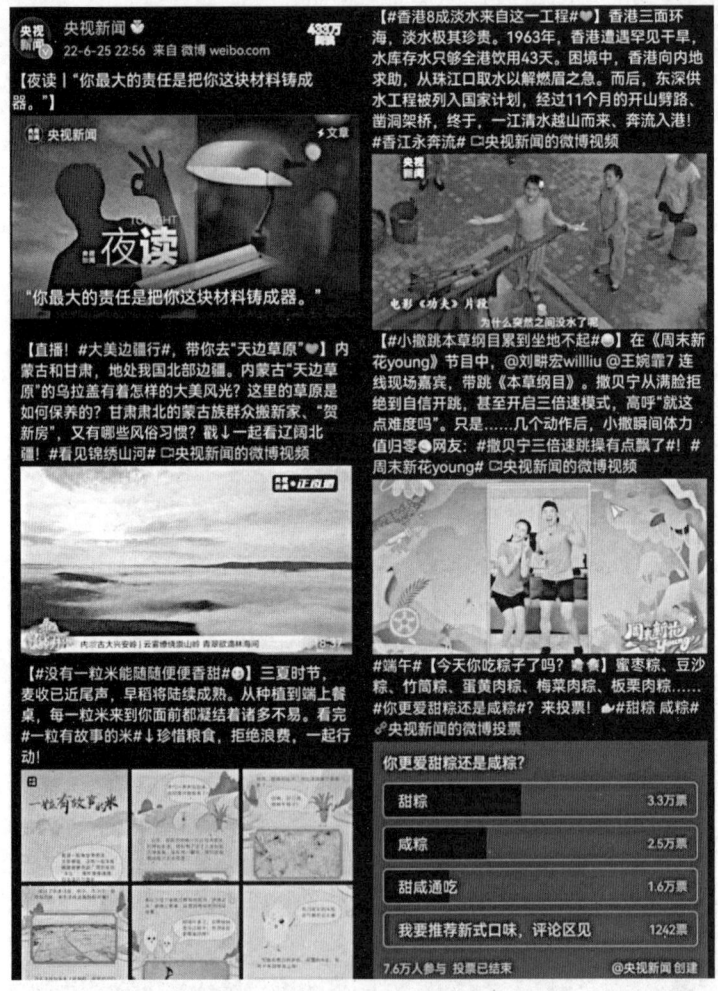

图4-5 央视新闻官方微博部分内容

---

① 北京日报客户端. 微博一季度月活用户5.82亿 同比净增5100万[EB/OL]. (2022-06-01)[2022-08-09]. https://baijiahao.baidu.com/s?id=1734435532847267443&wfr=spider&for=pc.

微博内容形式的多样性降低了内容创作难度,用户习惯高频分享日常。2020年微博KOL平均每月内容的发布量为204.8条,远高于其他平台。①

不同的机制导致每一个平台都有自己独特的用户习惯,微博的用户群体习惯采用"转赞评"的形式挖掘感兴趣的内容,因此,微博的社交、互动属性更强,好内容更容易被更多人看到和讨论,从而实现"破圈"。

三、运营法则

(一)日常运营技巧

1.注重价值的传递

从运营生态上来说,微博是一个宽泛的内容获取平台,只有能为浏览者创造价值的微博自身才有价值,这样的微博才有可能达到期望的目的。内容是微博运营的基础。一位分析人士表示,如果把微信的场景比喻成卧室,那微博就是一个广场。所以微博的传播不用基于熟人关系,只要内容有看点,就能吸引到"广场"上的人来关注。②

要想做好长期的、有效的内容生产,找准自己擅长的领域和专业非常重要。《2021上半年·微博热搜榜趋势报告》显示,娱乐热点占比从34%降低至26%,社会热点由31%提升至36%,垂直热点由35%提升至38%。③注重社交属性的微博,将自己庞大的用户群体通过一系列标签进行分类,针对不同的兴趣圈层进行差异化的内容推送和价值输出(见图4-6)。因此,微博账号的运营者要有针对性地输出相关的内容产品,持续提供专业性的价值输出,从而吸引用户的注意力,满足用户特定的内容需求,这样才能得到用户认可。

2.注重微博个性化

微博作为一种强关系、多互动的广场型社区,打破了以往官方媒体、专业机构与观众之间的"墙",拉近了传播者与接收者的距离。这使得微博平台上的各类账

---

① 邱韵. 新内容创业时代,微博的造"星"哲学[EB/OL].(2021-11-27)[2022-08-09]. https://baijiahao. baidu. com/s? id=1717551130639597642&wfr=spider&for=pc.
② 白杨. 微博二次上市:护城河与难解的商业化[N].21世纪经济报道,2021-12-09(11).
③ 封面新闻. 微博发布《2021上半年·微博热搜榜趋势报告》[EB/OL].(2021-08-24)[2022-08-09]. https://baijiahao. baidu. com/s? id=1708965487693986917&wfr=spider&for=pc.

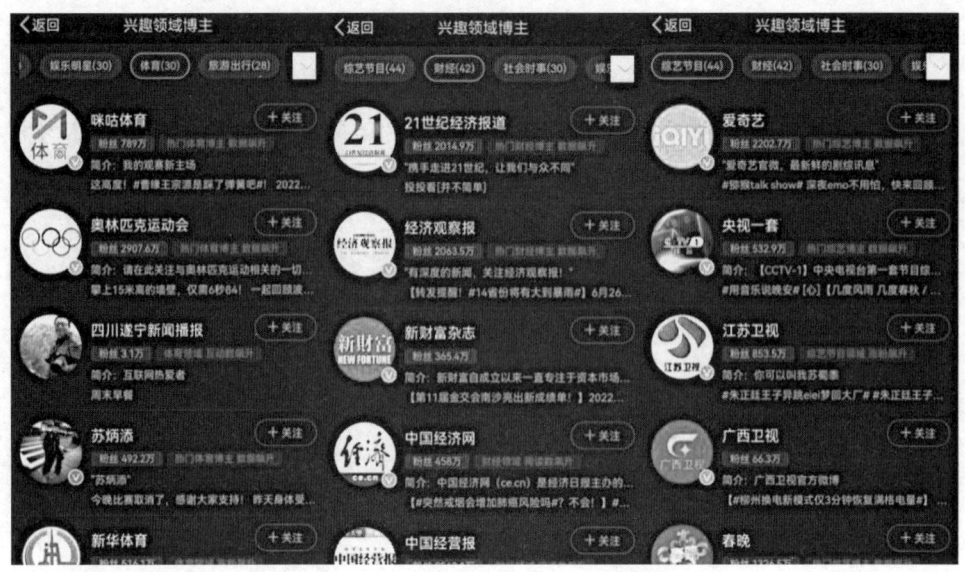

图4-6 部分兴趣分区微博账号

号不再只是"冰冷"的陌生人,而是具有一定"人格"的朋友,有思考、有回应,甚至有感情与个性。

此时的内容创作者们不只是一个ID,还可以是互联网上"有血有肉"的IP。例如,微博上的"河森堡"除了是一个科普作家,还是一个现实生活中没有北京车牌只能骑电动车的人;"博物杂志"除了是一本杂志的官方账号,还是爱玩虫子的猛男、拒绝回答"戴胜是啥"的鸟类专家(见图4-7)。当一个微博账号塑造了专属的"人设",便具有了很高的黏性,可以持续积累粉丝与流量,此时的微博账号已经有了不可替代的魅力。

图4-7 "博物杂志"微博节选

3.注重发布连续性

一个成功的微博账号一定离不开系统性布局，就像一本随时更新的电子杂志，创作者既要对整体的内容编排进行规划，也要注重定时、定量、定向发布内容，让大家养成观看习惯。中央广播电视总台新媒体矩阵中的CCTV电视剧微博账号，为了更好地为粉丝提供优质内容，会每周进行排期发布，提前规划好每天的发布内容，有针对性地设定固定栏目，例如"央视剧好看"和"剧然还没睡"两个栏目的内容固定在每天早晚发出，目的是让粉丝养成阅读习惯，从而产生黏性（见图4-8）。

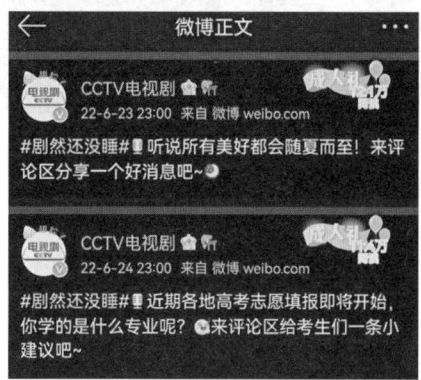

图4-8　CCTV电视剧官方微博内容节选

4.注重加强互动性

当下微博平台的内部算法十分看重账号与粉丝的互动性，只有当账号与粉丝具有一定高频率的互动，平台才会将账号每次更新的内容推送给粉丝，继而推向更大的流量池。因此，拥有一群"不说话"的粉丝是很危险的，如果账号粉丝黏性降低，账号更新的内容就难以被大范围推广。

微博账号的运营者们应该充分利用平台的社交机制，加强发布内容的互动性。例如，人民日报微博账号在奥运会、高考等特殊时期，会利用转赞评抽奖的方式调动粉丝的积极性，充分地激发粉丝以及路人网友的互动热情（见图4-9）。

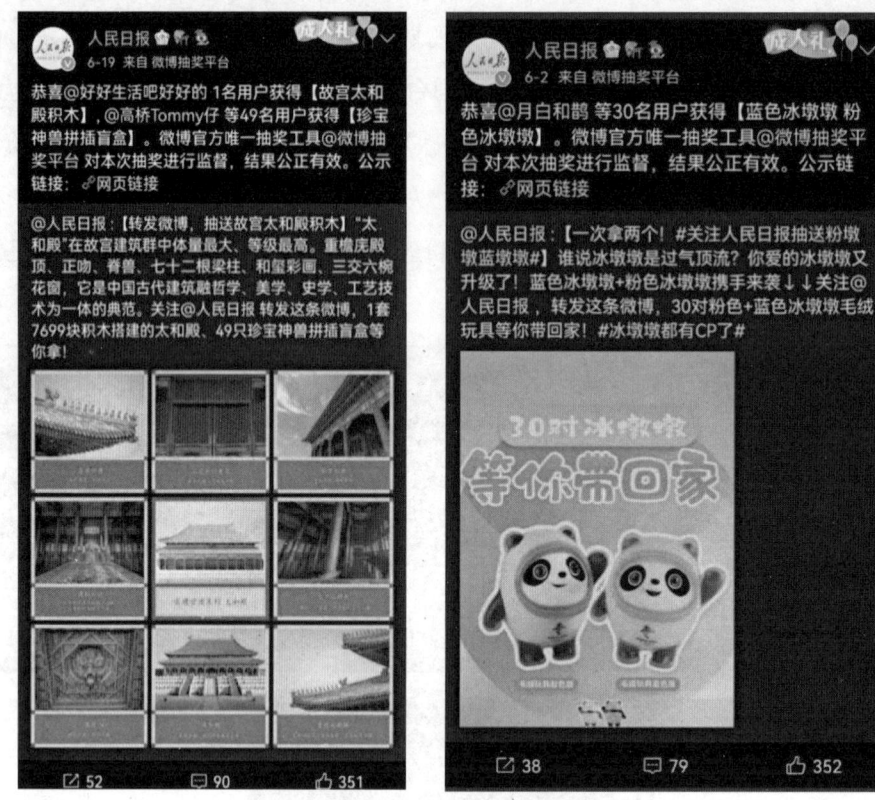

图4-9 人民日报官微抽奖

（二）平台规则

1.排名规则

微博用户排名是指当用户搜到某个关键词时，平台匹配的昵称根据权重分法按照用户排名先后显示。根据广告人知识星球的总结[①]，微博用户的排名规则，主要同以下几个维度有关：

（1）微博认证：认证过的蓝V和黄V账号，在其他条件相同的情况下比普通账号排名靠前。

（2）微博会员：会员等级越高，其他条件相同的情况下账号排名越靠前。

---

① 广告人知识星球. 微博营销运营基础篇，新媒体营销系列之一［EB/OL］.（2021-12-04）［2022-08-09］. https://zhuanlan.zhihu.com/p/441062895.

（3）微博等级。

（4）微博昵称和个人资料：昵称和资料包含搜索的关键词越多，排名越靠前。

（5）粉丝的数量和质量。

（6）发布的内容是否被平台收录。

（7）是否是实时号等。

2.微博的几种V认证

微博上常见的认证有两种，一种是机构认证的蓝V，一种是个人认证的黄V。此外，还有一种金V标志，黄V用户每个月账号内容阅读量达到1 000万以上可以申请金V认证。

3.微博的头条文章

微博文章相当于一篇微信公众号的长文，普通微博有140个字的字数限制，头条文章则满足了用户写长文的需求，用户还可以在文章中加入图片。个人或商家可以利用这个功能发布一些产品新闻、产品介绍，或者其他多图形式的内容。

4.自定义菜单基础功能的使用

微博的自定义菜单和微信公众号的类似，有一级菜单、二级菜单、三级菜单入口。用户可以根据实际情况使用这些功能，在菜单中添加一些店铺和网站的链接、介绍，还有合作方式等。

5.建立自己的话题

为了提升博文的传播率，用户可以为发布的微博建立相关的话题，以方便内容的归类，推动话题持续发酵。影视类账号会随着剧集播出根据剧情内容不断制造相关话题，例如"XXX好甜""XX终于解开矛盾"，这样不仅有利于对同类型内容进行整合，也可以让其他用户通过在博文中添加话题的形式参与讨论，进而吸引更多人参与其中。

四、商业化手段

（一）广告

简单来说，广告作为一种商业化手段，是指将通过持续的内容生产获得的关注度转化为流量，让平台账号演变为一种曝光度极高的"展示橱窗"。微博公布的2022年第一季度财报显示，截至第一季度，微博在广告上的收入达4.27亿美元，同比增长10%，流量变现空间和变现效率持续提升。①在营收构成上，广告仍是微博最主要的营收来源。

品牌广告主之所以在所有平台中偏爱微博，原因其实不难理解。微博热搜就是最直观的例子，热搜就像是传统互联网的门户首页，可以让数亿网民高效了解每天舆论场上最新鲜最热门的事，由此抓住人们的眼球。这不仅可以满足品牌广告的海量曝光需求，更是集中引爆的打法，具有无可取代的作用。②

1. 行业营销

以2020年上半年热门综艺《乘风破浪的姐姐》为例，其前四期内容播出的一个月里，微博同名话题阅读量就达到了惊人的233亿。对手机、汽车等品牌新品的首发而言，微博也是引爆用户关注和品牌营销的重要阵地。荣耀Magic4新机发布前，品牌方在微博内通过多种形式对产品进行预热曝光，给用户进行内容种草，目的是打造产品口碑并有效引流电商，最终实现直播观看量3 500万+，话题阅读量7.2亿。再比如《王者荣耀》这一游戏大IP，利用春节特殊时期，在微博进行开屏广告、热搜词条、超话等全路径曝光，通过明星在线"组局"这一曝光方式，强化IP的社交场景，最终实现春节档总曝光量69.7亿，关键词搜索量累计683万（见图4-10）。

2. 内容种草

作为国内头部社交平台之一的微博，每天都有大量用户在其平台发布或者搜索好物种草的内容。为满足用户的种草心理以及品牌主的种草需求，微博平台为品牌提供的内容种草解决方案——微博牧场计划应运而生。牧场计划致力于为众多品牌方提供定制化种草方案，聚集了上千位不同量级的合作达人，为品牌提供定制短视频、品牌活动传播事件等多维度的内容合作方案，并建立专门的商业化小程序，利用平台拥有的众多热点IP，扩大传播圈层，推动产品热度持续升温。

---

① 柒财经. 微博2022年Q1财报：营收超4亿元，净利润由盈转亏[EB/OL].（2022-06-07）[2022-08-09]. https://baijiahao.baidu.com/s?id=1734970154986334108&wfr=spider&for=pc.
② 陆离. 发布最新一季财报，微博的商业化之路应该怎么走？[EB/OL].（2020-09-29）[2022-08-09]. https://baijiahao.baidu.com/s?id=1679179622243460120&wfr=spider&for=pc.

图4-10 王者荣耀、荣耀手机联名

微博牧场计划旗下的"好物势力周"话题IP,旨在迎合品牌内容营销需求,定制"轻、快、爆"的传播事件。为凸显OPPO手机的摄影拍照功能,吸引广大摄影爱好者、泛爱好者群体,微博牧场计划携手OPPO共同打造了定制活动话题"OPPO影像创作大赛",调动大量KOL达人与普通用户参与,征集有故事的手机影像作品,并依据榜单排名对优质内容进行评选。其中,超过400位认证大V自发加盟,超过3万名网友参与活动,实现活动声量的裂变传播。活动共征集优质作品5 000余组,助力OPPO品牌收获亿级曝光量(见图4-11)。此次活动中,40%的参赛作品上传自OPPO手机,品牌官微更是多次转发活动内容助阵宣传。无数网友围观优秀作品感叹OPPO手机的摄影实力,成功实现好物种草。①

图4-11 OPPO手机微博营销案例

① 小讯. 种草红利下,品牌如何安利自己? 微博牧场计划了解一下[EB/OL].(2019-07-25)[2022-08-09]. https://weibo.com/ttarticle/p/show?id=2309404398001828266382.

3.品牌推广代言

在微博上有一类运营者,他们用个人账号以真实人格与粉丝互动,在各自的领域原创性地推出专业性、个性化的内容,微博内部将这类运营者称为"社交型账号"(见图4-12)。这类账号持续地进行内容创作是为了建立个人IP,提升自己的内容曝光度,进而将拥有的流量变现。

对很多博主来说,微博是一张"活名片",他们社会身份建构的很大一部分内容来自微博,他们以此扩大了圈层,也累积了具有长期价值的社交资产。在微博的商业化氛围下,这些社交资产将被品牌方发现并转化为真实的商业回报,还会有更多的品牌方邀请他们进行微博广告代言,同时平台也会为此类内容账号开通微博小店等业务,让他们真正实现流量变现(见图4-13)。

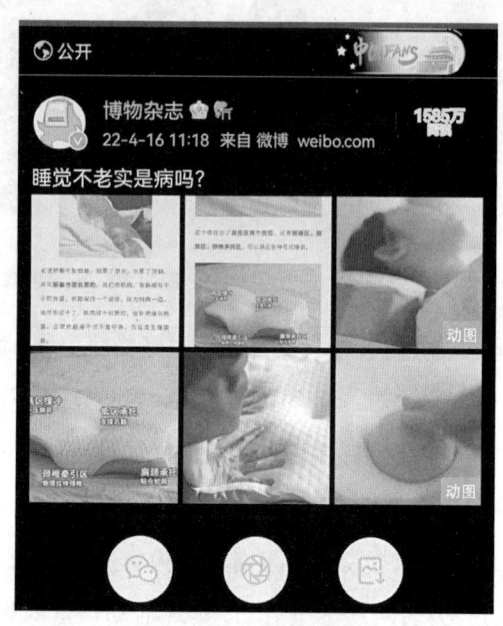

图4-12 博物杂志微博推广

图4-13 "河森堡"微博跳转付费平台

2021年，微博上基于作者的广告代言收入流水达到23亿元，其中作者获得收入16亿元，同比增长了82%——在流量见顶的互联网下半场，这个数字意味着微博创造了一片新蓝海。这一年，微博秉持改善作者体验的初衷，激励豁免了50万粉丝以下作者的代言分成。只要能帮助腰部博主在微博上更好地生存下来，微博未来就能诞生更多100万以上粉丝的"大V"。接下来，微博平台还将加强向作者派单能力的提升，上线KOL作者的商业广告代言评估体系，在提升广告收入的同时，健全平台治理机制，为长期良性发展奠定基础。①

（二）电商

1.社交电商

社交电商，成为下一个被看好的变现增长点。微博发布的2021年度创作者收益报告显示，2021年微博电商博主人均电商收入流水同比提升了3.7倍。微博CEO王高飞先生表示："从某种意义上看，微博并不是单纯的广告营销平台，而是连接品牌与粉丝的桥梁。"在2018年，微博就与阿里巴巴集团共同推出了"U微计划"，携手打造"社交×消费"的全域解决方案，从营销策略、营销传播及传播沉淀三个阶段构建营销闭环，助力企业社交营销。

基于微博的社交属性，品牌在传播沉淀阶段可以在微博观察用户的第一反应，评估消费者对产品的兴趣偏好以及用户在广告曝光后的行为，将两者融合后可以更精确地评估广告投入后产生的效果。品牌广告主戴森在其新品智能扫地机器人上市之际，分别在天猫和微博上进行了广告投放。经过将微博曝光人群与钻展触达的人群关联分析发现，用户在微博中的互动行为越深入，对戴森在天猫的成交转化率提升效果越明显，转评赞人群转化率提升了135%。②

2.内容电商

就本质而言，微博仍是一个内容平台，它的最大价值源于其丰富的内容信息流汇集而来的广大用户群体。用户首先被微博的内容创作者吸引，进而对创作者

---

① 第一财经.当知识在微博成为生产力［EB/OL］.(2021-12-09)［2022-08-09］.https://baijiahao.baidu.com/s?id=1718677805618666810&wfr=spider&for=pc.
② 央广网.阿里与微博开启"U微计划" 打造社交消费全域解决方案［EB/OL］.(2018-06-13)［2022-08-09］.https://baijiahao.baidu.com/s?id=1603149732932080508&wfr=spider&for=pc.

产生信任。微博内部的很多垂类账号会基于内容沉淀进行一系列带货变现行为。"Amanda的小厨房"是微博知名美食博主,粉丝量超798万。同时她还是曼食文化创始人,品牌旗下拥有以Amanda IP为核心的《曼食慢语》《曼达小馆》《曼食快语》三个品牌节目,已累计推出上千条短视频。在商业模式探索上,Amanda采用了"内容广告+电商带货"的方式变现,她进行自主品牌和自营店铺的经营,通过微博图文及直播为自己的电商平台加码,电商收入也成为其营收的重要组成部分。曼食文化合伙人陈渊源透露道:"Amanda这个IP的商业想象力非常广,今年我们计划通过直播带货,和更多品牌去做深度联动。"①

(三)知识变现

现如今,微博也在努力为内容账号打造更好的创作环境。例如在2020年7月推出"微博视频号计划",就是在账号成长、商业变现等方面为视频创作者提供扶持。除了给予创作形式上的空间,微博平台还开发了微博付费问答、内容打赏、微博V+粉丝订阅等功能,让内容生产者真正实现知识变现(见图4-14)。

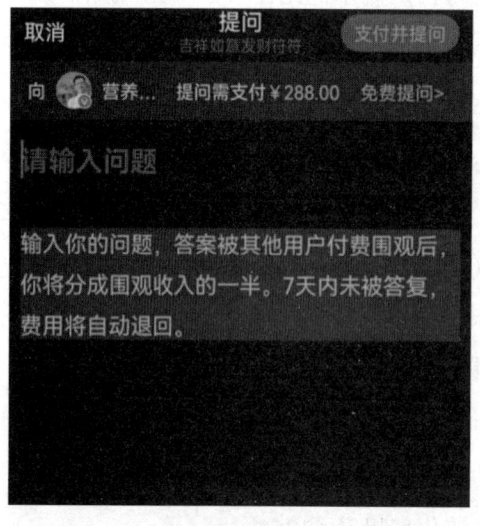

图4-14 营养师顾中一微博付费问答

2010年,因为喜欢少女时代,"sven_shi"注册了微博,就此开始创作之路。他将自己的所见所闻、所思所想,以及对新闻社会热点的观察,都化为犀利的文字随时发表在微博上,引来诸多网友的评论互动。这些思考转化为或长或短的文字,成为他微博账号的内容来源,供超过百万的粉丝或更多外界用户阅读,他把一些深度内容通过V+分享给追随他的核心粉丝,从而获得收益(见图4-15)。深度内容的积累让他成长为一名V+优质创作者——截至目前,他在V+积累了三千多名黏性强、付费率高的核心用户。在微博生态体系里,V+作为为创作者打造的粉丝变现产品,承担着粉丝

---

① 极点商业. 大V亲述商业化变现:我们怎样在微博赚钱?[EB/OL].(2022-04-06)[2022-08-09]. https://mp.weixin.qq.com/s/GfXLNJkmmXE2fH4oF5R4dg.

变现和核心粉丝沉淀的双重责任。对于"sven_shi"来说,目前积累的三千多名V+粉丝,过去几年为他带来了90%的收入。V+体系作为博主与粉丝沟通的重要阵地,使博主和粉丝建立了更长久的陪伴关系,让内容从一次性付费向持续变现升级。内容付费的本质是内容优质。"对我来说,未来最重要的仍是持续生产优质内容。""sven_shi"说,他曾在2018年尝试接广告,但发现目标产品和自身的内容定位并不匹配,很快就放弃了这个模式,且迄今为止没有考虑过电商变现。"对其他内容创作者来说,在可以分享的经验中,最重要的是首先明确内容定位。"①

图4-15 微博付费问答

本节思考题

1. 你认为微博最大的优势是什么?
2. 企业应该如何通过微博进行商业化运营?

---

① 极点商业. 大V亲述商业化变现:我们怎样在微博赚钱?[EB/OL].(2022-04-06)[2022-08-09]. https://mp.weixin.qq.com/s/GfXLNJkmmXE2fH4oF5R4dg.

第二节 微信生态体系

一、概述及特征

作为腾讯公司推出的一款为智能终端提供即时通信服务的免费应用程序，微信拥有快速发送文字、图片、语音和视频的功能。依托其基础产品朋友圈、微信公众号平台、小程序、微信支付、企业微信、微信搜索、视频号等，微信生态体系形成。

（一）特征

1. 私域与公域有效结合

微信是一个以私域起家的平台。在这个平台上，用户可以在朋友圈发布个性化的内容，并与平台上的朋友用户进行分享；可以创建公众号与视频号，让更多的用户接收个人或是品牌方发布的内容；也可以开创小程序与企业微信进行商业化运作。

微信平台提供的各种服务，包括朋友圈、公众号、视频号与小程序，都具有不断去中心化，内容从私域流量走向公域场所的特点。

朋友圈，其实是一个以微信好友为基础的社交圈，因为这个圈子的存在，封闭式的朋友关系让朋友组成的私密群体关系更牢固，更有凝聚力。每个人的朋友圈不是独立存在的，而是相互关联的，由此形成一种由点到面的传播。传播由第一个朋友圈层的原初中心开始，通过私域好友的点赞转发分裂成新一轮传播，进而形成多个交流中心。

公众号内容通过用户在朋友圈的转发，在私域流量中传播。换个角度看，公众号也让用户在公域流量中建立起私域联系，若用户与朋友不约而同关注了同样的公众号，公众号主页便会显示有"×个朋友关注"，推送内容会显示"×个朋友读过"，从而让用户发现与朋友间共同的兴趣爱好。

视频号与小程序则探索如何主动从私域走向公域。根据"微果酱"整理的视频号算法机制（见表4-1），视频号以社交推荐的私域流量为主，但也会将兴趣推荐、优质内容与地理定位的公域流量池的视频推荐到个人账号,个人账号点赞过的视频会直接优先推荐给朋友,并在好友账号中显示哪些好友点赞过,由此形成了公域流量与私域流量的有效结合。

表4-1 视频号算法机制①

IP标签 (兴趣推荐)	朋友点赞 (社交推荐)	优质内容 (热门推荐)	地理定位 (附近推荐)
25%	55%	15%	5%

小程序以更直接的方式触达公域流量。小程序类型多元,主要包括公司信息类、电商消费类、工具类、娱乐类和服务类小程序。小程序与公众号绑定,可直接触达公众号粉丝用户私域群体,越来越多的公司商户将醒目的二维码信息展示在店中,邀请用户入会积分与线上消费。一些商户仅支持小程序点单,目的是尽可能触达更多的公域流量,将用户转化为公司私域流量(见图4-16)。

图4-16 视频号打通微信全生态②

2.粉丝特征

一方面,微信用户的忠诚度较高。艾媒咨询2021年公布的数据显示,微信在月度活跃用户规模上相较QQ、微博与抖音等平台保持领先优势。截至2022年3月31日,微信及WECHAT的月活跃账户为12.9亿,同比增长3.8%。③微信使用人群活跃

---

① 微果酱.微信视频号进化简史[EB/OL].(2020-11-05)[2022-08-09]. https://baijiahao.baidu.com/s?id=1682485105092223838&wfr=spider&for=pc.
② 百准.2022视频微信号生态发展研究报告[EB/OL].(2022-03-29)[2022-08-09]. https://report.seedsufe.com/detail?fid=MjcwNTc4&search_key=%E5%BE%AE%E4%BF%A1.
③ 和讯网.腾讯:微信及WECHAT月活跃账户12.9亿,马斯克此前公开盛赞微信[EB/OL].(2022-05-18)[2022-08-09]. https://baijiahao.baidu.com/s?id=1733174245221645717&wfr=spider&for=pc.

度高且不断上升,具有极高的用户黏性。

另一方面,微信用户对与熟人聊天的需求度极高。互联网时代,微信的便利性满足了用户通信的需求。微信生态体系中的视频号和公众号,拥有很多不同类型的内容提供者,多样性的内容会吸引不同粉丝进而形成稳定的粉丝群体,忠实的粉丝会通过分享行为让朋友圈好友注意自己喜欢的内容,达到去中心化传播的效果。同时,对相同内容的喜爱也会成为朋友间相互验证关系的一种方式。

3.头部账号特征

当公众号或视频号拥有一定的粉丝基础后,相应的博主便成为头部账号博主即意见领袖。综合新榜数据来看,我国目前头部账号主要集中于新闻板块,发布的内容主要为最新重大新闻事件以及新闻事件评论。以2022年6月的数据统计为例,阅读量排名前十的公众号有七个是新闻类公众号,排名第一的公众号为"央视财经",2022年6月发布298条公众号内容,总阅读数突破4 855万;排名第二的"中国基金报",发布条数达240条以上,总阅读数突破4 034万;排名第三的"杭州交通918",发布条数155条,总阅读数3 928万。入榜前十的其他新闻类公众号分别是"新闻坊""新闻夜航""安徽交通广播"与"津云",阅读量均突破2 600万。

(二)优势及劣势

1.优势

微信作为一款免费的消息应用程序,具有庞大的用户群体。微信自2011年上线以来,逐步占据了手机社交市场的较大份额。根据腾讯发布的2022年第一季度财报,截至2022年3月31日,微信及WECHAT的月活跃账户为12.9亿。[①]微信生态体系之所以被频繁使用,原因在于它建立在私域平台上,用户在朋友圈发布的内容只有微信好友才可以浏览。相对其他平台,公众号与视频号在互动上具有极好的隐蔽性与封闭性。视频号拥有两种点赞模式,一种为公开点赞,可以将点赞内容优先推荐给好友观看;另一种为私密点赞,好友并不会看到用户点赞的视频内容。而用户阅读过的公众号,关注同样公众号的好友只会看到几位朋友看过,不会显示具

---

① 和讯网.腾讯:微信及WECHAT月活跃账户12.9亿,马斯克此前公开盛赞微信[EB/OL].(2022-05-18)[2022-08-09]. https://baijiahao.baidu.com/s?id=1733174245221645717&wfr=spider&for=pc.

体用户名,用户的隐私被很好地保护起来。

2.劣势

微信生态体系中,虽然用户使用微信的频率高,但也存在一个问题:用户很难与生产者进行实时互动,难以形成互动关系、建立用户的使用黏性。比如虽然用户可以对生产者的公众号内容或视频号内容进行评论,但生产者无法对其评论进行类似微博平台上评论机制的实时互动,需要登录到系统后台依次评论。另外,公众号和视频号内容很难通过大面积点对点的方式来获得用户的认可,除去已有的用户关注,公众号很大程度上还是依托点对多的方式,依靠意见领袖分享传播,从而让更多的用户接触到公众号或视频号并进行关注。

二、内容制作

微信公众号与视频号是微信生态体系中最值得从内容制作角度出发,研究新媒体内容特点的应用程序。在微信的基础上,腾讯公司于2012年8月建立微信公众号平台,后来分为订阅号、服务号与企业号三种类型。据官方公布的数据,截至2021年,微信公众号数量已接近3 000万个,其获取信息的便利性与广泛性吸引了大量微信用户。2020年年初,微信正式推出了视频号,为短视频的内容创作者和用户提供了一个全新的平台。根据前瞻产业研究院的报告,截至2021年4月,视频号日活跃用户达到4亿以上。微信公众号与视频号在内容上具有共性,下面将从三个方面具体分析。

(一)多样化

微信公众号与视频号创作者数量快速增长,各种垂类内容创作者不断增多。二者的多样性特点体现于其内容五花八门,涵盖生活、情感、教育、美食、电影等各领域,形成了新闻类、生活类和情感类三足鼎立之势。用户使用最频繁的是新闻类公众号与视频号,例如人民日报、新华社与央视财经等官媒账号,单条内容阅读量均在10万以上。

视频号与微信公众号的多样性还体现在内容制作样态上,用户在发布内容时可以选择使用文字、图片或视频,也可以选择H5、小程序等多种方式丰富公众号内容的形式。

(二）个性化

为了吸引更多粉丝、保持用户的关注度，创作者在微信公众号与视频号上都需要做到个性化，打造符合个人或企业形象的整体风格。例如，"GQ实验室"常以讽刺漫画的形式讨论生活中的问题，频频制作出爆款推文。它的定位属于时尚类，经常会用新颖的标签词吸引用户，同时能让受众了解热门话题。"GQ实验室"的反转与调侃，"匡扶摇"的文学性、故事细节和清新，"黎贝卡的异想世界"的时尚、推荐、种草……每一个能被用户记住的公众号都努力制作自己的个性化内容。相比公众号平台的长图文，视频号创作难度相对较小，覆盖的用户也较多。每个用户都可拍摄视频进行个性化展现，因此视频号的生活性更强。

除了打造整体风格，追求个性化的最直接方法就是主攻某一专业领域。即使是同一领域的账号也要有各自细分的研究方向，尽可能地做到个性化、有特点。例如文化类公众号"占豪"，一周内总阅读量接近500万，该公众号的主要内容为国际局势、财经投资与国学哲学。同样是文化类公众号，"十点读书"一周内总阅读量也接近500万，主要内容为书籍介绍与故事美文分享。虽然这些公众号类别一样，但每一个公众号与视频号都有自己主攻的内容方向，以吸引不同的用户。

（三）对热点的即时反应

对内容创作者而言，为获得流量扶持，借助热点话题是非常便捷的方式，通过在微信公众号与视频号上发布热点内容很容易获得大量关注。据百准研究院统计的数据，冬奥会时期视频号流量暴增，每5条10万以上点赞量的视频就有1条与冬奥会热点有关；2022年1月31日至2月20日，视频号平台共发布了约57万条短视频作品，其中奥运会相关短视频占比12%，大约为7.1万条。[①]

三、运营法则

（一）微信生态体系主打"朋友推荐"机制

公众号与视频号该如何运营？首先，要了解其运营的底层逻辑——主打"朋

[①] 和讯网. 腾讯：微信及WECHAT月活跃账户12.9亿，马斯克此前公开盛赞微信[EB/OL].（2022-05-18）[2022-08-09]. https://baijiahao.baidu.com/s?id=1733174245221645717&wfr=spider&for=pc.

友推荐"机制。视频号不同于抖音和快手,体现在以下两个方面:其一,视频号不需要单独下载App,点进微信"发现"就可看到,位置紧跟在"朋友圈"下方;其二,视频号的推荐机制主要是在好友推荐的基础上,将社交推荐与算法推荐融合。该方式有利于将好友点赞内容由一个小点通过好友关系网不断向外扩散。微信创始人张小龙认为,用户之所以在微信上看文章与视频,并不是为了消耗时间,而是因为每一条好友点赞过、评论过的信息都以实名的方式被推荐给用户,无形中使用户对这类信息增添了一份信任感。视频号这一创新基于各种版本的迭代和内测数据。将朋友圈互动模式运用到视频号上,有利于加强好友间的联系,符合微信营造的人与人连接的生态环境的调性。

(二)公众号有利于沉淀用户

了解公众号的运营方式,首先要了解微信公众号的三种类型(见表4-2):

表4-2 微信公众号的三种类型

类型	服务对象	信息条数	功能作用	案例
订阅号	企业和个人	每天可以群发一条	为用户提供信息,具有信息传播、媒体资讯传播、品牌宣传的作用	央视新闻、人民网
服务号	企业及组织	每月只能群发四条信息	为客户提供服务,支持微信支付,构建电商体系	哈啰顺风车服务号、方太服务号、美的服务号
企业号	企业、政府机关、学校、医院等事业单位和非政府组织建立与员工、上下游合作伙伴以及内部IT系统间的连接		有效地简化管理流程,提高信息的沟通和协同效率、提升对一线员工的服务和管理能力	

公众号是不断吸引用户注意力的重要媒介。不同的公众号为不同的目标用户提供服务,当创作者了解目标用户的特性后,如果想要激活用户,就必须为自己的公众号建立一个人设,即专属个性特点,这样才能在推文发布后和用户进行深度互动,为用户带来亲切感,从而尽可能地调动用户的私域流量,借助用户个人微信号及其朋友圈来吸引更多用户。另外,通过企业微信与消费者进行良好的沟通交

流,可以带动消费者消费,为公众号带来流量变现。

(三)了解用户内心诉求,积极打造爆款出圈

新媒体时代,用户有很多可以使用的平台,如何才能在众多公众号与视频号中脱颖而出,了解用户内心诉求是第一步。碎片化时代,用户希望能最快、最高效地获得信息,比如"我要知道得比别人快""我要知道得比别人多""我要知道的点跟别人不一样",等等。因此,创作者在运营微信公众号的初期并不需要发布太多的内容,真正吸引用户的,是文章内容质量能够满足用户内心的阅读诉求。所以,在明确自己公众号或视频号的定位后,应该针对目标受众群体进行内心诉求分析,打造至少一条爆款内容。

回顾2021年,据新榜数据统计,该年产生8.38万篇"10万+"爆款内容,其中体育、文化、时事三种类型爆款频出,累计占比达到40%。时事新闻唯快不破,用户渴望第一时间得知最新信息,这也是时事类公众号"环球时报"原创爆款篇数最多的原因,该公众号拥有1 998篇"10万+"爆款内容,其极具时效性的《刚刚,历史性瞬间!》《武契奇宣布重磅消息》等文章,很好地满足了用户希望"知道得比别人快"的内心诉求。

(四)视频号丰富商业化模式

视频号并不是只能发布视频,还可以开展直播,发布文字、图片等。视频号借助强大的运算机制,将公众号、小程序、企业微信、个人微信、朋友圈等微信一系列应用连接打通,更方便用户经营私域流量,在品牌力、服务力竞争上占据天然优势。视频号可以与公众号的文章关联,点击视频号主页即可跳转至公众号、获得企业微信以及进入商品小程序,通过公众号、企业微信与小程序直接触达私域用户社群。综上所述,公域流量扶持下的视频号,可以通过公众号、企业微信与小程序激活私域用户社群,私域用户再通过朋友圈转发的方式反哺视频号(见图4-17)。

视频号突破了只对好友开放的限制,用户点赞、评论过的视频都会进行二次传播从而触达他们的好友,相较于朋友圈来说,其扩散范围更广。这一运算机制有利于直播的发展。近两年来,视频号直播成为一种流行方式。微信独家举办了西城男孩(Westlife)首次线上演唱会,吸引了2 700万人观看;崔健首场线上演唱会吸引了超过4 500万用户观看,点赞互动量破1亿,这都体现出用户视频号的使用活

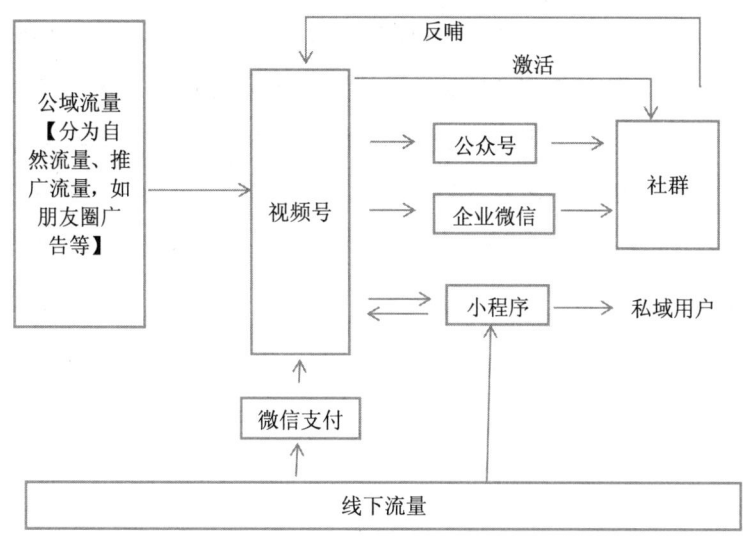

图4-17 微信生态流量逻辑

力。值得一提的是,崔健首次线上演出也是视频号首次尝试商业化演唱直播,该演唱会出现了赞助商"极狐汽车",观众可以付费购买微信豆转为礼物打赏,安卓端微信豆售价为1元10个微信豆,iOS端为1元7个微信豆,1个微信豆可赠送"一辆极狐汽车"或"一顶星光闪闪帽子",10个微信豆可赠送一个"rock"。综上所述,通过调动微信生态体系中各方面内容,微信实现商业化的途径也将更加多元。

四、商业化手段

(一)微信生态体系商业化架构

微信生态体系拥有一套完整的商业化流程,能够实现商家与消费者点对点的消费转化(见图4-18)。品牌商家通过微信生态体系建构的微信公众平台、视频号以及小程序,实现从商家的私域流量至消费者的私域流量的点对点模式转化。然后,通过消费者转发分享至朋友圈,进一步做到单个消费者的私域流量到多个消费者的公域流量扩展。

这一套商业化流程中最关键的一步就是引流、导流,从而实现商家、消费者、KOL三方获利的目的。品牌商家通过视频号、公众号以及小程序三个平台,建立自

---

① 百准. 2022视频微信号生态发展研究报告[EB/OL].(2022-03-29)[2022-08-09]. https://report.seedsufe.com/detail? fid=MjcwNTc4&search_key=%E5%BE%AE%E4%BF%A1.

营公众号进行内容推广或是借助KOL账号进行广告投放,将商家已存在的粉丝群与KOL粉丝群结合,做到将内容产品导流到用户私域流量池中。在视频号平台上,利用直播与短视频内容吸引更多的粉丝,通过他们的朋友圈分享转发,将内容产品导向更多的好友用户。商家在小程序平台上自建商城,定期更新商品信息,以此来吸引消费者进行线上线下无差别购物。具备购买支付、达成交易功能的微信支付商户平台,让所有的商家与用户无须借助任何第三方平台完成流量变现。

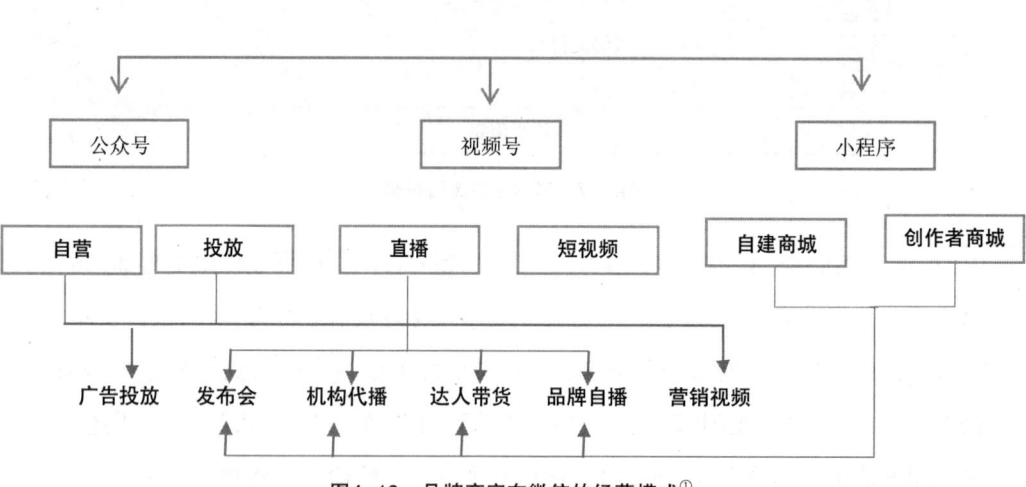

图4-18 品牌商家在微信的经营模式[①]

(二)视频号商业化生态架构

在微信视频号生态中,创作者、品牌商家和服务商为基本角色,但是三者之间没有清晰的界限,只是在不同环节中出现不同的角色属性。创作者、品牌商家、服务商构成了视频号基础的商业生态,其中创作者、品牌商家会直接面对用户,服务商则更多地为创作者、品牌商家提供服务。

1. 与私域建立联系

微信视频号背靠丰富的微信生态,通过公众号、企业微信与小程序激活社群的消费购买力。视频创作者与品牌商家利用该优势,与私域用户建立联系,便捷地将目标用户转化为商家私域的一员。同时,微信具有成熟的支付体系,已经培养了

---

① 百准. 2022视频微信号生态发展研究报告[EB/OL]. (2022-03-29) [2022-08-09]. https://report.seedsufe.com/detail?fid=MjcwNTc4&search_key=%E5%BE%AE%E4%BF%A1.

用户的支付习惯，微信的天然支付场景会让视频号成为极大的短视频和直播消费场景。因此，微信在品牌力、服务力、支付生态竞争上具有天然的优势。对于企业来说，视频号已经成为重要的品牌营销平台。

2.视频号直播带货

除了发布宣传视频，视频号的另一个核心功能是直播功能。从直播带货的销售金额来看，2021年末的销售金额相较年初整体销售金额增长超过15倍。特别值得关注的是，私域占比超过50%，这表明微信私域的繁荣。视频号直播间的买家展现出超高的购买力和超强黏性，平均客单价超过200元，整体复购率超过60%。[1] 2021年7月25日，拼多多联合央视新闻在微信视频号进行直播带货"央young之夏：全民健身好货一起'拼'"活动，近三小时的直播中，总带货金额高达600多万元，观看人数40万左右，同时这场直播让央视新闻获得将近1万的新粉。[2]

3.视频号挂钩小程序

品牌商家借助视频号进行朋友圈与公众号多场景触达，用户点击视频号中的链接即可直接跳转至商家小程序购买。经常在线下门店购买的消费者通过微信支付后，可关注商家公众号或视频号。这一部分用户作为潜在消费者也能够通过观看视频号直播，进入小程序中进行消费，小程序成为产品展示平台和电商平台，方便商家资本变现。值得注意的一点是，很多企业对在微信公众号上发展客户缺少方法，只重视线上推广。但从现实来看，线下的推广也需要跟上线上发展的步伐，例如企业门店开展扫码关注送礼活动、投放户外场所大屏广告、主动接触顾客推荐等。

（三）文章打赏、推文广告植入成为公众号创作者的收益来源

1.赞赏功能

微信生态体系并不是完全只为品牌商家带来资本收益，同样也能为个人公众

---

[1] 井寻.视频号电商，迷雾终见光[EB/OL].(2022-04-02)[2022-08-09]. https://baijiahao.baidu.com/s?id=1728993486537784831&wfr=spider&for=pc.
[2] 凤凰网电商研究院.单场带货600万：拼多多"试水"视频号直播[EB/OL].(2021-07-30)[2022-08-09]. https://ishare.ifeng.com/c/s/v002Be4El--KnSEd76LaHZZUy0-_sXgZOe1WMSOGfPp9QRfYA__.

号文章创作者带来收益。微信公众号的原创类文章可以开通赞赏功能，读者赞赏的比例大都在0.5%以下，金额大多在2~5元。创作者在累积到一定的粉丝数量以及保持推文的日常更新后，就能获得可观的来自读者的文章打赏。

2.广告植入

当创作者的微信公众号拥有大量的粉丝后，就可以通过广告植入来获得收益。广告变现分为两大板块：一种为公众号充当流量主，通过引导流量进行广告点击获得收入；另一种为发布商业广告，通过推送软广或硬广获得收入。不同的广告植入方式与粉丝基础决定了不同的广告价格。

（1）流量主

流量主变现是微信公众号最常见的盈利模式。拥有500个粉丝的微信公众号创作者就可开通成为流量主，每个用户最多注册20个公众号并申请开通成为流量主。目前流量主的广告投放形式主要有两种：底部广告和文中广告。

底部广告是指在开通流量主功能后，公众号文章底部会自带微信分配的广告，流量主参与流量分成，展示形式包括关注图片、下载卡片、浏览图文、领取卡券等。粉丝只要点击广告，流量主就会有收入。据坤龙团队研究，点击一次大约收入0.3元。以公众号"半月谈"为例，公众号推送底部出现"朴朴超市"广告，用户点击图片即可跳转到广告页面（见图4-19）。

文中广告的具体位置由流量主在编辑文章内容时设置，相比底部广告，放置位置更加灵活，但该方式会直接影响用户观感，一般存在于个人运营的公众号文章内（见图4-20）。据坤龙团队研究，文中广告的点击均价在0.4元到0.6元。

图4-19　微信公众号"半月谈"文章底部广告

 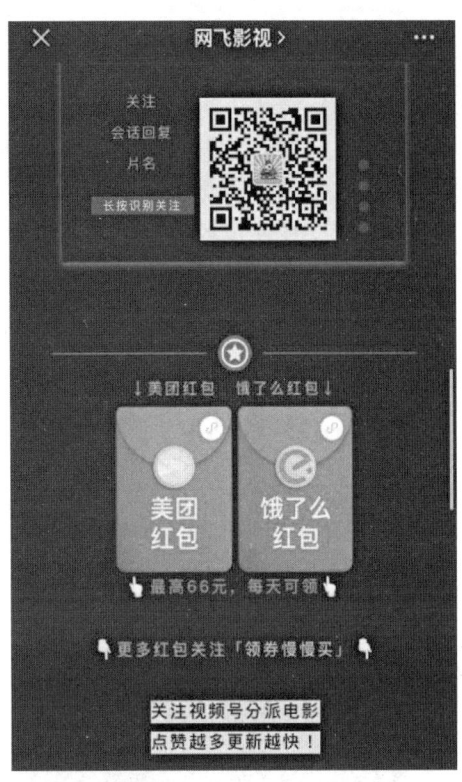

图4-20　微信公众号"十锤星人""网飞影视"文中广告

（2）商业广告

商业广告也是目前绝大多数自媒体的收入来源，分为硬广与软广两种形式。

硬广主要由广告方向公众号创作者提供一篇文章，在公众号上推送。目前比较常见的是课程学习类广告，通过非常醒目的标题吸引用户点击，再利用长篇大论引出广告方课程（见图4-21）。该方式简单粗暴，所以广告费用也最为低廉。其最大的缺点是影响阅读体验，因此容易"伤粉"。

软广则更多针对有内容原创能力的公众号，需要公众号创作者与广告方沟通后才能落实。"顾爷"顾孟劼是非常有代表性的擅长软广推文的创作者，他将自己的专业领域绘画与广告结合在一起，优质的内容往往轻松成为"10万+"爆款（见图4-22）。据坤龙团队研究，早期的公众号广告报价以"万粉"为基本单位，例如：公众号A报价为500元/万粉，如果是30万粉丝，报价就是1.5万元。[①]

[①] 坤龙团队未谙. 如何靠公众号赚钱？3类8种方式最全总结[EB/OL].（2020-11-30）[2022-08-09]. https://zhuanlan.zhihu.com/p/37689260.

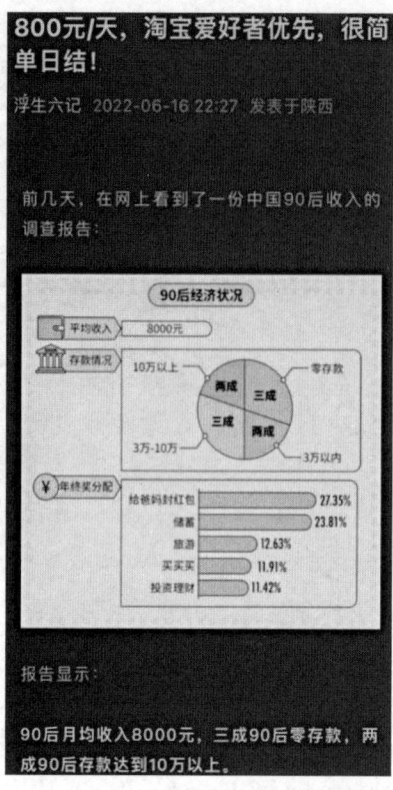

图4-21 微信公众号"浮生六记"文章广告

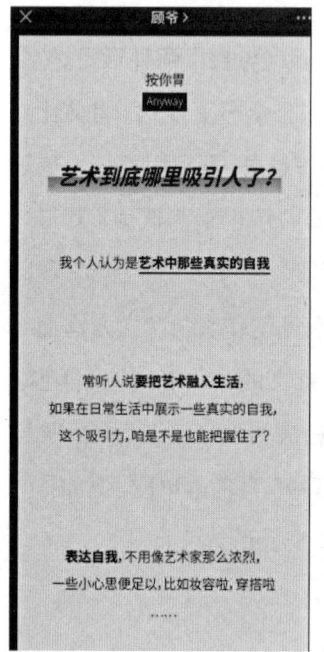

图4-22 微信公众号"顾爷"品牌定制推广

(四)商品广告朋友圈精准投放

微信生态体系的商业化运作中,如何将品牌商家的产品导向更多的用户?将广告内容植入头部公众号的推文内容中,给达人提供商品进行带货植入是最常见的两种广告植入方式,而这里提到的第三种便捷且精准的广告投放方式——朋友圈广告,是微信生态体系所独有的竞争优势。朋友圈广告投放常见形式主要分为图文广告、视频广告、公众号跳转、H5页面跳转和小程序跳转几种模式(见图4-23)。

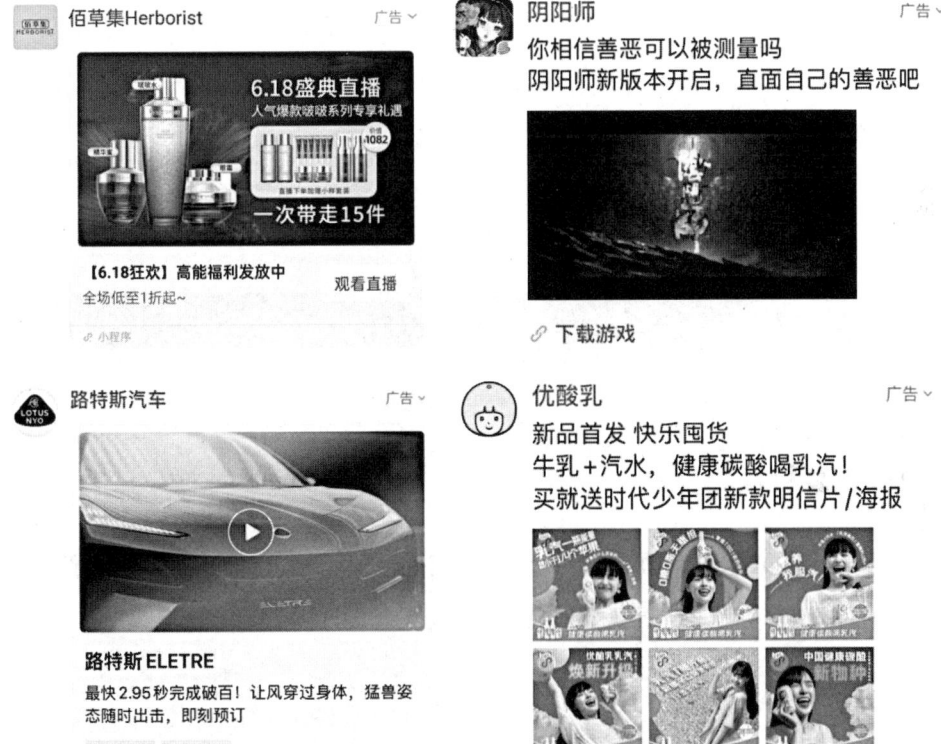

图4-23 朋友圈私域界面广告流

大数据时代,数据是王者,掌握足够的数据才有可能掌握未来。微信自2011年推出至今,注册用户超过12亿,因此拥有大量用户的消费数据。腾讯利用这一优势建立数据库,对不同用户的偏好和购买力进行模拟,再利用大数据调研去分析用户特征,根据其性格、年龄、生活环境、购买能力、兴趣爱好等将他们分为不同类型,进而为每位用户定制个性化广告内容。将广告精准投放到用户的朋友圈中,常见的发布形式是由品牌商家或是商家代言人发布内容,和日常朋友圈中好友发布动态一样,为用户营造一种熟悉感,以好友的语气潜移默化打造商家亲和力,增强用户体验感。根据"宝马汽车"给《第一财经日报》提供的数据,在微信朋友圈广告投放的17个小时内,"宝马汽车"广告总曝光量接近4 600万,用户点击宝马logo进行点赞和评论等行为超过700万次。①

❓ 本节思考题

1.视频号直播带货相较于淘宝、抖音与快手等平台的销售模式,有何利弊?

2.若你是一名自媒体内容创作者,你会如何调动微信生态体系来实现自身内容流量变现最大化?

第三节 抖音

一、概述及特征

抖音是字节跳动公司旗下的一家短视频平台,用户可以通过该平台选择歌曲进行短视频作品创作,观看视频作品,参与社交互动。

(一)特征

1.强大的技术支持

抖音平台拥有字节跳动强大的数据与技术支持。过去,视频制作对一般人来说门槛很高,而现在,抖音的技术支持降低了拍摄视频的难度与学习成本。在抖音平台上,有许多创意交互玩法,比如立体相册、素材蒙版和各种滤镜贴纸,品牌可以自己定制使用来进行拍摄,用户可以随意发挥创造力和想象力,打造戏剧性场

---

① 一财网.微信朋友圈首轮百万级广告"出街" 宝马和vivo广告怎么推送的?[EB/OL].(2015-01-27)[2022-08-09]. https://finance.huanqiu.com/article/9CaKrnJH8hm.

景来创新自己的短视频内容。用户也可以直接借助抖音平台进行简单的剪辑操作，使用自己喜好的模板制作和发布视频。如果想要复杂的剪辑技术，抖音平台研发了剪映App供用户使用，用户剪辑完视频后可以一键绑定抖音账号进行发布。

2.内容兼具流行性与朴实性

抖音的定位偏向于时尚潮流平台，通过音乐、舞蹈等内容吸引年轻受众。据极光iApp发布的《2021年Q3移动互联网行业数据研究报告》，2021年第三季度，抖音平台用户量持续上涨，月活均值达到6.3亿人，同比增加2.9%，并且有30.4%的用户年龄在26至35岁这一区间，在所有年龄段中占比最大。因此，抖音平台短视频创作者会围绕年轻人喜爱的风格进行创作。以运动健身博主刘畊宏为例，他抓住年轻人喜爱周杰伦音乐的特点，将流行音乐融入健身视频，直播教学普通大众能接受的健身方式，通过接地气的"人鱼线""马甲线我想要""腰间的赘肉咔咔掉"等口号圈粉无数。仅3个月的时间，他的粉丝数便从2022年4月初的800万涨至同年6月的7 000万，直播的累计观看人次超过1亿，单场直播观看量最高达4 476万，创下抖音直播2022年最新纪录（截至2022年4月）。[①]

3.头部账号特征

抖音平台头部账号特征多样化：

第一，"颜值经济"盛行，高颜值年轻创作者较容易吸引更多粉丝。例如，颜值博主"王不染"一月涨粉91万；凭借爱吃属性和高颜值长相，"小贝饿了"以美食探店和美食制作类视频，拥有超过1 700万的粉丝。

第二，不同行业、领域的科普博主，比如"超自然研究所所长"拥有690万粉丝，"地理老师王小明"拥有784.91万粉丝。这类创作者通常用娱乐的形式，对生活急救、地理知识等内容进行科普。

第三，为了吸引、稳定粉丝群以及区别于其他账号，对自己的人设进行差异化打造，垂直深耕于某一领域。以抖音博主"我是田姥姥"为例，田姥姥打造中老年网红形象，以个性与搞笑标签打造自己的差异化人设。在拍摄上突出田姥姥标志性的"突突突"式东北口音对话方式，展现田姥姥一家人的生活方式。该账号2019

---

① 新浪财经.49岁刘畊宏突然火了！直播收入10天暴涨10倍！下一个李佳琦？[EB/OL].(2022-04-22)[2022-08-09]. https://baijiahao.baidu.com/s?id=1730775249664140854&wfr=spider&for=pc.

年11月发布第一条视频,截至2022年7月共获得3 615.23万粉丝。

4.粉丝特征

抖音平台的粉丝会根据自己的内容喜好关注博主,不同性别、不同年龄段的粉丝偏好的内容大多不一致(见表4-3、4-4)。

表4-3 抖音用户偏好(性别数据)

性别	男性	女性
偏好内容	军事、游戏、汽车	美妆、母婴、穿搭

表4-4 抖音用户偏好(年龄段数据)[①]

	年龄段	占比	偏好内容
1	25岁及以下	30.1%	游戏、电子产品、时尚穿搭
2	27—35岁	30.4%	影视、母婴、美食
3	36—45岁	22.7%	汽车、母婴、美食
4	46岁及以上	16.8%	动植物养护、亲子互动、美食美景、

近年来中老年粉丝不断增加。截至2021年12月,我国网民规模为10.32亿,其中50岁及以上网民占比为26.8%,较2020年12月增长0.5个百分点。抖音官方发布的数据显示,截至2021年4月,抖音60岁以上创作者累计创作超过6亿条视频,内容类型包括风采展示、亲子互动、创意特效、美食美景、动植物养护等,累计获赞超过400亿次。[②]

从消费者的角度来看,纵观2021年2月至2022年1月抖音电商营销活动数据,单场直播交易额破百万的直播间就有4.4万个。据《2021年"抖音双11好物节"洞察报告》,2021年"双十一"期间,直播电商交易规模同比增长80%,直播商品点击次数突破148亿,直播间中,单场直播交易额最高达1.51亿元,用户整体消费能力不断提升。

[①] 数据来源:极光iApp《2021年Q3移动互联网行业数据研究报告》;巨量算数《2020抖音用户画像报告》。
[②] 文汇报. 短视频用户达8.88亿,60岁以上银发族贡献"新流量"[EB/OL].(2021-08-27)[2022-08-09]. https://wenhui.whb.cn/third/baidu/202108/27/421430.html.

(二)优势及劣势

1.优势

抖音作为一个短视频平台,受众范围广、门槛低、用户操作简单,视频内容可以通过上下滑动屏幕的方式获得。据《2021年Q3移动互联网行业数据研究报告》发布的数据,抖音月活均值达到6.3亿人,日使用时长均值达到144.6分钟。[①]此数据归因于抖音"中心化"的算法推荐,抖音能轻松地推荐用户喜欢和关注的内容。每次下滑带来的未知感可以不断吸引用户观看,从而拉长使用时长。

2.劣势

作为短视频制作平台,视频同质化是抖音不可逃避的问题。由于短视频行业准入门槛低、创作成本低、可操作性强,一旦一个爆款作品出现或标签化话题挑战出现,用户为蹭流量或平台引导用户拍摄热门同款,就会导致内容同质化严重,重复率极高。比如因开直播掀起全民运动热潮的刘畊宏,当他带领用户体验"毽子操"后一周涨粉近3 000万,其他博主借此运动热潮发布大批类似内容。

由于短视频平台电商直播的门槛低,一些无良商家以及部分"利"字当头的网红博主,往往会用夸张的语言与虚假的图片来夸大产品的功能,然而产品的质量却无法保证。抖音平台2021年处罚违规商家次数高达40万。[②]从整体上来看,目前我国短视频电商仍然存在许多问题,比如质量低劣产品的销售监管不到位、售后不及时、恶性低价竞争、虚假欺诈交易等。

二、内容制作

(一)以短视频为主

随着网络时代的到来,人们的生活节奏加快,用户往往把"刷抖音"作为日常工作中放松的一种方式。抖音致力于信息内容的压缩,便于用户在短时间内进行信息的接收与表达。"短"是指视频时长短,抖音平台上大部分视频时长集中在20

[①] 极光大数据:《2021年Q3移动互联网行业数据研究报告》[EB/OL].(2021-10-21)[2022-08-09]. http://www.100ec.cn/home/detail--6602174.html.

[②] 抖音电商.《2021抖音电商消费者权益保护年度报告》发布(全文)[EB/OL].(2022-02-28)[2022-08-09]. https://rmh.pdnews.cn/Pc/ArtInfoApi/article?id=26899806.

秒左右，目的是实现视频内容价值最大化来吸引用户观看。

随着抖音平台上的短视频内容越来越多，用户可以选择性地快速浏览内容，因此短视频的前三秒成为吸引用户视觉停留的关键。短视频有极具吸引力的开场，才会吸引用户有兴趣看下去。内容制作者常用开篇设置悬念、制造矛盾、引起冲突、打造反差这四大戏剧手段展现视频内容。若想吸引用户点进主页进一步观看，短视频的结尾也是关键，内容创作者往往会选择以悬念的方式结尾，吸引用户关注后续内容。只有紧扣人心和人性，抓住用户的好奇、欲望、愉悦等心理，才能吸引用户持续观看。

（二）内容借助热点

在网络时代，网络的传播速度非常快，所以内容创作者一定要有"强网感"，即学会借助热点的热度。首先，一般来说，当某个热点出现时，会伴随着相关的热点事件。热点信息可能是一句话，内容制作者要善于从整句话中提取关键词，关键词最好控制在几个字内，清晰明了。其次，热点出现后，内容制作者要结合自身特色，做出个性鲜明的、具有独特创意的热门视频，而非盲目跟风。最后，热点的爆发具有很强的时效性，如果一个热点发生已经过去了四五天，那么内容制作者就没有必要再去蹭这个热点。因此，如果试图通过蹭热点来提高内容浏览量，最好的方式是在热点爆发阶段进行视频的快速策划及制作。以有6 310万粉丝的影视自媒体账号"毒舌电影"为例，该账号初期风格以搞笑内容为主，并没有大量圈粉，直至2020年新冠肺炎出现后，账号以较快速度发布了两条视频——《喷嚏有多大威力》《埃博拉的故事》，两条视频点赞总计210万。东京奥运会时期，苏炳添成为首位闯入奥运会男子百米决赛的中国运动员，"毒舌电影"抓住热点制作了一期《苏神，凭什么'成神'》的视频，播放量超1 000万，点赞量破200万，再次疯狂吸粉。

（三）颜值爆款

在抖音平台上，颜值是许多"草根网红"走红的助推器，许多普通用户凭借外表吸引了大量粉丝，这就是短视频内容创作迎合"颜值经济"带来的结果。"颜值经济"是指围绕"颜值"发展起来的消费产业，抖音"颜值经济"最直接的体现是平台上存在大量高颜值达人、博主，以及抖音自带美颜滤镜令用户沉迷于自己的"抖音美颜"中。因颜值而吸引大量粉丝并成功出圈的达人有许多，比如费启鸣因颜值以及被塑造的阳光大男孩形象吸引大批粉丝,后来成功签约经纪公司并转型成为职业演员。

(四)音乐性

抖音的定位是音乐类短视频平台,主要特点是利用大量酷炫的滤镜与动感音乐制作视频。视频内容营造视觉冲击力,音乐则能对用户产生听觉刺激。听觉刺激对个体来说,甚至比视觉的留存时间要长。抖音的音乐库往往选择歌曲的高潮部分,节奏欢快且有记忆点。从《2020抖音数据报告》看,2020年抖音最受欢迎的背景音乐前五名分别为《少年》《我和你》《旧梦一场》《世界这么大还是遇见你》和《微微》,都是旋律悦耳、容易记住的歌曲。

(五)故事类短视频

抖音平台推出"故事"模块,以"真实故事"为载体的故事类视频激发受众的情感共鸣。故事类短视频在融合平台热门话题与各种类型视频后,形成了一套完整的故事内容模式:

其一,"故事"作为一种表达方式,与其他垂类视频结合,比如将故事与美食、旅游、娱乐类内容相结合,从而取得不错的传播效果。旅游博主"藏锋Kevin"的视频内容以"故事+旅游"的模式,展现了叙利亚、阿富汗、巴基斯坦等国家人们的日常生活细节,通过博主与当地人的互动来讲述当地人日常生活的故事,获得了455万粉丝。

其二,"故事"是短视频的主要表达手段,以"故事"的形式制作一系列视频,通过塑造特定的人设(真实身份或者虚拟角色),在不同视频中以"固定角色+场景+情节"的形式讲一件事。剧情类视频和规模化、工业化生产的短剧是其中的代表。如短剧创作者"魔女月野"从2019年11月开始创作恋爱类短剧,截至2022年7月拥有1 985万粉丝,获得2.9亿点赞量。"姜十七"从2020年4月开始发布系列短剧,且多部为竖屏短剧,截至2022年7月拥有2 758万粉丝,获得3.3亿点赞量。

三、运营方法

(一)初期构建流量基础

短视频平台内容是为流量服务的,所以在产品创立之初,管理者需花费大量金钱与精力引进足够多的短视频内容,以此来博取更多的关注,构建自身的流量基础。

如何在抖音平台获取超高流量?首先需要了解抖音的算法设计。抖音的算法与上文提到的微信主打"社交推荐"方式不同,它的算法是尽可能利用用户的观看数据进行分析。除了对性别、年龄、地区数据进行分析外,抖音算法还以"中心化"推荐为原则,邀请大量明星、网红入驻,以用户与这些头部内容创作者的短视频的交互数据——点赞量、评论量、转发量、观看时长等为参考,将优质内容输送给用户,使其获得高流量数据。这种中心化的算法机制给予优质内容流量扶持,更容易形成爆款视频,有利于激励内容创作者生产出更多优质内容,因此想获得平台推荐,关键还要产出优质内容。

还有一种更为直接的方式即购买抖音平台的"DOU+"增值服务,用户可以用花钱的方式使自己的短视频获得更多的曝光量或粉丝量。MCN机构和内容创作者在刚入驻抖音的时候,会选择该方式加大曝光力度以吸引粉丝。

(二)个人账号管理

在运营趋向专业化的时代,如果没有专业MCN机构的管理,个人抖音号运营难度大,很难找到获得高流量的规律。MCN机构能给内容创作者提供专业的运营技巧来增加曝光率,帮助其实现流量变现以及收益保底,但该做法同样存在一些弊端:从经济角度看,MCN机构会抽取一部分的佣金或参与利润分成;从法律合约角度看,与MCN签订的合约存在霸王条款的风险,比如账号归属与版权问题,如果加入MCN机构,创作者个人创作的内容都属于机构而非自己,例如,全网粉丝2000万的"翔翔大作战"因与MCN机构产生纠纷而无法使用自己的账号。

(三)精品流量池正向反馈

内容创作者要想获得流量,首先要了解流量从何而来。流量池分为三种类型,分别是公域、私域和商域。创作者个人账号里的组件、私信、数据与整个账号体系搭建等，都属于私域部分，需要我们不断地通过数据运营优化。公域流量指平台内推荐的流量，如"DOU+"等，公域流量主要用来不断叠加好内容，为账号私域流量池导流。商域流量会投一些信息流广告、开屏广告、固定位广告和发布会直播。

了解流量池分类后，用户可以从"完播率""点赞率""评论率""转发率""关注量"这五个维度进行比较，分析自己的账号是否具有优势。若想获得更多的新粉丝用户，可以引导老粉丝对视频进行收藏、下载、转发等形式的二次传播。内容创作者能够积极调动流量池中不同类别的流量为自己导流。

四、商业化手段

抖音商业模式中有三方存在，分别为平台方、用户方和商家方。抖音用户在平台上观看并发布内容，用户既可以是创作者也可以是消费者。平台上出现大量优质活跃用户会吸引商家入驻，进一步巩固三方关系。

平台方为了吸引更多商家入驻，为其提供三大业务：其一，商家可以通过抖音平台获取用户画像，利用用户数据制定精准的营销方案。其二，商家可以通过抖音平台创建账号，通过账号直播间、橱窗直接在平台上与用户产生交易。其三，字节跳动公司设立了"巨量引擎"数字化营销服务平台，为想在抖音平台推广产品的商家提供广告渠道，广告主可以根据用户年龄、性别、区域、兴趣爱好、观看时间段与婚姻状况等条件自行选择对象进行精准投放。商家的进入，令平台与商家双方获利，商家可以在平台上进行交易获得利润，抖音平台通过为商家服务获得服务费用。用户通过观看平台的视频，与商家形成买卖关系。

（一）广告

抖音平台上有多种广告形式，例如短视频开屏广告、搜索页面品牌榜流动广告条、直播广告、短视频内容广告、短视频植入广告等。

从抖音的消费模式来看，抖音的竖屏模式缩短了品牌与用户沟通的路径，利于实现从触达到行动的快速转化。在传统的横屏广告中，用户如果想观看更清晰的广告内容，就需要把手机切换成横屏。如果用户想要跳转到其他电商平台进行消费，还需要调回竖屏状态。通过抖音竖屏广告的互动流程，不用任何操作，用户可以直接观看广告并点赞、评论、分享；如果这个广告内容有趣，还可以引发用户参与二次创作。Snapchat（色拉布，一种社交媒体应用程序）的广告数据显示，抖音竖屏广告的播放完成率较横屏广告的播放完成率高9倍，视觉注意率高2倍。广告内容直接调动用户参与，持续产生裂变，有利于广告商与电商联动。

在广告投放方面，抖音平台根据用户数据将不同的用户分类，帮助商家寻找潜在用户进行广告投放。抖音平台上还有许多优秀的个人内容创作者、MCN机构，商家通过选择合适的内容创作者，将自己的产品植入他们创作的内容中，然后通过其粉丝群将短视频传播出去，达到宣传自己产品的目的。

（二）电商

《2020抖音电商消费者权益保护年度报告》显示，抖音电商业务2020年GMV（电商交易总额）超过5 000亿元，比2019年增加了三倍多。2022年5月31日，抖音电商总裁魏雯雯对外公布，2021年抖音电商平台GMV是2020年同期的3.2倍。[①]该数据为流量变现提供了依据，抖音平台变现主要是通过电商实现的，抖音电商有两种主要形式，一种是直播带货，一种是通过橱窗销售商品（见图4-24）。

1.电商直播

电商直播是抖音平台最直接的变现方式，涉及的领域主要有服装、美妆、零食、书籍、宠物用品等。许多品牌商家注册企业号入驻抖音平台，这些企业号一方面可以发布视频作为广告宣传，另一方面可以通过直播的方式进行商品售卖。当用户头像出现跳动的红色圈，表明该用户正在直播，点击头像即可进入用户直播间。直播间左下角为消费者评论内容，点击右下角购物车图标会显示直播间商品内容。抖音平台直播间的购物方式与淘宝、微信视频号直播间的购物操作相似，容易上手。

2.电商橱窗

抖音平台的另一种变现方式是电商橱窗。账号获得"超过3000个粉丝+10个视频作品+实名认证"时，即可开通账号电商橱窗，账号主体在视频文案、评论区

---

① 注：这一数据统计的是2021年5月1日—2022年4月30日与2020年5月1日—2021年4月30日的GMV对比。数据来源于2022抖音电商生态大会。

图4-24 "东方甄选"电商账号及直播界面

或是直播间中添加橱窗链接,抖音平台收取10%左右的销售额作为提成。其商品橱窗功能位于账号主页视频内容上方的文字区域,用户点击进入商品橱窗就可了解账号正在售卖的商品,操作模式与其他电商平台相似。

(三)抖音支付

为了减少消费者在转换界面时冗杂的操作步骤,同时规避第三方软件带来的风险,提高平台自身的稳定性,抖音于2021年正式推出自家支付平台——抖音支付,试图逐步摆脱对其他平台的依赖。观看广告、挑选货物、联系商家、支付购买,这些操作消费者都可以在抖音App中完成,抖音以此打造自身的闭环生态。不过,与微信、支付宝强大的用户基础与多年的运作经验相比,目前抖音支付无论在影响力还是知名度上,都与前二者存在较大差距。

(四)直接获得收益来源

抖音平台上,用户直接获得收益的方式有三种:商家带货,参与商家与平台的合作任务得到现金和流量补贴,以及靠用户直播打赏获得收益。

为吸引优质内容创作者、激励用户参与一系列话题活动,抖音平台建立了平台补贴机制。商家为平台投入资金,创建抖音任务与创作者计划,任务完成,参与者就可以领取抖音现金或流量奖励。在"抖音App—我—创作者服务中心—主播中心"下可以看到现金任务和日常任务,用户选择任务,按照任务要求完成直播即可获得一笔相应的现金奖励。奖励金额会根据直播观看人数、直播观看时长、用户互动情况、落地页展现次数等方面来综合决定。相关任务有规定的任务时间,用户要在规定时间内按要求完成直播或视频任务,在任务详情中也能看到任务奖励的瓜分情况和当前奖励的排名情况,排名会展示前10名的收益情况。在现金奖励下用户有很多任务可以选择,一般来说任务奖励金额根据用户发布任务视频的质量、播放量以及互动量等方面来决定。当然,用户在完成任务获得现金奖励时需要缴纳个人所得税,提现金额是已经扣缴了相关税费后的金额,用户等任务结束后可以在"我的任务"中进行奖励提现。

观看直播时,用户可以给主播打赏,主要通过平台的虚拟币进行。用户充值获得虚拟币,使用虚拟币购买道具例如"火箭""嘉年华"等,向主播赠送道具即完成打赏。主播通过用户打赏获得收入,平台则通过抽成获取利益。

(五)线上线下联动

还有一种抖音平台流量变现的方式为线上视频内容带动线下实体产业发展,这类方式大多存在于餐饮、旅游等线下门店。以餐饮企业海底捞为例,它通过在抖音上发布各种火锅吃法进行宣传,塑造高质量服务以及为顾客提供个性化美食的品牌形象,吸引了大量抖音用户去线下实地打卡。旅游景区凭借在抖音平台上的短视频宣传,打造出无数网红景点。关于探店模式,抖音推出"抖音探店团"计划,用户加入抖音探店团后发布内容可以定期获得平台流量扶持,抖音还会优先展示其视频内容。

❓ 本节思考题

1.若你是一名抖音内容创作者,你会选择自主管理账号还是加入MCN机构?为什么?

2.了解完抖音的商业化手段,请挑选一家品牌商,谈谈你对其抖音商业化运作模式的看法。

第四节 快手

一、概述及特征

快手诞生于2011年3月,是我国最早涉足短视频行业的应用软件之一,它利用用户黏性发展产品。

(一)特征

1.中国现实生活的入口

在目前众多短视频平台中,相对而言快手更加贴近普通百姓的日常生活。《2021快手年度数据报告》显示,2021年用户在快手上搜索"做菜"达38亿次,用户乐意在快手上主动搜索日常生活所用信息,并主动发布与日常生活相关的内容,比如"钓鱼直播""简单易学舞蹈""小户型装修"等也入选了2021年度热门搜索排行榜。

2.社交平台

快手2022年第一季度财报数据显示,其平均日活跃用户达3.46亿。作为拥有如此大规模用户的平台,快手不仅仅是用户内容的发布端,而且通过用户间的点赞评论,成为一个极具代表性的社交平台。它构建了"星云生态"[①],其分布化的流量分发机制使公域流量向创作者的私域流量转化,催生了"去中心化"模式,从而触发用户之间的高黏性社交。对使用者来说,拍摄并发布自己的作品,能够在公众面前展示自己的兴趣爱好,利用平台机制优势,可以寻找有相同兴趣的用户并与其成为好友,扩大自己的社交圈。

快手打造"老铁"式社交关系网。"老铁"通过直播与用户互动,变成用户信

---

① 星云生态:以多元内容为载体,以高黏性社交为吸引力、流量分布化、互动圈层化、具有内在发展动力和良好商业前景的生态模式。

任的内容发布者,借助公域流量和曝光扶持政策成为更多用户喜爱的"达人"。"达人"听起来与普通用户间有疏远感,但"达人"可以通过与用户们的长期互动打造用户熟悉的"老铁"形象。"老铁"与"达人"转换的过程,是一个有黏性的、有福利的、积极的良性循环。去中心化模式有利于粉丝与创作者更充分地交流,激励创作者不断进行内容创新。当创作者的创作频率高并且创作内容质量好时,粉丝会对创作者很"忠诚"。由此,"老铁文化"在快手平台的社群中应运而生。

3.头部博主特征

快手大数据研究院发布的《2020快手内容生态半年报》显示,自2019年7月至2020年6月,3亿用户在快手发布了作品,30岁以下用户占比超70%,2021年1—6月,快手短视频中29.8%的作品内容主题为记录生活。[①]头部主播制作的内容大多接地气,他们的视频内容主要有三个方面:其一,分享生活中的妙招,如简单制作菜肴,快手用户对此类内容比较感兴趣;其二,展现个人才艺,视频主人公以民间艺人为主;其三,以真实的生活方式展现日常生活,如乡间摘菜、除草干活等。表4-5为抖音与快手平台特征对比。

表4-5 抖音、快手平台特征

平台	抖音	快手
产品调性	潮酷、年轻	接地气
市场定位	年轻人的优质音乐短视频社区	以短视频记录生活的社交平台
目标用户	以新时代年轻人为主	社会大众

4.粉丝特征

从城市来看快手用户的分布,一线城市用户占比15%,二线城市用户占比30%,其余为三四线及以下城市用户。三四线城市用户占比较大,这符合快手首席执行官宿华的理念,即快手定位用户为"社会平均人"即三四线城市的普通人群。快手始终把重心放在关注普通人的生活上,注重内容能让用户间产生共鸣。如表4-6所示,不同城市的内容创作者发布的内容偏好不同,但能够与其他城市用户产生共鸣。

[①] youyou聊聊.快手宣布3亿用户发布作品,一二线用户占比45% [EB/OL].(2020-10-16)[2022-08-09]. https://www.sohu.com/a/425145033_100162170.

表4-6 快手各级城市内容发布与观看偏好[1]

	发布内容	内容创作者城市	最爱观看用户城市
1	Cosplay	一线城市	一线城市
2	翼装飞行	一线城市	四五线城市
3	盲盒手办	新一线城市	三线城市
4	宅舞	二线城市	一线城市
5	驾考 科目二	二三线城市	五线城市
6	杂技	四线城市	新一线城市
7	骑马 养马	五线城市	五线城市

快手平台拥有较多对"三农"感兴趣的用户。《2021快手三农生态报告》显示，2021年快手平台上对"三农"感兴趣的用户超过2.4亿，其中超过29%来自一二线城市，超过1.9亿月活跃用户关注农业技术，对田园生活、牧渔生活、花卉园艺等内容的视频感兴趣。2021年，快手直播电商有超过4.2亿个农产品订单从农村发往城市，越来越多的农村创作者通过快手获得收入。

（二）优势及劣势

1.优势

快手内容分发环节引进了"基尼系数"概念[2]，目的是预防用户间视频浏览量等数据差异过大的问题，做到在流量池中每一个用户能得到相同概率的推荐，不存在刻意运营或引导用户观看的情况。快手平台推送的内容不仅是高曝光度的视频，点赞数较少的内容也有机会出现在其他用户的首页。这种算法逻辑使得每个用户生产的内容都有机会被展现。大量普通用户受到该推荐机制激励，主动发布作品，快手通过人工智能将用户的作品推荐给合适的观众，从而帮助用户获得自我认同和归属感。在"公平普惠"原则下，平台的内容数量和类型多样化得到了保证，形成了高包容度的内容生态。同时，丰富的内容也能满足不同用户

---

[1] 快手大数据研究院. 2021快手内容生态半年报［EB/OL］.（2021-08-13）［2022-08-09］. http://www.199it.com/archives/1292656.html.
[2] 基尼系数（英文简称Gini）是指国际上通用的、用以衡量一个国家、地区常住居民收入差距的指标，且这个指标的最大数为"1"，最小数等于"0"。基尼系数的高低，体现了该国、地区居民贫富差距的高低。

的观看偏好,提高用户的幸福感,用户之间的共鸣和互动构成了快手独特而真实的文化现象。

"去中心化"的快手,可以让用户接触到许多与自己的社会阶层、社会轨迹相似的人群,给予每一个普通用户平等的待遇,从而激发用户的表现欲和拍摄热情,"草根文化"借助快手平台获取内容创作力。表4-7为抖音与快手的内容分发特征对比。

表4-7 抖音、快手的内容分发特征

平台	抖音	快手
运营理念	中心化	去中心化
分发机制	人工精选+算法推荐	算法推荐
推送区别	资源倾斜明显	均等推送机会

2.劣势

在内容方面,快手平台用户一半以上为三四线及以下城市用户,因此发布的部分内容极具乡土气息与"草根精神"。可其他平台用户并没有见过视频里的这些内容,他们可能会片面地将"土味"等词与快手平台联系起来,对快手留下刻板印象,这就制约了快手平台吸引更多一二线城市用户。同时,用户分布的局限性很难保证平台获得创新的视频内容。

在电商直播方面,大部分用户并不是为了购买生活必需品而消费,而很可能是受到上文所说的"老铁文化"影响,加上直播间高涨的消费氛围烘托,由此产生了冲动消费。首先,通过大量秒杀、发放红包雨的方式虽然可以有效地增强用户黏性,但用户的思考时间缩短,独立思考能力大打折扣,使得大量消费者盲目购物。其次,"老铁文化"的相处模式,让用户对主播产生极强的信任感,用户对自己购买的产品的功效深信不疑,不会质疑商品的质量问题;用户间出现极强的攀比风气,屏幕上不断刷新的成交量数据刺激用户下单,群体效应下用户个人的审美个性丢失。因此,面对直播带货中出现的商品质量问题、售后保障问题、销售数据问题等,平台方应该建立相关政策来保护用户,保护直播带货行业的产业生态。

二、内容制作

（一）真即核心

在快手平台，真实生活是内容创作的灵感来源，真实也是快手平台的核心。快手为普通人提供了一个记录和分享生活的平台，让普通人也能获得关注，收获他人的反馈和认同。在快手平台上，高深莫测、晦涩难懂的视频内容往往无人问津，真实可感的东西更容易引发共情，这源于用户对不同平台的需求各不相同。

（二）有趣内容

有趣的内容点击量往往不会少。快手平台上存在一些反串短剧，如"张二嫂"穿着一身花棉袄，戴着假发套，反串农村嫂子形象，讲述农村人情世故，凭借自制搞笑短剧，获得近3 600万粉丝，且每条视频都有上万次的互动（见图4-25）。新奇好玩的创意比较容易获取平台用户的注意力，例如一些洗脑神曲、魔性舞蹈、反串短剧，更容易吸引具有碎片化观看习惯的用户。

（三）故事性短视频

快手平台上的用户经常运用"故事+本地生活""故事+情感"等形式创作内容，发布一些有故事性、感染力的情景短剧、真实的纪录短片和小剧场视频，故事更多发生在乡村和山野。如账号"山里的木匠"经常发布自己用木头制作汽车、飞机、摩托车、奥特曼、给百安奶奶的取暖箱等物品的视频，通过制作这些作品传

图4-25 "张二嫂"快手账号首页

达对家庭、对家人的爱。

(四) 快手短剧

快手短剧成为很多创作者的选择,作为最早投入短剧领域的短视频平台,快手平台的短剧模块发展速度很快。截至2021年5月,快手短剧作者数量突破6.2万,2021年3月,日均超过2亿用户在快手平台观看短剧。[①]

2019年4月,快手推出"快手小剧场"页面,将专业制作公司和普通用户创作的小短剧集合至同一页面,方便用户集中挑选和订阅。快手小剧场的主页内容按照剧情分类,方便用户根据喜好精准寻找观看内容。平台在小剧场中创立了一个按照观众喜好度排列的"热播榜",分为"今日最热"和"必看TOP50"两个独立榜单。

短剧主页设有"快手星芒"推荐板块,点击进入可以看到大量"星芒短剧"。"快手星芒计划"是快手平台为鼓励更多用户积极参与优质短剧创作制定的推荐机制。"快手星芒计划"会对短剧创作者与内容进行定级,不同级别创作者拥有不同的流量扶持奖励。优质短剧作品可获得快手平台的流量补贴,若是有效播放量达标,创作者单月可以额外获得最高20万元的现金激励。这种奖励机制有效刺激并吸引了大量的优质用户参与其中。

在题材方面,快手短剧分为都市、魔幻、高甜和悬疑等类别,其中都市类题材丰富,涉及诸多社会性话题内容,如职场奋斗、家庭生活与情感生活等。例如短剧《超级保安》获得10.6亿播放量。不同年龄段的用户喜爱的短剧题材也不相同(见表4-8)。

表4-8 不同年龄段快手用户喜爱的短剧题材[②]

年龄段	"00后"女性	"00后"男性	"90后"女性	"80后""90后"男性	"60后""70后"
喜爱类型	友情题材	连载动画、魔幻题材	逆袭题材	搞笑题材	家庭题材

[①][②] 快手大数据研究院. 2021快手内容生态半年报 [EB/OL]. (2021-08-13) [2022-08-09]. http://www.199it.com/archives/1292656.html.

综合来看，这类短剧具有以下特点：时长从15秒到5分钟不等；集数从几十到上千不等；简洁台词配合脸谱化的人物形象，夸张的演技加上跳跃反转的剧情；封面设置醒目的核心情节文字与图片。

三、运营法则

（一）垂直领域，树立人设

想要建立主播与用户间的黏性，需要垂直于某一领域，打造个人特色。比如拥有近167万粉丝的"郭优秀"，他的内容专注于讲述农村生活。为了打造个人特色，他利用最简单的方式即固定环境与服装，穿着休闲装在家中拍摄每日生活，凭借简单的农村生活场景内容收获了大批粉丝（见图4-26）。在他看来，是粉丝的鼓励让他开启了新生活。主播的人设和垂直领域内容有利于增加用户黏性，增进主播与用户之间的交流，从而培养信任感。

图4-26 "郭优秀"账号首页及部分视频内容

(二)整合利用"人立方"理论

在网络时代,用户不再是单向接受营销内容的被动方,在多元化的社交平台构建的营销环境中,用户成为品牌宣传、裂变、转化的核心,成为社交平台商业化运营落实的关键,这就是快手提出的"人立方"的理论构想(见表4-9)。

表4-9 快手"人立方"理论

类别	宣传的人	裂变的人	渠道的人
定义	社会上有影响力的公众人物	为品牌创造社交内容,组建线上与线下消费者社群,做好客服与发货等销售服务	品牌在各层级分销渠道上的个体
对象	明星、带货主播	种子用户、品牌员工	批发商、电商主、小店主

对快手用户来说,拥有这三种身份的"人"环绕在其周围,在社交中,品牌给用户留下印象,用户形成产品认知,完成商品购买。以2020年4月12日央视新闻联合快手平台打造的"谢谢你为湖北拼单"公益带货直播为例,央视主播邀请王祖蓝、蔡明等明星,以及66位快手主播,在央视新闻快手号进行直播,具有影响力的公众人物成为"宣传的人",短时间内为该直播活动增加曝光量。全国60多家媒体和多位知名博主积极宣传该活动,相关负责人在海航旗下多家机场候机楼与北京部分商场投放公益海报,成为"裂变的人"。在"人立方"理论的引领下,这场公益直播累计观看人次达到1.27亿,累计点赞1.41亿,当晚一共卖出6 100万元的湖北农副产品。①

四、商业化手段

(一)商业化变现方式

快手2021年财报显示,快手2021年全年总收入为811亿元,同比增长37.9%。线上营销服务仍是快手第一大收入来源。广告方面,广告商数量同比增长超过

---

① 央视新闻. 谁都无法"祖蓝"我"夏丹"! 昨晚,央视新闻公益直播为湖北带货超6000万元! [EB/OL]. (2020-04-13) [2022-08-09]. https://baijiahao.baidu.com/s?id=1663819115716515005&wfr=spider&for=pc.

60%，品牌广告收入同比增长超过150%。直播收入第四季度同比增长11.7%，达88亿元。电商服务方面，全年电商交易总额达6 800亿元。[①]

综合来看，用户与品牌方可以通过以下四种方式将流量变现：直播打赏、广告带货、电商导流和任务奖励。

1. 直播打赏

直播打赏是快手主播获得收入的一种方式。用户可以用人民币购买"快币"，安卓用户快币与人民币的兑换比例为10∶1，即1元在快手上可兑换10个快币，iOS用户可用1元兑换7个快币。用户观看喜爱的主播时，可以使用快币购买并赠送礼物（见图4-27）。主播在直播中获得虚拟礼物，缴纳完相应税费后快手平台会抽取50%的礼物佣金，除此之外的其他收益归主播本人所有。

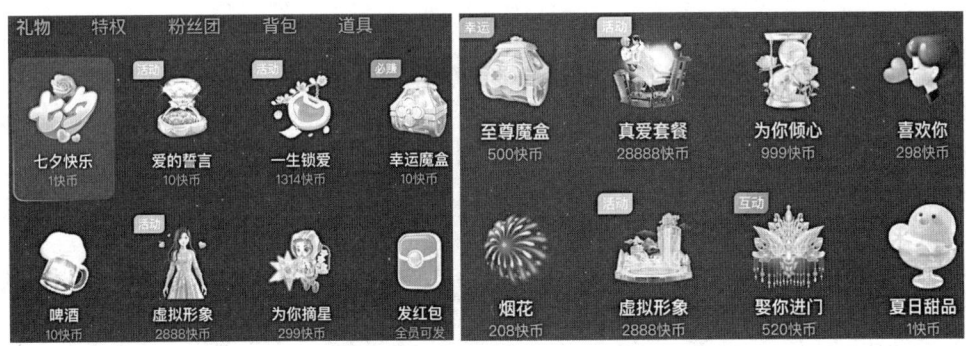

图4-27　快手平台用快币标注礼物价格

2. 广告带货

广告分为两种，一种为品牌方直接制作并投放的商品推广视频广告，另一种为植入式广告，将广告直接融入各种主播视频中。获得快手独家授权的北京晨钟科技有限公司推出了"快接单"平台，快手用户可以通过该平台实现App下载或商品下单等操作。用户无法在该平台为个人账号主动申请系统服务，当用户将快手账号运营到一定程度后，快手平台会自主判断其是否有能力接单，符合要求的用户才可开通接单功能。

[①] 止一.快手2021年营收811亿 电商交易额6800亿[EB/OL].(2022-03-30)[2022-08-09]. https://baijiahao.baidu.com/s?id=1728691581259633060&wfr=spider&for=pc.

3.电商导流

电商导流可以帮助快手用户获得盈利,快手推出"我的小店"板块,支持淘宝、有赞等电商内容的发布与展示(见图4-28)。用户可以将店铺入口设置在短视频作品与直播间页面的下方,在直播时页面中会弹出商品链接等信息。在导流方面,快手提供了相关服务:线索获取类的表单、报名页、注册页等;拉新导流类的门店地址、卡券、线上官网、商城等;销售转化类的商品橱窗、购物车、外链小程序等。用户可以充分利用平台提供的服务实现流量变现。

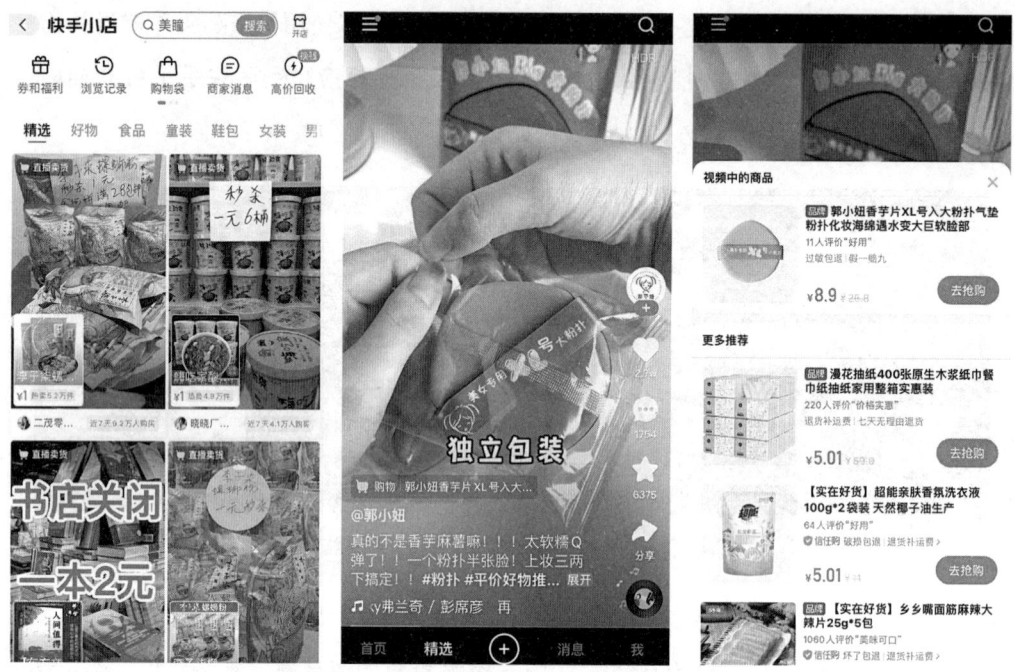

图4-28 "快手小店"中电商内容的展示

4.任务奖励

用户可以进入任务中心,完成该中心发布的任务获取相应的任务奖励。相对于在抖音平台只能通过拍摄短视频完成任务获得收益,用户在快手平台完成游戏任务也可以获得收益。比如快手2022年7月30日发布了"绽放吧中国成分"任务(见图4-29),用户根据任务要求进行拍摄,截至2022年8月1日已有3.9万人参与到任务中,有用户获得了最高351.38元的任务奖励。

第四章 不同商业媒介平台内容生产及运营规律汇总　183

任务中心　规则	任务规则
奖励任务	**关于快手任务中心**

全部奖励　全部类型　默认排序

全部任务　打卡任务　专属任务　星任务　全

任务中心，是快手提供的辅助创作者成长变现的平台。这里提供成长任务和活动任务两种形式：
- 参与成长任务可以积累创作积分，兑换流量激励和创作权益；
- 参与活动任务可以收获流量、现金等，多种不同形式的价值奖励帮你变现。

绽放吧中国成分
短视频
瓜分进度：
最高收益：351.38元　　08.10截止

怎么看我是否成功参与任务、是否获得对应奖励？

在「我的任务」页，可查看每一个自己参与的任务。
参与成功的任务，会展示「已完成」或「已获xxx奖励」信息，奖励将自动发放，因系统结算周期，奖励最晚于次日下午到账。

大姐姐冲呀–小游戏
小游戏　官方　对私结算
最高收益：上不封顶　　2023.07.31截止

在哪里查询自己的收益？

任务中心首页，可见近期获得的流量券和创作积分，也可以通过「收益明细」入口查看每一笔获得的收益。

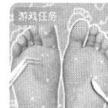
修脚模拟器–小游戏
小游戏　官方　对私结算
最高收益：上不封顶　　2023.07.31截止

如何使用流量券奖励？

通过创作者中心–内容推广入口，可以使用自己的流量券。

拯救小金鱼–小游戏
小游戏　官方　对私结算
最高收益：上不封顶　　2023.07.31截止

任务详情	任务详情

绽放吧中国成分
任务时间：07.30 – 08.10
现金奖励
@快手品牌助力官 >

任务要求

1、发布视频添加指定话题 #绽放吧中国成分
2、@指定账号"快手品牌助力官"
3、视频内容围绕"七夕约会出街妆容"进行创作，视频时长不少于15秒，拍摄内容可以是化妆、发型、穿搭等，视频内容带中国元素更佳
4、要求真人出镜，原创作品
5、每位用户在活动期间有2次获得现金奖励的机会

任务奖励：按照任务要求拍摄视频，根据视频播放及互动等综合分进行奖励，先到先得，分完为止

当前最高收益　　当前已参与数
¥ 351.38　　　　3.9w

奖励瓜分进度　15%
距离任务结束　09 天 00 时 44 分

奖励规则

1.点击下方"立即参与"按钮按要求发布视频。
2.上传视频成功后，平台将进行审核，审核通过则具备瓜分奖励资格。在任务结束前需保持作品公开且非私密状态，否则则有可能无法瓜分奖励。
3.奖励将按照视频的画面及内容质量、播放量、互动量等传播效果进行综合计算判定。
4.视频作品需符合平台规范，切勿发布违规视频。视频奖励将按照公平公正原则进行，禁止使用作弊或违规手段参与活动干扰奖励统计。详细规则参考《任务参与规范》。对于违规用户，平台有权取消参与资格并保留追究法律责任的权利。

任务详情　优选作品　我参与的

示例视频

图4-29　快手"任务中心"

(二)"真直变现"模式

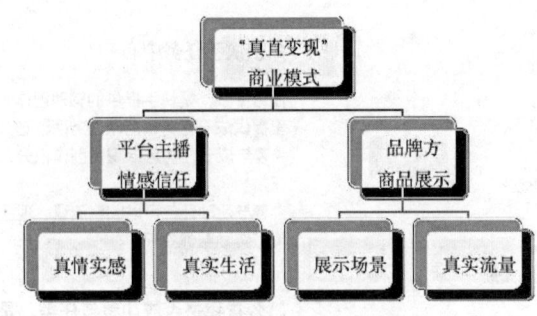

图4-30 "真直变现"模式

从社交角度来看,快手的"星云生态"具有高黏性与去中心化的特点,该平台形成了"真直变现"的商业模式。"真直变现"模式下平台基于用户真实生活环境下的真实情感,进行真实流量的高效商业转化(见图4-30)。[①]主播与粉丝之间借助情感链接建立起信任关系,在直播互动中形成黏性。主播致力于充分打造自己的"老铁"形象,原因在于"老铁"与消费者间的情感信任是商业转化的前提,能有效促进消费者的购买欲,在"老铁"们的展示与推荐下,用户才更愿意购买。产品供应链是商业模式稳定的前提,用户在众多"老铁"的直播间中选择性价比更高的直播间购买商品。这一优化模式能帮助商家直接高效地实现商业转化。

(三)快手与抖音平台直播带货的区别

随着电商经济发展,快手与抖音平台形成了截然不同的直播带货特色(见表4-10)。快手用户如果想在直播带货时取得更好的效果,必须了解专属于该平台的带货风格。

表4-10 快手、抖音平台直播带货的区别

平台	核心出发点
快手	围绕个人,打造"老铁经济"
抖音	围绕流量,讲究"上下打穿"

快手的直播带货围绕私域流量,很多主播经营的是"老铁经济",主播把自己的身份定位为用户的老朋友。相比于明星代言产品的方式,"老铁"的销售方式

[①] 沈阳教授团队. 2020快手用户及营销报告[EB/OL]. (2021-08-04) [2022-08-09]. https://max.book118.com/html/2021/0802/5232143100003322.shtm.

更容易获得消费者的信任。从电商角度来看，快手的"老铁"生态对生意人比较友好。

抖音的直播带货讲究"从上往下力求打穿"，依靠"大头部+中心化+明星+带货"的逻辑，核心是寻找能够带来流量的人和供货人。比如"空刻AIRMETER"，借助多个官方账号以及明星账号带货，对不同类型的用户投放广告。"空刻AIRMETER"抖音账号于2020年开设，该账号的内容主要围绕"种草"展开，通过发布创意意面教程视频传达新的卖点，目标受众集中于31~40岁的用户。因此，该账号直播时通常安排男女主播搭配、轮流主讲，营造"家庭感"，他们把直播间布置得较为简洁，一般采用单色静态背景，仅在节日时增加节日元素、推出新品时播放视频。"空刻意面"是2021年新开设的抖音账号，发布内容时平台界面会跳出产品的相关介绍，通过福利预告、趣味分享吸引新流量。该账号目标受众集中在18~30岁的年轻用户，因此，该账号的主播更年轻，讲解商品节奏紧凑，工作团队中的其他人员组成"氛围组"随时回应主播，并操作背景屏幕持续播放产品视频，这一系列组合动作营造出活泼的直播间氛围。

❓ 本节思考题

1.综合分析视频号、抖音、快手三家平台粉丝的特点及差异。

2.分析视频号、抖音、快手三家平台直播带货的特点，它们分别有何优势与劣势？你更倾向于在哪个平台上消费？

第五节　哔哩哔哩

一、概述及特点

哔哩哔哩（Bilibili，以下简称B站）是中国"Z世代"高度聚集的文化社区和视频平台，该网站于2009年6月26日创建。经过十年多的发展，围绕用户和创作者，构建了一个源源不断产生优质内容的生态系统，成为涵盖七千多个兴趣圈层的多元文化社区，因此被用户们称为"年轻人的百科全书"。

（一）特征

1.亚文化内容聚集地

B站作为典型的二次元视频平台，对非主流文化展示出包容的姿态。御宅文化、弹幕文化、鬼畜文化等在这里生根发芽。在争抢小众文化流量的赛道上，B站作为一家以"丰富中国年轻人日常生活"为宗旨的综合性弹幕视频网站（见图4-31），成为传播动漫、鬼畜、游戏等网络青年亚文化的重要聚集地。

早期作为一个ACG（动画、漫画、游戏）内容创作与分享的视频网站，B站自带的二次元属性吸引了众多年轻用户。经过十多年的发展，B站成功搭建了一条连通小众文化与受众群体的互动仪式链，将自身打造成国内用户体量庞大的亚文化兴趣社区。B站拥有15个内容分区、7 000多个文化圈层和200万个文化标签，每个圈层都有自己的头部UP主。

图4-31　B站首页

B站用户通过追番剧、发弹幕、投硬币等方式在亚文化场域内打造了一场"小众狂欢"。小众群体规模较小，群体成员兴趣爱好趋同，增强了成员间的同质性，易产生群体认同感与情绪归属感。这种具有"燃点"的狂欢往往容易催生意见领袖，无须刻意宣传"煽动"，他们便会自发组织更大规模的活动，在社交媒体上发声。

亚文化普遍具有排他性。B站通过动漫论坛积分、会员答题注册等具有一定门槛的准入制度，将自己与其他文化圈层区分开来，目的是维护同质性，从而保持互动仪式链的稳固。在用户的归属认同及平台方的机制筛选下，B站逐渐培养出了一批黏性极强、忠诚度极高的用户。哪怕在腾讯、爱奇艺、优酷三大视频网站呈现出"三足鼎立"之势的国内视频行业中，B站也保持着二次元文化"独角兽"屹立不倒的地位。

2.具有社区属性，互动性强

对于大众而言，B站以外的其他视频平台更像是一种单纯呈现内容的媒介，而B站是具有高互动性的社区。作为社区的B站拥有更高的UGC渗透率和用户互动频率，社区环境也是B站赖以生存的必要条件之一。

选择使用B站的用户除了看重平台的番剧订阅功能，也更看重平台的社区属性。B站是以个人兴趣为导向的内容聚集地，用户在这里可以看到与自己同属性、同爱好的内容创作者生产的满足个人期待的原创内容。B站的长期用户抛开了明确的内容预期，他们不为特定的内容而来，却能体验类似于社区、社团的内容狂欢。"爱优腾芒"一类的媒体端平台，更多地扮演着视频播放媒介的角色，即用户观看影视综艺节目的播放器，这也使得它们成为偏向于工具类应用的平台，缺乏用户留存度和活跃度。

弹幕是B站社区的独特标志。用户可以在观看视频时发送弹幕，其他用户发送的弹幕也会同步出现在视频上方（见图4-32）。弹幕体现出用户的愉悦情绪，借助文字形式，相关情绪实现了跨越时空的留存，从而激起更大用户群体的共鸣，给观众一种"实时互动"的感觉。弹幕能构建出一种奇妙的共时性关系，形成一种虚拟的部落式观影氛围，助推B站成为用户内容互动分享和二次创造的文化社区，从而让B站真正从一个单向的视频播放平台，变成双向的情感连接平台。

图4-32 《西游记》视频弹幕互动

百大UP主"沙盘上的战争"曾在接受媒体采访时表示:"B站互动的氛围使粉丝特别乐意去跟你互动,互动的质量会比较高。"对于创作者而言,与粉丝的良性互动,给予他们更多的是在创作上的自信。

"强互动"的社区属性,增加了B站用户与UP主交流的机会,在保持用户黏性的同时,进一步提高了用户的留存率。通过UP主与用户之间的线上线下互动,用户的需求和期待得到了满足,培养了用户对平台的归属感,形成了更加稳固的社区关系。

3. 大V博主特征

B站的内容创作者大多是有个性的年轻人,或者是具有高度专业性和优质创作力的垂类领域"研究者",他们的创作内容大多是关于自己新鲜、有趣的工作和生活。创作者从视频文案、视觉元素、故事情节等各个方面入手,牢牢守住内容阵地,生产出更多优质作品。以B站公布的2021年度百大UP主为例,"老师好我叫何同学""导演小策""叔贵"等都在名单之列,百大UP主涉及科技、影视、运动、游戏、农业、知识等不同兴趣分区,保持着自身的专业性和原创性。

数码科技分区UP主"老师好我叫何同学"是北京邮电大学电信工程及管理专业的一名毕业生(见图4-33),他习惯把对科技和生活的思辨内容转化为创意剧

图4-33 UP主"老师好我叫何同学"

本，在视频中向大家娓娓道来。2021年，他与苹果CEO库克进行了深度对话，展现了新时代青年的力量。

运动健身区UP主"叔贵"被称为会讲段子的健身科普专家（见图4-34），从健身角度洞察生活中的细节，"叔贵"的视频具备实用与娱乐的双重属性。他制定高效的锻炼方案，让上班族们能在最简单的条件下完成每日训练，也从人体构造出发，详细讲解健身中常见的误区。视频内容兼具趣味性与知识性，这让他收获了稳定的粉丝受众。

图4-34　UP主"叔贵"

有人认为，UP主是整个B站的"灵魂"，是平台能够发展壮大的核心力量，每年的百大UP主名单像是一面镜子，可以从侧面映照出整个平台的内容变迁与发展趋势。深入了解百大UP主评选的底层逻辑和整体趋势，可以推测出B站平台的发展动向。2020年，B站百大UP主的评选标准是：创作力（播放量、互动数）、影响力（粉丝数、粉丝增长率）和口碑力（是否遵守站规、口碑情况）。可以发现，其重点仍然放在具体的可量化的数据上,粉丝数、播放量仍是评选时参与的重要维度。而到了2021年,B站将评选标准的重点更多地放在了视频内容本身,只要内容够专业、有创新,无论粉丝多少,用户都有机会成为百大UP主的候选人。

4.粉丝特征

B站现在的月活用户是1.72亿,80%的用户年龄都是30岁以下,月度活跃的UP主数量超过了180万。2016年至2020年,B站新增用户的平均年龄是21岁,所以这是一个非常年轻的用户聚集阵地。①B站用户中占据主流的是19~24岁的大学生和中学生群体,他们主要聚集在北上广等一线城市。年轻学生群体的可支配时间较多,对内容的渴望也更强烈,在B站的用户群体中活跃度最高,他们忠心维护喜爱的兴趣圈层,因此成为B站平台中黏性最高的粉丝群体。

就长期发展而言,B站极其年轻化的用户年龄结构使其具备用户年龄拓展潜力:一方面,B站可以借助例如《后浪》等优质节目内容破圈,实现多年龄层覆盖;另一方面,现有年轻用户随着时间推移会自然拓宽B站用户年龄覆盖层。

(二)优势及劣势

1.优势

B站作为一个视频网站平台,大部分用户为"90后""00后"。年轻的用户群体对新鲜内容更敏感、对互联网平台更熟悉,由此保证了平台社区的活跃度(见图4-35)。

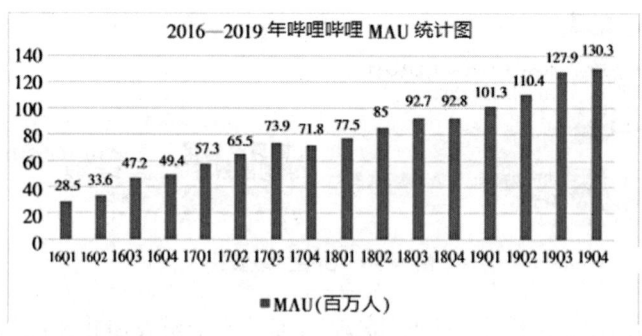

图4-35　B站2016-2019年MAU统计图(MAU:月活跃人数)②

---

① 中新经纬. B站月活用户达1.72亿 "破圈"同时稳住老用户[EB/OL].(2020-05-19)[2022-08-09]. https://baijiahao.baidu.com/s?id=1667117384485854669&wfr=spider&for=pc.
② 华经情报网. 哔哩哔哩活跃用户人数、ARPU及付费率 B站目前仍处于变现初期阶段[EB/OL].(2020-03-25)[2022-08-09]. https://baijiahao.baidu.com/s?id=1662016797527755758&wfr=spider&for=pc.

B站的主要优势有三个方面：其一，平台内容的可控性强，视频内容不局限于某一种类型，无论是形式还是选题都较为灵活，且大多来源于受兴趣爱好主导进行创作的UP主，降低了平台的采买成本；其二，由于特定的分区，使用者根据兴趣选择圈层。高质量的弹幕文化具有共时性，用户观看视频时能够获得认同感和归属感，浓烈的社区氛围也让用户与KOL之间、用户与用户之间、KOL与KOL之间产生了较高的信任度和亲密度；其三，视频的形式以中长视频为主，叙事形式更加丰富，为高质量的内容提供保证。这几点优势使得B站从短视频平台中脱颖而出，实现可持续发展。

2. 劣势

原先B站平台的二次元特征明显，给人们留下的印象会限制一些用户的使用。同时，B站的主要创作内容以视频为载体，相较于文字创作具有一定的门槛。随着平台"去二次元化"策略的实施，B站借助内容营销实现破圈，涌入B站的用户越来越多。这些人中不乏对原平台属性和规范不熟悉的群体，他们在直播区、视频评论区、弹幕区会发表一些不当言论。更有甚者，用户之间相互辱骂、地域歧视等一系列低素质行为层出不穷。在数量快速增长的用户中有相当比例的低龄化用户，影响着B站的社区生态。如何有效地管理用户行为，成为B站社区管理者的棘手问题。

二、内容制作

（一）中长视频为主

B站的内容以视频为主，网站首页铺满了以视频为主的信息流，视频类型多为中长视频。中视频时长多为1分钟到30分钟，采用横屏视频形式（见图4-36），主要包括PUGC创作者生产的有一定专业门槛的生活类、娱乐类以及知识类内容。它既不像短视频那样过于碎片化，也不像长视频需要用户分配专门的娱乐时间观看，中视频的时长决定了它既有丰富的信息，又可以让用户利用生活间隙进行观看。

比起"短平快"的抖音、快手平台，B站的中长视频具有更大的叙事空间，涵盖的内容更加丰富，这也为它成为重要的"互联网学习平台"奠定了基础。

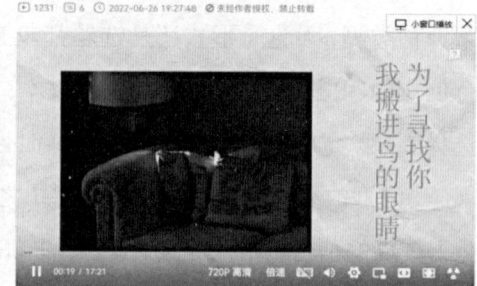

图4-36　B站电影分区中视频

（二）视频内容专业

B站上的视频内容以专业用户制作的视频为主，所以UP主是B站主要的内容生产力。平台的垂类特性吸引了大量的专业类、知识类博主，他们注重视频制作的专业性和影响力，生产的内容质量高，标题简明扼要。例如电脑软件教学博主oeasy，他把原本枯燥的软件学习过程变得富有乐趣，用人们熟悉的、喜闻乐见的东西吸引用户来学习计算机知识（见图4-37）。

图4-37　UP主"oeasy"投稿视频

被选为2021年度百大UP主之一的"二二酸酸"是一个用动画科普人文知识的泛知识类博主。她用独特的绘画风格将有趣的科学知识故事化，将各种"干货满满"的书籍做成手书动画。她还以大众熟悉的课本内容为切入点，带大家进入文学的世界（见图4-38）。

第四章 不同商业媒介平台内容生产及运营规律汇总 | 193

图4-38 UP主"二二酸酸"投稿视频

（三）独有的交流体系

B站最明显的特征是受众年轻化。"Z世代"群体追求互联网化的表达方式，同时也热衷于对亚文化的研究。因此，在B站内部，用户与其追随的内容创作者之间有着特殊的交流方式。

视频的封面和标题是用户获取视频信息的第一渠道。B站移动端的内容呈现方式与抖音等软件不同，通常都是视频封面配合白底黑字式的标题，成方阵状排列在B站页面上。视频封面传达的信息有限，很大程度上还是通过标题完成对核心内容的输出和对观众播放行为的引导。所以，在B站，用户选择播放视频与否，很大程度上取决于他是否对标题中的信息感兴趣。

视频标题输出的内容吸引到的观众数量，与该视频能够获得的流量成正比（见图4-39）。UP主给自己的视频配上一个好的标题，其视频才更有可能被用户一次又一次地点击播放。拥有可观的播放量，是获取高点赞量、高投币量、高收藏量的基础，是创作者在B站的生存基础。

up主	垂类	播放量	标题	粉丝量	特点
烟季	动画	2294.7万	前方高能！让世界感受这场视觉盛宴吧！	69.0万	神秘感
Baka恶魔	动画	198.6万	这舞姿…没吃一吨沙雕扭不这种感觉！【魔性剪辑#02】	12.1万	场景化
Merhos24	动画	115万	反瓶的JOJO	1.6万	经典IP
毒影子	动画	97.3万	《喜羊羊》	2.0万	经典IP
空酱w	动画	149.2万	(翻配日语版)这玩意儿不比博人传热血？！瞬间A爆！当什么主角，我们要当反派！	3.0万	经典IP
陈家淇_B11	音乐	150.2万	开口跪？！你一定没听过的《撒野》男生寝室合唱！	16.0万	画面感
linkmusicnow	音乐	292.0万	编曲	9.6万	神秘感
是Wei呀	音乐	162.1万	我半夜唱Lemon直接把室友给唱哭了！！！！	5.2万	画面感
喔乐人-皮咔	音乐	68.4万	用水演奏「天气之子」主题曲！超级治愈~	1.8万	反常
司墨尧smile	音乐	101.9万	【改编】曲婉婷：《我的云寺里》	6.6万	热点人物及热点事件
D_dsa	游戏	188.2万	大司马手把手指导小花生打野	2149	目标意识
苍白纸人儿	游戏	289.8万	LGD：哪个不怕死的向前一步！	1.3万	热点事件
不死之千咪	游戏	141.3万	【原神】蒙 德 人	1.7万	目标意识
白雁雁	游戏	52.0万	【原神】火之神神乐	190	目标意识
一只火豚	生活	147.0万	我家喜收废品每年产值数亿？带你看看啥叫循环经济 |工厂Tour2.0	一只火豚	7.7万	场景化
佑一吧	生活	132.6万	如果钢铁侠出生在中国，新闻会怎么讲述他的事迹？	8.2万	表达部分内容
委屈的小香蕉	生活	89.2万	弟弟身在福中不知福	3788	表达部分内容
大天、搞笑配音	生活	133.9万	大圣实在是打不动了	9.3万	经典IP
狗子与我_	生活	67.4万	这是何方妖孽！	7.9万	经典IP
鹦云云	时尚	251.2万	资深公关揭秘：肖战是怎么被公关团队坑死的	21.4万	硬核科普+热点事件
鹦云云	美妆	164.4万	资深公关解读：锤爆渣男，人人有责！全文硬核，扶稳坐好	21.4万	硬核科普+热点事件
鹦云云	美妆	135.9万	3000万+票！为什么人人都爱虞书欣！	21.4万	热点人物及热点事件
讲故事的Miya	影视	42.2万	我的毕业作品，竟然获奖了！《世界的另一边》The Other Side Of The World（良心建议：先【关弹幕】看一遍）	1.2万	场景化

图4-39 B站部分热门标题总结[①]

（四）垂直深耕 注重故事性

作为活跃用户数量和UGC数量同时增长的视频网站，B站的年轻用户人数多且平台内的视频生态体系更加完善。平台内有二十多个分区（见图4-40），从影视类的番剧、电影、电视剧、综艺、纪录片，到兴趣类的音乐、舞蹈、游戏、鬼畜，再到知识类的科技、汽车、咨询、生活，等等，这里几乎囊括了一切年轻群体感兴趣的话题。不同分区的UGC创作者从自身出发，生产出涵盖不同领域的专业视频，为平台增添发展活力，营造创作氛围。

---

① 南大创意传播. 洞察|文字君如何打造哔哩哔哩爆款视频[EB/OL].[2022-08-09]. http://www.haoad123.com/article/1769.html.

图4-40　B站各大分区

B站视频类型以中长视频为主，这保证了视频类型的多样化，为创作者提供了自由表达的空间。UP主们在创作视频时非常注重故事化，他们将鬼畜、音乐等多样化的元素融入视频中，连生活区的UP主都会考虑vlog类作品的审美性和故事性，力求将作品以一个完整的故事形式呈现。

不同于抖音、快手的纯虚构情景剧，B站的内容大多基于现实生活本身，UP主们也多以真实形象出现在作品中，这无疑拉近了UP主与观众间的距离，增强了粉丝黏性。

以B站首页的"入站必刷"榜单为例（见图4-41），具备逻辑性和故事化叙事

图4-41　B站"入站必刷"榜单

特点的视频占据了大多数,它们大多围绕某个鲜明的主题展开。例如"派大星的独白"系列视频,以"Z世代"童年观看的动画片《海绵宝宝》中的故事为背景,结合实时的热门话题制作鬼畜视频,创作出一个又一个的"新梗"。即便是数码科技类视频,像"老师好我叫何同学"这样的UP主依然会在每一期的视频里采用突出的叙事编排方式。

三、运营法则

在运营方面,B站利用弹幕营造了良好的社区氛围,并以此留住了一批忠实用户。同时,B站十分注重二次元文化,在视频网站的运营过程中,二次元文化逐渐受到用户的喜爱,而这种文化风格与弹幕的结合给用户带来了娱乐体验,满足了用户精神层面的需求。为用户提供独特的体验也是B站运营成功的重要因素。

各个平台的内容分发机制与各自的产品设计理念和价值观有关,内容分发的核心在于高效地匹配人和内容。除了算法,B站更加重视搜索交互,使得UP主成为用户和B站视频间的重要纽带。不同于头条系平台注重流量池和完播率的推荐方式,B站的推荐机制是:用户在视频页面的操作越复杂、耗时越久,视频的权重越高,越可能由小的流量池被推荐到大的流量池(见图4-42)。因此,用户"一键三连"以及彼此间的互动有利于提高视频的权重,从而激励UP主创作。此外,B站的

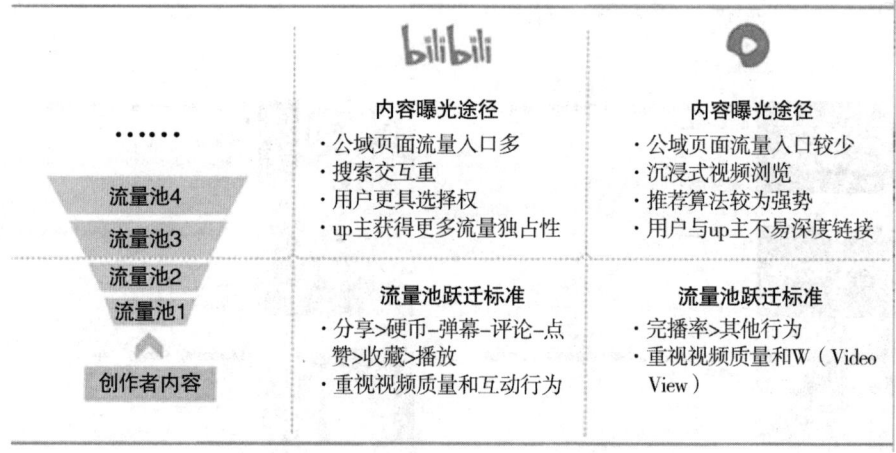

图4-42 B站与西瓜视频的推荐机制比较[①]

---

① 资料来源:ZAKER《内容分发逻辑对比》,http://www.myzaker.com/? pos=selected_article。

流量入口多、搜索交互重,算法推荐与用户选择结合筛选内容,用户拥有更多的选择权。[①]

(一)明确账号定位

B站在内容分发上重视用户的自主选择。以UP主连接用户,B站UP主将用户转化为粉丝后能够获得更多的流量。这也恰恰说明B站粉丝的忠诚度较高,一旦他们对某个UP主或某类视频内容感兴趣,就会与相关账号建立长期的联系,并持续关注。

为了吸引更多的粉丝,UP主在建立账号时要注重内容定位。一般来说,每个UP主都有固定的分区,通过打造人设标签,给观众留下记忆点,这样该UP主的视频才不容易被其他同质化视频淹没。视频制作完成后,UP主要选择对应的分区上传,一个有内容侧重点的垂类账号,更能精准地吸引粉丝和品牌的注意,也有利于内容的持续曝光(见图4-43)。

图4-43　B站知识分区

---

① 叶蓁. 西瓜与B站的中视频之战[EB/OL]. (2021-10-26) [2022-08-09]. https://mp.weixin.qq.com/s/9x6PItGXbd_4fmDvJyz79A.

（二）注重产出内容的互动性

其他媒体平台对新内容进行推流测试依据的是作品点击率、完播率等数据，而对于B站的中长视频而言，互动情况才是判断视频受欢迎程度的标准。在账号冷启动阶段，UP主要努力提升作品的硬币数、收藏数、弹幕数、评论数、点赞数、分享数等指标，提高粉丝互动量。因此对于B站而言，粉丝量和粉丝黏性是很重要的。B站内用户与UP主的强关联性也从侧面说明，B站UP主的商业价值一般会高于同粉丝数的小红书或知乎博主的商业价值。

视频的互动数据会影响平台对该视频的推送情况，所以要多引导用户参与互动。为了获得更好的曝光度，UP主在制作内容时应该考虑加入相关话术，引导粉丝"一键三连"。如在视频末尾提示用户进行点赞、收藏、投币（见图4-44），有一部分UP主会直接告知用户"收藏过2万下周准时更新"之类的信息，以此引导用户收藏视频。

图4-44 UP主"老师好我叫何同学"视频结尾

随着视频制作技术的提升，近年来B站内还出现了众多类型的"互动视频"（见图4-45），UP主直接利用视频本身的交互性了解用户需求，用户在此过程中获得更加新奇的互动体验。

电影UP主"司徒特尔"在分析电影内容时，会采用弹窗的形式与观众实时互动（见图4-46）。这种互动方式不仅提高了观众观看较长视频时的专注度，还能得知观众在不同视频节点的不同感受，为UP主后续进行内容创作提供依据。

除了视频内容本身，UP主还可以在B站上通过

图4-45 UP主"Toue 桐尤"的互动视频

其他形式维护粉丝，增加粉丝黏性。比较常见的形式有搭建粉丝群，开设直播与粉丝进行实时交流，以及当互动量达到一定等级后获得平台赋予的粉丝勋章。在粉丝群内，创作者可以与粉丝探讨视频内容和创作方向，以此提升粉丝的参与感；UP主发布直播、视频更新的预告，引导粉丝观看视频，促使第一阶段的内容曝光，以获得下一阶段的推送流量；粉丝勋章是UP主凝聚力的一种体现，能让粉丝产生一种使命感。

图4-46　UP主"司徒尔特"视频

（三）紧跟平台活动

B站每个月都会开展十多个类型丰富的站内活动（见图4-47），涉及站内的二十多个内容分区，活动期间相关视频不仅能获得相应的流量扶持，也能获得更多的曝光。B站的话题活动不仅激发了老UP主内容创作的灵感，带动各大UP主合作，同时也给予新人UP主更多被看到的机会。

以夏季活动"用镜头捕捉夏天"为例（见图4-48），B站设置了为期一个月的活动时间，鼓励UGC创作者们用镜头记录夏天。创作者在此期间将创作的相关内容投稿至"生活—出行"分区，投稿时带上规定的话题，即可赢取万元现金激励。平台给出诱人的活动激励，保证了创作的活跃度。

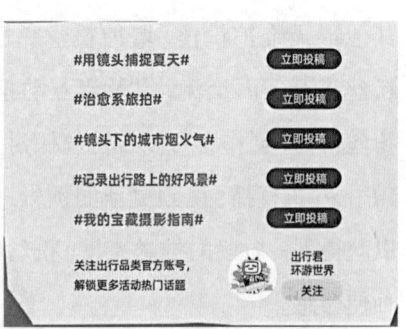
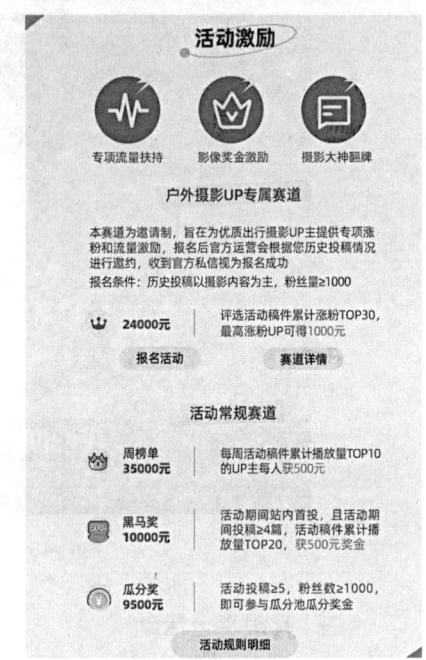

图4-47　B站站内活动页面　　　　图4-48　B站站内活动"用镜头捕捉夏天"的规则

（四）与其他创作者合作

除了与平台合作、参与官方活动，一些相同分区的UP主会借助朋友一起录制视频。因为这些联动，新人UP主可以吸引一批人成为自己的粉丝，为新账号引流。而头部UP主之间的联动，会引发更大规模的讨论，扩大品牌营销的覆盖面。以UP主"力元君"为例，他曾牵头策划了"随机蹭饭挑战"，通过盲选抓阄等方式选出每期"蹭饭"的UP主，截至目前已经与"绵羊料理""老番茄""不2不叫周淑怡"等多位B站圈层头部UP主合作拍摄了视频（见图4-49）。头部与头部UP主之间的联动带来的已经不是单纯的圈层影响力，而是不断扩大的平台覆盖面，"随机蹭饭挑战"系列作品一经发出便冲上热榜，成为B站热门视频。[①] "绵羊料理"与"老师好我叫何同学"也曾联动推出了美食类作品，两位头部UP主的碰撞将作品热度推上新的高度，该视频播放量比UP主"绵羊料理"往期视频的播放量高25%。

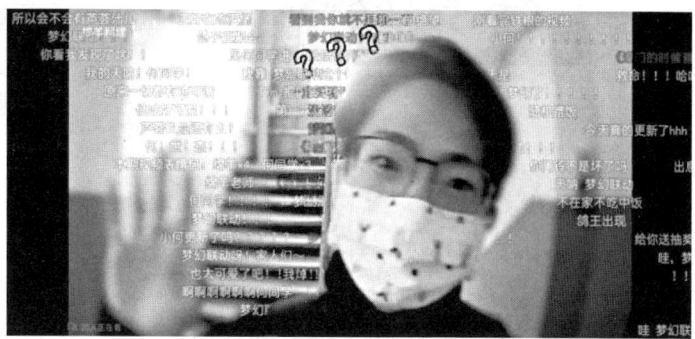

图4-49　UP主联动视频

（五）合理商业化

在B站，粉丝对UP主在视频内容中植入广告这件事的包容度相对较高，很多用户甚至担心UP主接不到商务合作而无法继续更新视频。但在这种宽容的氛围下，用户也并不是来者不拒，广告视频的内容质量也应该得到保证。如果突然在视频中生硬地插入一个与视频主题无关的广告，就很容易让粉丝反感，所以内容创作者们需要在商业化和内容制作中间寻找一个平衡点。

例如UP主"小缸和阿灿""Gamker攻壳""导演小策"等，他们的广告视频内容迎合了用户的喜好，借助影视剧的经典桥段或创意剧情给予用户足够的娱乐性体验，让用户在专注观看视频的过程中，潜移默化地感受产品传递的价值（见图4-50）。总的来说，视频内容与产品理念的匹配度越高，用户的接受程度也会越高。

被评为2019年度百大UP主之一的"十音shiyin"曾发起了一场关于UP主广告植入的投票活动，投票结果显示：42.89%的用户支持"硬广"，9.12%的用户接受软广"；近半用户表示只要视频质量达标，不在乎内容中是否会有广告。为了避免引起用户反感，不少UP主在发布涉及广告的视频时，都会在片头或者视频画面上方标注说明，让用户清楚地知道广告的存在，从而理智"种草"。

[①] 哔哩放大镜.B站头部UP主联动：扩大品牌营销覆盖面[EB/OL].(2021-12-23)[2022-08-09]. https://www.bilibili.com/read/cv14539706.

图4-50　UP主"小缸和阿灿"品牌推广视频

四、商业化手段

B站的一系列商业化操作可以总结为两点：向内提升货币转化能力，将以往免费的内容变为收费的内容，或者以服务升级为由增加新的收费项目，如升级为大会员、直播打赏和电影点播；向外寻求新的变现渠道，对集中起来的注意力资源进行变现，如花火平台和魔力赏。

在B站上，热门领域的UP主更容易实现内容变现，对热门领域的基本判断标准为关注该领域的人数，例如美妆个护、穿搭、科技、汽车等用户基数较大的分区对应的品牌投放量也较大。领域对应的广告类型也是关键，创作者能够接到什么类型的广告直接和收益相关，美妆个护等分区的广告主相比于其他分区预算较多。这就是领域自带的收入加持，如果可以实现产品转化，创作者的收益还会更多。

（一）广告投放

品牌在B站投放广告的方式之一是寻找有一定粉丝量的UP主发布产品宣传视频，引导用户到电商平台购买。目前来看，通过产品测评、好物推荐、创意分享等形式为品牌定制广告以及在视频中植入广告是品牌与UP主之间主要的合作模式。

通常来讲，几种常见的广告按价格高低排列依次为：定制视频、直播广告、视频植入、贴片广告、动态发布。

为品牌定制推广视频是较为直白的广告形式，一般适合于粉丝黏性较高或账号运营较为成熟的UP主。他们与相关品牌合作，推出专门为该产品服务的定制内容，视频全部围绕目标产品输出干货。然而由于受众对广告的敏感性，大多数UP主还是采取"软广"的方式进行产品推广，例如在视频正片中植入与前文有相似性的产品内容，悄无声息地输出广告。

随着市场对内容关注度的提升，品牌方会通过官方账号及对应的社群建立一个基于B站的高黏性粉丝群体，对其持续输出品牌内容，从而布局品牌关键词，圈住更多潜在用户。

2020年7月，B站推出花火平台。作为连接UP主与品牌方的官方合作平台，花火平台的功能是帮品牌方找到合适的UP主并完成营销内容的投放。基于平台大数据，花火平台为UP主提供系统报价参考、订单流程管理、平台安全结算等服务。花火平台为品牌方匹配有意向合作的UP主并提供安全高效的线上交易平台，提高了品牌方在B站的广告投放量。

"极速拍档"是B站汽车区的UP主（见图4-51），其视频主要包括各类汽车测评、汽车知识分享等内容。2018年4月，"极速拍档"入驻B站，在粉丝只有10万量级的情况下，很快就有广告代理前来询价。B站花火平台上线后，"极速拍档"表示"现金流问题迅速被解决"。

图4-51　B站汽车区UP主"极速拍档"视频中的广告

前不久，"极速拍档"策划了一档赛车节目，想要邀请其他分区的UP主一起完成节目制作，他们将这个节目创意告诉了花火平台，平台反向征集赞助商，一个月内就帮其找到了目标品牌方。

（二）品牌联动

品牌联动往往能获得更好的营销效果，UP主之间的联合创作也有同样的作用。与热门UP主合作投稿内容，积极在热门视频下参与互动，是帮助品牌蓝V在短期内快速获得曝光的有效方式。

例如腾讯公司在B站发布的鬼畜视频《我就是那个吃了假辣椒酱的憨憨企鹅》，以自嘲的方式将公关危机转化为宣传营销的机遇，提升了存在感。可口可乐旗下的芬达是和其他UP主联合投稿内容最多的品牌蓝V之一，在它发布的50个视频中，有39个是通过赞助形式与其他UP主联合投稿的视频，合作视频占比高达78%。对于品牌方而言，这是刚入驻B站时快速涨粉和获取曝光的绝佳方式。在芬达早期发布的20个视频内容中，前10个都采用联合投稿的形式，累计播放量达636.4万，平均播放量达63.6万。对于初入B站的品牌而言，采用这种联合投稿的方式可以取得良好效果。与热门UP主合作，让品牌和蓝V账号快速获得曝光，对于原本就有投放意愿的品牌方而言，可谓一举两得。①

（三）知识视频付费

近年来，B站开通了课堂分区（见图4-52），陆续上线了付费课程，致力于营造知识付费的氛围。B站首批上线的课程包括《PPT大神上分攻略》《局座的国际战略课》《熊浩：论文求生指南》《KO大魔王：英语语法通关计划》等。B站上线的课程内容不仅有职业技能，还包括"Pr剪辑上分攻略"这样的实用技能，以及"铲屎官科学养猫必修课"这样的生活技能，课程大概十几期，总价在50—100元不等。

图4-52　B站课堂分区

---

① 熙熙. B站UP主账号如何做？该怎样运营？[EB/OL].（2022-04-14）[2022-08-09]. https://www.yymiao.cn/other/95222.html.

为了增强课程的吸引力，B站请来了相关UP主承担教学任务，并在官网界面标注"与UP主一起探课"。这些课程的教师都是B站的UP主，其中，"张召忠"拥有四百多万的粉丝，所授课程包含军事、历史、政治等内容，其他UP主也是相关垂直领域的"专家""名人"。知识付费课程的上线意味着用户今后可以跟着自己喜欢的UP主进行更加系统化的学习，相比UP主此前的"不定时更新"，付费课程能够保证内容的持续性。

（四）直接获取收益来源

1.个人盈利方式

直播：B站已经开通了直播功能，并且推出了打赏机制，用户可以将粉丝打赏的礼物转化为现金提现。

签约：用户向B站提交签约申请，B站会根据用户账号的数据决定是否签约以及签约金额。

2.平台收益

激励计划：用户账号的粉丝量达到1 000或作品播放量达到1万可以申请开启激励计划。创作激励计划、"新星"计划等帮助UP主在更大程度上变现。在这些政策的扶持下，B站平台诞生了许多全职UP主，他们为创作优质原创内容、维护文化生态平衡做出了不小的贡献。

充电计划：用户可以通过消费B站虚拟货币，给UP主打赏。"UP主充电计划"提供了在线打赏功能，鼓励用户为自己喜爱的UP主"充电"，从而刺激UP主的创作积极性，一定程度上解决了UP主创作收益的来源问题。

❓ 本节思考题

1.你认为B站上的知名UP主有哪些共性？
2.你认为B站商业化前后的最大差别是什么？

第六节 小红书

一、概述及特征

小红书是年轻人分享生活方式的平台，从它的口号"标记我的生活"可以看出平台主打分享属性。在小红书上，每天会产生超过30亿次的笔记曝光，内容覆盖时尚、个护、彩妆、美食、旅行、娱乐、读书、健身、母婴等领域，小红书俨然成为一个泛生活化的社区。

根据公开的数据，2018年10月小红书的用户数量突破1.5亿，2019年年中其注册用户数超过3亿，2022年3月其月活用户超过2亿。随着用户数量的增加，小红书的运营团队逐渐观察到平台用户的"种草"能力，用户多次标记的产品几乎可以瞬间售罄，于是开发了电商业务。用户通过"种草—选购—对比—下单"完成购买流程，小红书自营的小红书福利社，打造了从"种草"到选购的一站式服务平台。

（一）特征

1. 展示多样化的生活方式

小红书鼓励用户生产展现多样化的生活场景的内容（见图4-53）。如"一人食晚餐""小个子穿搭"等话题笔记，不仅体现了用户在具体情景中的状态，也满足了广大用户的需求。用户不仅可以向别人分享自己的产品使用体验，也可以展示自己千姿百态的生活。越来越多的人在做消费决策和出行计划时，会将小红书上的内容作为参考，还有一些用户养成了在小红书观察、浏览他人生活的习惯。

图4-53 小红书话题趋势及首页

2. 大V博主特征

首先,由于平台特性,小红书的创作内容大多围绕女性的生活方式展开,"TOP100"博主发布的内容多数也围绕美妆、穿搭、健身、美食等女性关注较多的内容,相关博主同时塑造出一个个美丽、自信、闲适的理想女性形象,并以此吸引女性粉丝的关注。

在"TOP100"博主的榜单中(见图4-54),比较特殊的是"老爸评测",因为它主打专业内容,且测评的多为与女性相关的商品,博主性别反倒成为相对不重要的一环。①

其次,"年轻"是小红书博主的共同特点。观察"TOP100"博主会发现,虽然博主们的年龄不同,但对"年轻"的追逐几乎是所有博主的共识。在小红书平台内搜索"少女",有多达620万篇的笔记。

---

① 新红. 红人榜单[EB/OL].(2022-07-22)[2022-08-09]. https://xh.newrank.cn/account/rank/industry.

总榜	地域榜	认证榜	涨粉排行	创作人气排行	商业互动排行		
排名	基本信息	新增笔记数	总粉丝数	粉丝增量	点赞数	收藏数	评论数	新榜指数
1	Winnie文 美妆 ID Qing921225 美妆博主	9	433.6w	42.53w	117.53w	88.13w	1.07w	1051.38
2	Thurman猫一杯 生活 ID Thurman	20	278.25w	46.77w	167.76w	18.06w	2.81w	1043.6
3	丁郑美子 生活 ID 272729994	20	258.12w	27.62w	186.69w	42.21w	1.9w	1043
4	小麦 母婴育儿 ID 276388172	13	237.59w	28.55w	215.27w	22.55w	1.95w	1037.26
5	欧文浩 生活 ID hao5200000	49	201.84w	20.85w	146.48w	22.19w	2.53w	1022.52

图4-54 "新红"红人榜单

最后，平等感是小红书博主吸粉的重要原因。与微博、抖音等平台上的博主发挥意见领袖作用的情况不同，小红书博主和粉丝之间的关系更类似于闺蜜、朋友关系。博主们之所以被粉丝喜爱，要么是因为拥有可爱的性格，要么是因为拥有独特的生活技巧，但不论如何，其在本质上都是普通人，是粉丝们可以模仿、追随的榜样，而不是高不可攀的偶像。这一特征可以从小红书上的明星账号那里得到侧面证实。

3.粉丝特征

小红书的用户群体包括来自世界各地的人，千瓜数据在2022年3月底发布的报告显示，小红书72%的用户为"90后"，一二线城市的用户占50%。年轻化、消费能力强劲依旧是小红书平台用户的重要特征。小红书平台用户的六大人群标签为："Z世代"、新锐白领、都市潮人、单身贵族、精致妈妈和享乐一族，从每个人群标签上可以看到不同人群的特点。[1]

同时，女性用户在小红书拥有绝对统治力。虽然目前小红书的男性用户占比已增加至30%，不少文章、报告也开始强调小红书"他经济"的价值，但至少从"TOP100"博主的数据来看，女粉丝仍拥有绝对统治力，多数博主的女粉丝占比均在85%以上。例如，"小红啵啵""程十安an""林怡伦"三位博主的女粉丝占比

---

[1] 千瓜数据.2022年小红书活跃用户画像报告：7大行业核心人群解析[EB/OL].(2022-03-23)[2022-08-09].https://www.bilibili.com/read/cv15795939.

更是达到了98%以上。

(二)优势及劣势

1.优势

小红书UGC(用户生产内容)的商业模式是小红书成功运营的关键。初期由于海淘信息的不对称,用户对信息咨询和交流的需求旺盛,因此用户分享的海外购物笔记有很大的资讯价值,消费者的口碑对用户做出消费决策十分重要,尤其是作为跨境购物主流群体的"90后"用户,更加信赖口碑传播,这一模式符合消费者在跨境购物上的需求,也是小红书深受广大用户喜爱的一大原因。另外,具有社交性质的小红书更容易催生出社群,社群的存在使小红书的用户黏性比单纯的购物平台要高得多,用户活跃度也更为可观,高效实现流量变现,这是其他跨境电商难以复制的独特优势。

2.劣势

小红书从早期的内容型社交平台转型为现在的社交类电商平台,商城的发展不够完善,主要的劣势是社区和商城关系不够紧密。一方面社区用户分享的物品种类繁多,商城货品覆盖不全,经常处于供不应求的状态;另一方面很多用户往往只是把小红书作为信息搜集的平台,并不会选择在小红书内部商城购买商品,这导致商城流量大量流失,很大程度上影响了平台收入。[①](见表4-11)

表4-11 小红书网络平台的SWOT分析

优势: 重社区的独特商业模式 直营海淘模式	劣势: 小红书社区与商城关系不够紧密
机会: 跨境电商的规模增长迅速 用户基数大且平稳增长 海关政策收紧	威胁: 大量电商平台都在抢占市场

---

① 千瓜数据.2022年小红书活跃用户画像报告:7大行业核心人群解析[EB/OL].(2022-03-23)[2022-08-09].https://www.bilibili.com/read/cv15795939.

二、内容制作

小红书平台注重算法推荐机制，当博主发表作品后，系统会先对内容进行识别，检测内容是否与现有数据高度相似，从而得到相似度和原创度，根据内容识别关键词并添加标签。如果作品的原创度高，平台会将作品推给更多兴趣标签相同的人，再根据作品点赞量、评论数、播放完成率等数据，决定是否将作品推向更大的公域流量池。

用户通过拍摄自用物品使用视频、编辑自用物品推荐笔记，分享自己的产品使用体验，其他用户购买产品前在平台上搜索关键词，浏览相关用户发布的使用心得，形成用户和用户间的双向互动。一个用户通过"线上分享"，引发"社区互动"，进而推动其他用户"线下消费"，这些用户反过来进行更多的"线上分享"，形成一个正循环。在真假难辨的网络时代，追求真实评价是理性消费者的原则，比起商家"自卖自夸"的宣传，同为消费者的其他买家的购物体验似乎更有说服力。

（一）内容制作精细化

内容是小红书的立足之本。优质内容的产出要将选题、文案、配图、标签等多个方面考虑在内，所以在内容制作上，博主们应该选择一条精细化的发展道路。

小红书的首页信息流里内容封面的占比较大，所以对于美妆、情感、生活方式、攻略、家居、美食推荐等借助封面的精美图片吸引用户的领域而言，首图显得十分重要（见图4-55）。平台也会在图片上做出广告植入的标注，方便用户选择自己想看的内容。

 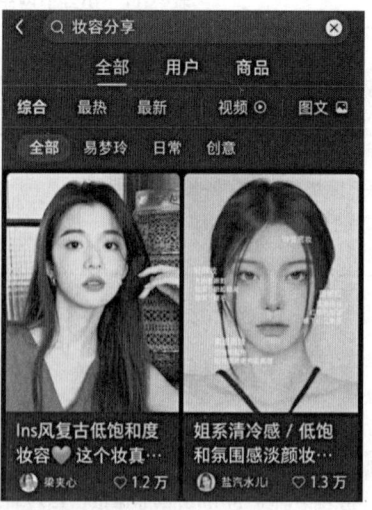

图4-55　小红书美妆相关话题界面

比起笔记中的详细内容，好的标题显得更加重要。小红书平台通过抓取笔记开头和结尾的关键词决定推送情况，有字数限制的标题包含的信息比用户自主选择的标签要更精确，借助标题能抓取目标用户群并吸引用户注意，如"婚纱照｜你还不知道婚纱照可以这样拍？""OOTD｜你不知道的打工人穿搭"等。创作者根据内容主题，找到一个合适的话题，可以增加笔记的曝光度。具有时效性的热门选题可能会被近期热点话题收录。

（二）找准账号调性

小红书笔记大多是基于用户真实感受的原创内容，这些内容更像是朋友间真心的"种草"、分享和推荐，创作者和粉丝之间的距离较近。朋友之间相互分享的社区氛围也要求创作者塑造自己的账号调性，从而让内容更具个人特色，制造记忆点。

不管是图文形式，还是竖屏视频形式，创作者首先要确定自己的账号内容面对的是哪一类用户群体，平台也会细分用户群体，这样才能向用户进行个性化推荐。解决某类用户群体关注的问题是获取流量的第一步。

小红书目前有多个官方账号，例如：薯队长、穿搭薯、视频薯、娱乐薯、生活薯、运动薯、日常薯、吃货薯、照片薯、巨星薯、校园薯等。这些账号如同多位"老师"，分管平台内的不同垂直领域，他们在各自负责的领域精选用户的优秀作品，并将作品二次编辑为示范样板。创作者们可以学习官方账号发布的精选内容，帮助找准个人定位。

（三）还原消费场景，注重仪式感

仪式感是小红书内容的核心关键词。小红书创始人瞿芳曾在公开演讲中说道："美好的第一个定义是：给生活以仪式感。"小红书的作用就在于满足用户"对美好生活的憧憬和幻想"。查看小红书的内容可以发现，仪式感几乎贯穿了整个小红书平台：居家、上班、约会、游玩不同场景对应不同的穿搭，美妆教程风格种类繁多，住宿要找小众、漂亮的民宿，出行要打卡宝藏网红地……小红书博主如果想吸引粉丝，可以在内容中为粉丝提供一个打造仪式感的方法，或者提供一种生活方式的样本，向粉丝展示有仪式感的生活是什么样的。

三、运营法则

内容一经发布便不再只属于创作者,作品投入市场,经平台推广、用户浏览、粉丝反馈后才进入生态循环。如何让内容生生不息,延续内容的生命力,运营显得至关重要。

(一)坚持内容原创

对于一个以内容为主导的平台而言,原创的才是更有价值的。小红书平台会判断内容是否原创,对更符合热点话题的原创性内容导流。

"Winnie文"是小红书女性生活类博主,2022年6月此账号登顶小红书涨粉榜,一周涨粉超14万,涨粉率为3.6%,总粉丝数达407万。她的原创视频涉及了女性生活的方方面面(见图4-56),从穿搭、美妆、生活食谱再到自我管理等,视频制作精良,内容实用性强,有些内容甚至做成了系列,有"新手化妆""变美干货""薅羊毛"系列,也有"文文夜话""情感聊天室"系列。"我把生活的方方面面都变成了视频,展示给所有人",在创作最高峰时期,她一个人在一个月期间能在小红书更新35条笔记。

图4-56 小红书博主"Winnie文"的账号内容

不管运营什么形式的内容,制作都要精致、精美、具备创意,创作者利用自己的内容打造美好的个人形象,展现积极向上的生活方式。一个达人如果只产出内容,不塑造人设,就很难实现长远发展。如果粉丝喜欢的只是内容而非达人本身,达人的可复制性和替代性就较强,所以创作者一定要通过建立人设留住粉丝,增加粉丝黏性。

(二)保证强互动

无论是发布引导互动的文案,还是回答评论区中粉丝的问题,运营者都应积极与粉丝互动,通过使用激发用户交流欲望的话术提高用户参与度。运营者还可以引导粉丝关注自己在其他内容平台的账号,建立粉丝交流群,从粉丝中筛选一些黏性很强的进行强互动。拥有130万粉丝的穿搭类博主"小野智恩"非常注重内容的互动性,她经常在发布的博文中采用一些对话式的文案引导粉丝互动;在评论区中也会通过问答的方式获取粉丝反馈,以此拉近了与粉丝间的距离(见图4-57)。

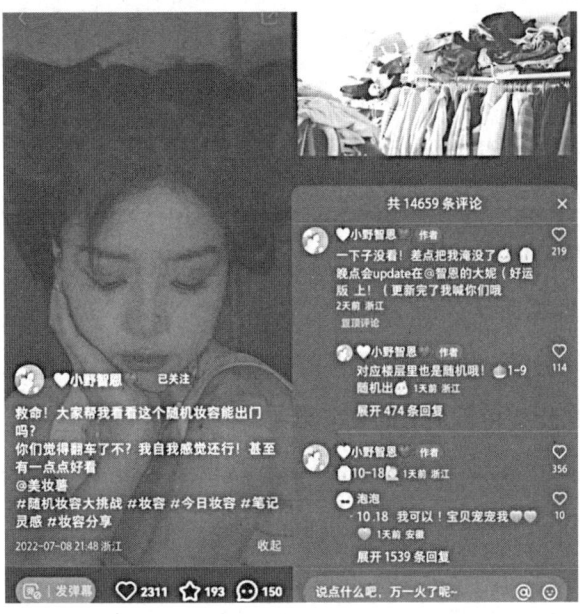

图4-57 小红书博主"小野智恩"的视频截图

运营者还可以与矩阵内的其他账号互动,互相推荐内容或者实行联动,从而吸引同一批用户群体。运营者在对应的标签话题下互动能增加曝光度,抓住实时热点,借他人之势吸引第一波流量,进而积累一定的粉丝基础,保持用户黏性。英语博主"徐闹闹"常常与同类型其他博主联动,策划更多的话题内容,增加视频趣味性的同时也扩大了视频的传播范围(见图4-58)。

图4-58 小红书英语博主"徐闹闹"及"土拨鼠"

(三)保持较高的更新频率

小红书首页根据用户浏览习惯推送相应的内容,内容推送频率与博主的粉丝数量无关,同时每条内容会有一定程度的流量封顶,这为将流量分给更多的新人博主提供了保障。对于头部博主来说,没有流量倾斜必然会带来一定的压力,所以头部博主要在内容上下更多工夫,保证较高的更新频率,才能继续在头部阶段保持粉丝数量的增长。前期可以依靠干货笔记,积累基础用户量,保持一定频率的内容更新,增加笔记的活跃度。

"新红"榜单涨粉排名前十的博主大多都保持较高的更新频率,有些话题型的生活搞笑类博主甚至能做到日更或者一周4~5更。较高的内容产出能保证账号持续获得流量,也让粉丝养成了固定的观看习惯。

具备了一定的粉丝量和关注度后,创作者们要充分利用用户反馈,抓住用户心理,持续稳定地输出有新鲜感、有价值的内容,避免同质化,在延续生命力的同时,拓展目标群体,打造个人风格,增强竞争力。

四、商业化手段

小红书的营销模式是通过搭建内容社区平台,积累口碑,解决用户分享与"种草"需求,将用户从平台引向电商,解决用户"拔草"需求,构建"分享—社交—传播—营销—分享"的闭环传播模式。

在社交媒体迅速发展的情况下,内容是品牌传播的基础,小红书平台品牌传播的标志是系统化的口碑传播。小红书用户既是口碑的制造者,又是分享者和消费者。真实的口碑,是连接品牌和消费者最坚实的纽带。[①]在这样一个借助内容实现"种草"的平台,输出原创内容的博主们可以通过多样化的方式实现变现。

(一)平台电商

从互联网行业的整体表现来看,电商发展势头强劲,吸引了众多流量,电商丰富了小红书的营收手段,提高了盈利上限,为上市增加了筹码。小红书内的PUGC创作者可以依托平台搭建的较为成熟的电商商城(见图4-59),通过发布"种草"内容为自己的店铺或合作品牌引流。

---

① 吴爽.小红书的运营模式分析[J].新媒体研究,2021(9):42-45.

第四章 不同商业媒介平台内容生产及运营规律汇总 215

图4-59 小红书电商账号

2021年8月2日，小红书开始推行"号店一体"机制（见图4-60），在此机制下平台将所有账号分为"专业号"和"非专业号"。垂类博主或品牌商家可以申请认证"专业号"，拥有了该认证就拥有了在小红书开店、投放广告或寻找创作者进行品牌合作的资格。这一新机制对缺乏推广预算的中小型商家非常友好，只要能生产出对用户有价值的内容，提供有价值的商品和服务，就有机会在小红书实现快速发展。

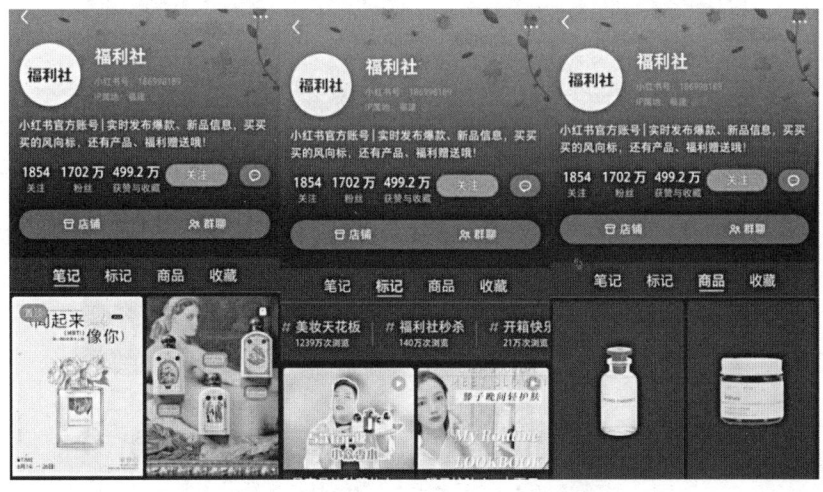

图4-60 小红书电商板块"福利社"内容首页

在"社交+内容+电商"模式的加持下,垂类博主们可以不断深耕内容领域,强化内容传播效果,拓宽影响路径,提高分享内容的专业性和精致度,提升对用户的吸引力;同时通过多种互动方式,增强粉丝的黏性和信任感,从而为自己的品牌店铺引流。例如内容以青春爱情短片为主的小红书博主"三金七七"(见图4-61),通过发布连续性的原创剧情短片打造情侣IP,在积累了稳定的流量和粉丝后,她在小红书上开发了自己的服装品牌(见图4-62),成为账号IP的一种延续。

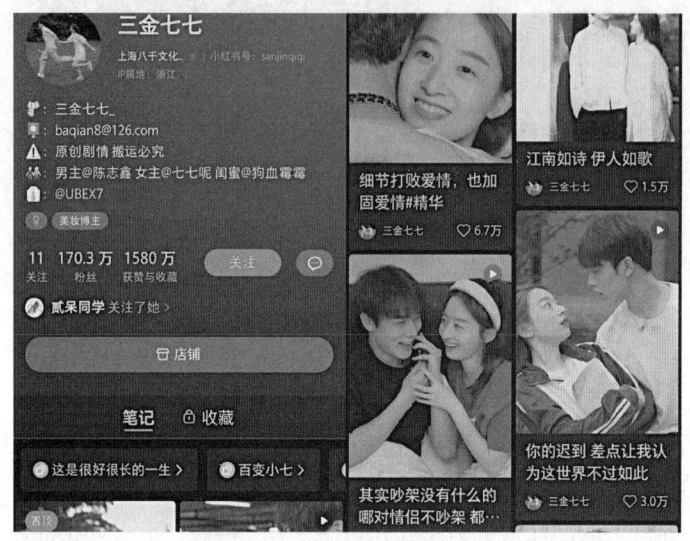

图4-61 "三金七七"账号首页

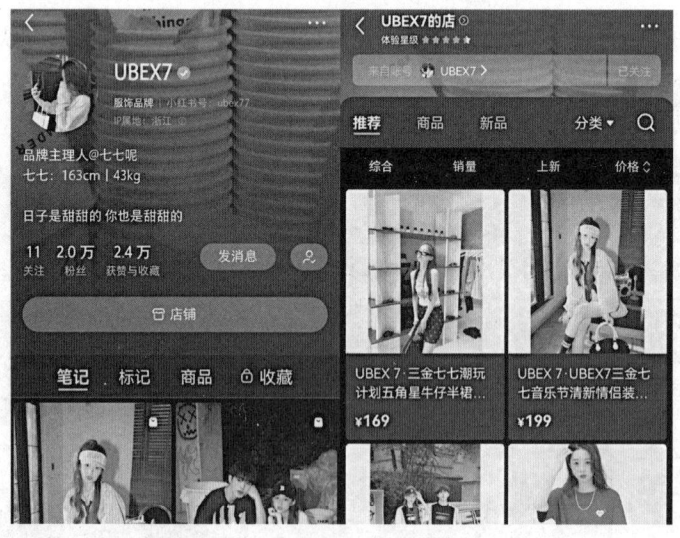

图4-62 "三金七七"服装品牌账号

(二)品牌推广

对于小红书来说,"种草"不仅是一个标签,也是变现的重要支柱。小红书主要在"种草"环节实现商业化,即通过广告变现。社区内的各类笔记是广告投放的主要阵地,博主们会与符合自己账号调性的品牌达成合作,在生产笔记时直接或间接地植入品牌信息,将推荐产品和用户的兴趣点结合起来形成所谓的网络广告盈利模式。探店类博主也会在收取店家广告费后,拍摄与店铺相关的物料,生产出精美的图文内容(见图4-63),在平台分享"种草"笔记。

图4-63 小红书部分探店、测评内容

内容创作者们如果想要提升个人账号的商业价值,就要明确账号定位,拥有持续更新内容的能力,只有充分展现自己的才华,才能让更多粉丝发现自己。对于拥有一定粉丝数量的小红书博主而言,他们大多会通过接商单的方式,与符合个人账号调性的品牌达成合作。

在小红书平台,用户的账号粉丝数达到5 000,便可以开通品牌合作人权限,与此同时,一些相关的品牌公关负责人可能会主动联系该博主进行广告植入。用户也可以入驻小红书推出的蒲公英平台,设置报价和联系方式,平台会向用户主动推荐一些广告方。其中,笔记的热度越高,账号的人设属性越强,对应的报价也越高。

(三)付费专栏

专栏是小红书全新推出的业务线的名称,专门提供付费课程,它的开启意着小红书也把知识付费纳入发展规划，平台更加注重专业知识内容的直接转化。小红书包含两种形式的付费课程，分别为直播课和视频课。专栏主要适用于知识技能类博主，他们可以将专业的知识整理成课程发布在笔记中。

根据平台规则，有三大类账号可以开通专栏服务：其一，在小红书站内，粉丝数≥1万，同时自然月笔记发布数量≥4篇的职场、教育等泛知识领域创作者；其二，在小红书站外，如在B站上的账号粉丝数量≥5万，微播/抖音/快手粉丝数量≥50万，有成型的课程内容优先；其三，能提供相关证明的泛知识垂类领域的名人或机构。账号主体开通专栏后会获得官方的流量支持和运营指导，不仅可以在专栏页面设置每节课的标题和内容，还能看到过往用户的评价（见图4-64）。

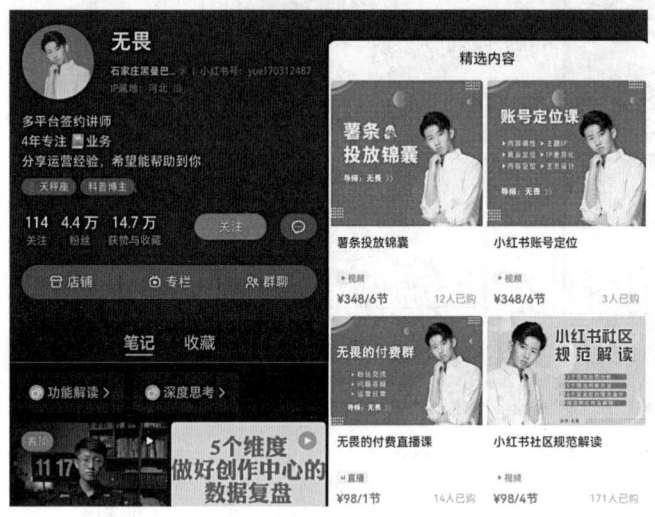

图4-64 小红书博主"无畏"的专栏服务

博主可以设置直播课的购买人数，如果将直播课的购买人数设置为1，就形成了只有1个人能看到的直播环境，这样可以更加有针对性地一对一帮助粉丝解决问题，官方把这种玩法称为"1v1课程"。整体来看，用户目前已经开通的课程还是以视频课为主，如果用户已经创建了课程，账号主页就会出现"专栏"按钮（见图4-65）。

图4-65 小红书博主"陈顾榕瑜伽"开通专栏课程

专栏的开启解决了部分专业性较强的垂类博主面临的变现难题，内容在植入产品后很难保持原状，显得非常突兀，用户也不买单，会造成博主和品牌两者"双输"的结果。未来,这一类博主可以将自己的专业知识做成系列课程,让用户以付费的形式获取内容。

(四)直播带货

小红书官方布局了7个直播内容模块,分别是"云上课""云健身""云逛店""商品展示""知识分享""电商卖货"和"其他"。相对于其他平台,小红书是采用去中心化流量分发的机制,对中小商家、博主比较友好,不用购买流量就有机会获得系统推荐。另外,博主在开展直播时,平台会自动将直播链接推送到用户的应用首页,用户在发现页也有机会刷到直播的信息。小红书的直播提醒让直播博主更容易获得初始粉丝流量。

以博主"宫季每日鲜-宫叔甜品"为例(见图4-66),其在小红书开设薯店后,通过直播间引导用户到薯店购买产品,每天中午12点到晚上8点直播,近一个月售卖1 700多件产品,爆款产品累计销售2 500多件,其笔记中未植入任何广告,完全靠直播引流实现销售。比起抖音、快手平台"锣鼓喧天"式的直播氛围,小红书直播间具有小而美的特点,这也使小红书直播具备了高客单价、高转化率和高复购率的特点。①

月销1766+

直播间活动促销

累计2500+

图4-66 小红书博主"宫季每日鲜-宫叔甜品"的直播页面

① 江河Team. 小红书直播值不值得做?有没有人在做?具体该怎么做?速看本篇文章【建议收藏】[EB/OL].(2022-07-04)[2022-08-09]. https://mp.weixin.qq.com/s/XH88dcjGaOa1BXCGdOMNnA.

平台还对直播内容深化分层，推荐给用户感兴趣的直播内容，例如针对学生群体多推荐英语学习、实惠穿搭、云学习打卡等直播，确保平台输出的直播文化不会影响用户体验。通过官方直播专栏的推介和引流，平台给更多垂类博主以更多的曝光机会（见图4-67）。

图4-67　小红书直播专栏

（五）线下实体店

小红书将在线虚拟社区运营成熟之后，开始建立线下体验店，目的是进一步加深用户对小红书的品牌印象，寻求小红书与用户的最大接触面。除了平台官方的跨境电商店铺，很多博主也通过运营小红书账号给自己的个人品牌实体店铺引流，从而打通线上线下营销渠道（见图4-68）。

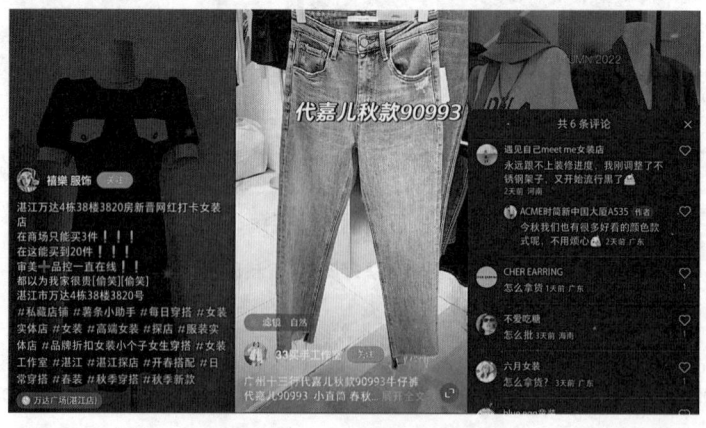

图4-68　广州部分服装行的小红书账号

为实体门店建立小红书账号具备天然的优势。首先,可以通过现有的产品优势和场景优势自由生产内容,很好地解决了产品供应和场景搭建的问题。其次,商家可以在小红书上获得来自全国各地的流量,不再局限于线下几千米内的门店客流量,将门店的劣势变为优势。最后,门店结合"小红书店铺+门店位置"的方式,一方面可以解决全国线上订单成交的问题,另一方面可以获得更多的同城流量,尤其是服装配饰、母婴用品、宠物、教育、鲜花、装修、餐饮、休闲等品类的门店,可以打破区域流量的禁锢,实现"线上+线下"的流量共存,从而提高门店销售业绩。

根据QuestMobile2020年的数据,小红书的平均带货转化率为21.4%,抖音、快手、微博的转化率分别为8.1%、2.7%、9.1%。[①]由于用户群体的特殊性,小红书的"种草"能力可以真实地为线下店铺服务。小红书的社群场景触发人与人之间的链接节点,通过此节点,平台可以更好地洞察用户市场,在变化中不断改进平台内容,做好"由外向内"的市场规划。

本节思考题

1. 相较于B站社区的二次元风格,小红书社区的特点和优势是什么?
2. 小红书粉丝喜欢博主的理由是什么?

第七节 知乎

一、概述及特征

知乎的平台定位为中文互联网高质量的问答社区和创作者聚集的原创内容平台,于2011年1月正式上线,平台聚集了科技、商业、影视、时尚、文化等多领域内具有创造力的人群。在知乎平台上,用户可以通过知识建立彼此之间的信任和连接,对热点事件或话题进行理性、深度、多维度的讨论,分享专业、有趣、多元的高

---

① QuestMobile. QuestMobile2020中国移动互联网年度大报告(下)[EB/OL].(2021-02-02)[2022-08-09]. https://m.thepaper.cn/newsDetail_forward_11045335.

质量内容。知乎平台以"让人们更好地分享知识、经验和见解,找到自己的解答"为品牌使命,"有问题,就会有答案"是知乎平台的品牌口号(见图4-69)。

图4-69 知乎App开屏页

(一)特征

1.内容:质量高、互动强、以专业化引领大众化

截至2021年12月31日,知乎累计内容量达到4.9亿条,其中问答数达到4.2亿条。[①]平台内容广泛,围绕生活、健康、教育、科技等领域,出现了非常多的深度话题,这些话题并非短暂地出现,而是持续沉淀为有价值的内容并影响用户圈层。话题内容来源于不同的职业社群,平台用户从多学科、多立场、多角度出发,全面思考问题并解答问题。同时,内容也呈现出了质量高、互动强、以专业化引领大众化的特点。

内容质量较高。知乎等网络社群平台的定位一直是优质的内容传播者,平台内容以UGC和PGC两种内容生产模式为主,在用户心中的可信度较高。除了注重人员构成,知乎还注重用户的思考和分享过程,回答问题的人不是为了赚取积分,而是在回答问题的过程中表达自身意见,传播专业知识,从而不断提高内容的可读性。

内容互动性强。知乎社群强互动性的属性进一步强化。在知乎上,通过用户之间的互动以及用户对知识点的讨论、"点赞",优质回答可以被更多人看到。一方面,用户不断分享观点,随着观点数量的增加,产生发散性效果,知乎因此成为网络舆论的重要载体;另一方面,用户在回答和讨论问题时,个体行为通过参与互动变成了群体行为,改变了传统媒体单向的信息传播模式,促进新的讨论话题形成。

内容以专业化引领大众化。除了对专业领域问题的回答,知乎平台还有许多大众化的内容,如各种段子、"鸡汤"和故事,以便于用户宣泄情绪,抒发感情。

2022年6月17日上午,我国第三艘航空母舰"中国人民解放军海军福建舰"正式下水,新闻一经发布便在各大平台引起热议。账号"观察者网"在知乎平台发布了"我国第三艘航母'福建舰'于6月17日正式下水,有怎样的战略意义?有哪些信息值得关注?"这一问题,截至当天下午3点,该话题被推送至知乎热榜第一位,

---

① 赵锦彬.知乎2021年报出炉:营收、月活双增长 视频化加速多媒介升级[EB/OL].(2022-03-14)[2022-08-09].https://baijiahao.baidu.com/s?id=1727281735710228152&wfr=spider&for=pc.

拥有6 159万热度,话题浏览量864万,回答数2 581条。新华社、"国资小新"等官方媒体,以及时事评论类的个人账号参与了话题问答,他们围绕福建舰的战略意义、成本收益,自古至今的海军发展,航母技术科普等多个方面的内容,从外交、政治、经济、历史、科技等多维度参与讨论,给话题带来了超高热度。在微博平台,"中国军号"发布的话题"003"登上了热搜榜第一,该话题阅读次数高达9亿,但用户发表的微博评论内容多为对福建舰正式下水这一历史事件的祝贺,以及对国家日益强大的自豪感,针对福建舰本身的专业性讨论寥寥无几。由此可见,知乎平台为专业性知识的普及和传播提供了良好的平台环境,能够满足用户获取知识的需求。

2.头部博主:名人对话,发问求索

知乎平台创作者的专业化程度较高,钢琴家郎朗、社会学家李银河、互联网企业家李开复、心理学家李松蔚等行业头部大V拥有过万或者过百万的粉丝量(见图4-70),他们以个人经历和专业知识为基础在知乎平台上输出优质内容。相对于行业头部大V,腰部达人多为大众知名度低、圈层知名度高的行业专家或自媒体写手,利益导向作用更明显。虽然近两年大量水平参差不齐的创作者涌入了知乎平台,但是用户对知乎平台内容质量的信任感依然比对其他平台的强烈。多样

图4-70　知乎平台一些头部用户主页展示

化的大V给平台带来了一定的跨界影响力,也可以让不同用户圈层间产生一定的连接,而不是像快手一样形成较为闭合的圈层。知乎平台拉近了用户和名人之间的距离。用户可以向领域内的名人发问,名人通常会先回复"谢邀",然后严谨且客观地回复用户的问题。

3. 粉丝:年轻化、专业性强

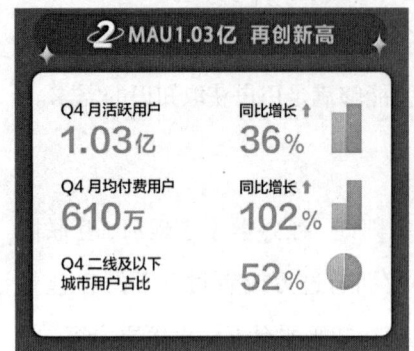

图4-71 知乎《2021年Q4及全年财报》截图

知乎发布的《2021年Q4及全年财报》显示(见图4-71),2021年第四季度知乎平均月活跃用户数(MAU)为1.03亿,同比增长36%。知乎用户希望在这个平台上高效地获得值得信赖的解答。

知乎的内容偏理性,往往具有观点明确、数据清晰、论证完整的特点,这与平台用户的特点密切相关。知乎的用户主要分布在北上广深等一线城市和沿海发达地区,以高学历、高收入、高专业度人群为主(见图4-72),主要特点有以下几个方面:

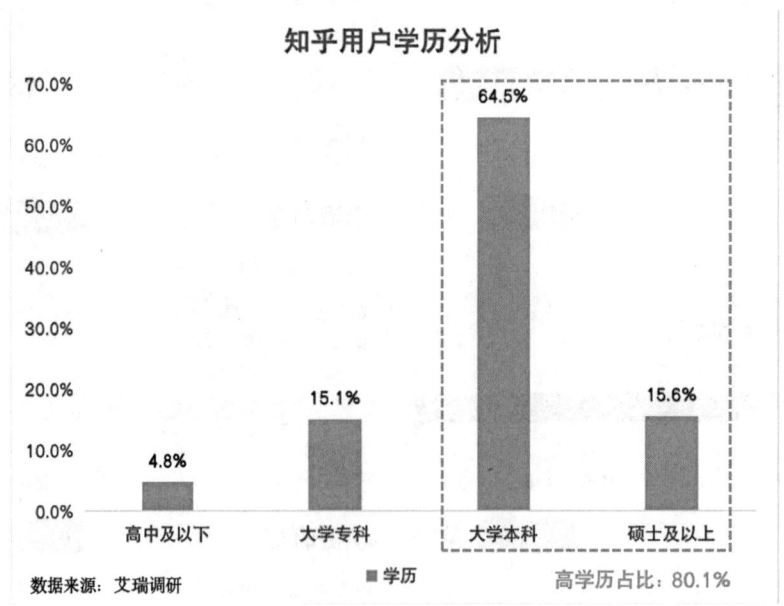

图4-72 知乎用户学历分析

（1）高教育水平

知乎用户的平均受教育水平较高，高学历的用户通常更具学习能力、好奇心和产出能力。

（2）男女用户比例相当

根据艾瑞指数2020年11月的统计数据，知乎的男性用户占比为51.15%，女性为48.85%。

（3）用户整体年轻化

在知乎2021"新知青年大会"上，知乎创始人周源表示，知乎用户中18~35岁的青年占比约达75%，年轻用户用知识满足成长需求，增强认知能力，拓宽职业发展前景。[①]整体来看，知乎用户的信息检索和鉴别能力强，对长文字的内容有耐心，思维活跃且较为理性，对新鲜、专业的知识理解能力较强，接受度较高，因此创作者和接收者的信息交流也较为通畅。

（二）优势及劣势

1.优势

（1）核心用户群体质量高

知乎致力于打造行业精英互通交流的平台，而不是百科类的泛化产品，所以知乎在内容创作上设置了准入门槛，从而保证了活跃用户的交流质量。知乎首页的推荐页面有心理、电竞、健康、财经、体育、数码、科学、时尚等板块，每一个板块内部，都有专业领域的权威人士进行高质量、专业化的知识问答。比如在心理板块有中国科学院大学、北京大学等高等院校的心理学专业的学术型用户，也有"国士九颜"等提供付费心理咨询业务的从业者，还有"愚者""华沙"等专门在心理学领域进行问答的博主。核心用户从不同层面为丰富圈层内容和提升知识价值做出了不懈努力，知乎也为不同领域的人员搭建起了沟通的平台。

（2）知识专业化

知乎很大程度上已经摆脱了基础知识普及性问答的局限，如果要融入具体情境，对某个问题发表专业的回答，用户就要具备一定的基础知识和行业背景，甚至

---

① 产品阿兔兔.产品分析报告|知乎，从2011到2021［EB/OL］.（2021-01-28）［2022-08-09］.http://www.woshipm.com/evaluating/4346745.html.

要有从业经验才能深入理解对应的问题。这为行业内的专业型用户提供了交流的机会和方式。医学科普作者"菲利普医生",是上海交通大学的一位外科学博士。他回答的内容大多是关于医学领域的专业问题,如评价话题"使用患者自体细胞3D打印器官并成功移植",普及猴痘病毒的专业知识等,其表达的方式更专业、内容更深刻。截至2022年6月17日,他的粉丝量达47.9万,内容获赞量达92.6万,产生了良好的传播效果。

(3)问答直接,应用性强

严谨且直接的问答,缩短了问答触达用户的时间,减少了中间无意义的内容传递环节,实用性较强。

2. 劣势

(1)高质量内容的理解门槛较高

问答的专业性增加了用户理解相关内容的难度,用户需要具备一定的知识储备。因此,专业性问答在单一行业中的传播较为广泛,对没有行业经验的用户而言,阅读平台上的专业内容会有一定的门槛。

(2)激励和收益机制不完善

平台缺乏完善的激励和收益机制,难以保持用户的活跃度,专业人员接受邀请回答问题后,收益回馈渠道单一。虽然平台设置了打赏等功能,但对用户而言收益微不足道,会逐渐削弱用户参与问答的积极性。

二、内容制作

(一)优质内容产出:满足用户"获得感"

评判内容是否优质,要看信息接收者在阅读、理解内容和对内容产生反馈的过程中,能否拥有内容"获得感",这种"获得感"是指用户通过阅读内容能够开阔眼界且获得帮助,由此产生共情。对"获得感"的需求说明用户强烈渴望优质内容,这种需求释放出强大的价值势能。知乎平台从邀请制问答社区发展为如今的多属性内容生态社区,是创作型用户(指能够产出实质内容的用户)、观看型用户(指只浏览但不创作内容的用户)和平台规划共同构建的结果。

由于用户的教育水平、从业经验、人生经历和价值观念等不同，创作型用户大致可以分为三类：第一，专业型。此类创作者多为行业头部有影响力的专业人士，创作内容的流量较小，用户针对性较强，粉丝群体较为稳定。这既要求创作者具备扎实的专业基础，能够用行业术语参与问答，保证问答的专业性且拓展问答的知识面；又要求创作者掌握行业前沿热点，能用独特的视角回答问题。此类用户进行创作多是为了参与行业间的交流。第二，泛专业型。此类创作者的创作内容流量较大，涨粉速度较为缓慢，其创作目的多为挖掘潜在的目标用户，从而增长粉丝量。其创作的主要内容涉及专业领域，但面向的用户不仅是行业从业人员，也有普通大众，因此创作者既要在内容上把握专业化和大众化的平衡，以免知识晦涩难懂，降低用户观看兴趣，又要表达简洁、清晰，这对创作者而言难度较大。第三，流量型。此类创作者无须掌握过多的专业领域知识，但要在坚定政治立场的前提下，及时把握热点、精准转化重点，迅速输出有效内容。其内容多为由热点话题或热点事件引发的讨论型创作。用户的"获得感"多数来源于对讨论话题的认同感和新鲜事物的猎奇感。这一类型的创作内容虽然流量较大，但涨粉较为困难。

整体来说，用户创作时应该明确自我定位，结合个人特长，以不同的方式进行有效创作。优质内容要有观点、有价值、可信赖，这对满足用户"获得感"至关重要。

（二）"热点关注+知识究底"：舆论评价与专业解答双管齐下

从知乎首页可以看到，知乎主营板块是"搜索""推荐"和"热点"。从知乎的口号"有问题，就会有答案"可以看出，平台内容以知识和经验分享为主，这也是用户在进行内容创作和问答时应具备的基本理念。用户创作要把握平台特点，贯彻平台理念，用热点话题带动知识传播，用知识传播带动价值传递。

以"我国第三艘航母'福建舰'于6月17日正式下水，有怎样的战略意义？有哪些信息值得关注？"这一问题为例，账号"观察者网"于17日12时左右发布了"提问"。个人账号"六爷阿旦"不久后发布了"回答"，他从航母的制造成本、编队需求以及航母收益等方面入手，从经济角度解读相关内容，紧抓"第三艘航母下水"这一热点话题，用经济学理论知识展开分析，思路新颖，内容丰富，拓展了用户的知识面。另有个人账号"戎生"，从"镇远舰""白马庙""将军泪""航母梦""再扬帆"五个板块，讲述从1894年镇远舰触礁到现如今中国海军发展壮大的内容，用历史故事述说未来期许，增强了用户的民族自豪感。"六爷阿旦"和"戎生"的回答均得到了较多的"赞同"和"喜欢"。

因此,创作者在进行创作时,应该注意把握热点话题,在话题热度较高的短时间内,用专业知识附加情感表达,及时发布内容。内容观点新颖、价值正向依旧是引起用户关注的重要因素。

(三)内容区块化生产:细分垂类满足多样化需求

知乎上的内容以问答式创作为主,零散的问答会影响内容之间的连接性,因此,平台推出了"圈子""圆桌"和"专题"等区域板块,目的是细分问答内容,使话题有条理地呈现在平台上。有效的信息整合,也有助于用户根据兴趣和需求直接定位到目标内容。同时,创作者在产出内容时,可以充分利用平台对话题的规划,进行系统性创作。

一是借助"圈子"找寻定位。"圈子"是知乎平台上的小型兴趣群组,根据游戏、搞笑、兴趣、情感、娱乐、科技、生活等类别划分为若干板块,每一板块中又有若干个具体的"圈子"供用户选择(见图4-73)。如"娱乐"板块中有可以分享纪录片的"纪录片交流圈",综艺推荐讨论聚集地"我们都爱看综艺";"兴趣"板块中有推荐优秀摄影作品的"摄影写真圈",推理爱好者的聚集地"推理圈"等。创作者可以根据自己的兴趣在"圈子广场"中搜索"圈子"并加入,发布、回答和讨论相关内容。

图4-73 知乎"圈子"

二是借助"专题"整合创作。"专题"是专项信息的整合。结合专题对内容进行分类，专题内有若干问答分区（见图4-74）。如专题"妈妈的精彩人生"，应母亲节热点而生，内含"有哪一个瞬间让你觉得父母很爱你？""除了说'母亲节快乐'还可以做些什么？""成为妈妈后，你是怎么做自己的？"等问答。创作者可以依据专题的主题，有针对性地进行创作，从而形成专题化生产模式，加大内容推广力度，建立知识体系。

图4-74　知乎"专题"

图4-75　知乎"圆桌"

三是借助"圆桌"拓展粉丝。"圆桌"是知乎推出的围绕特定主题、利用问答机制、促进线上讨论、收录大量问答的互动板块（见图4-75）。"圆桌"活动一般设有5~8名嘉宾，其身份多为相关主题领域的专业人士，嘉宾的知名度、专业度由"圆桌"主办方严格把控，具有一定的权威性和影响力。创作者可以通过关注这些嘉宾日常发布的内容，进行观点的吸纳、整合，完善创作，从而借助嘉宾提升个人账号的专业度及知名度。

无论是"圈子""专题"，还是"圆桌"，本质上都是内容垂直化、区块化生产。创作者借助平台的力量，拓宽内容传播渠道，满足垂类用户多样化的需求，从而增加粉丝数量及黏性。

（四）附加视频化驱动：文本内容可视化

文字式问答是知乎平台的特色。文字给予用户独立思考的机会和思维拓展的空间，鉴于人生经历、教育水平等不同，用户会在阅读过程中得到不一样的感悟。因此，相较于视频这一更加大众化的视听产品，知乎用户对文字的理解程度更深，接受内容的难度更大。中国互联网络信息中心发布的第49次《中国互联网络发展状况统计报告》显示，截至2021年12月，网络视频（含短视频）用户规模达9.75亿，持续视频化成为新媒体内容的发展趋势。知乎在这样的传播大环境下也逐渐认识到了视频的重要性，于是开始不断为平台的视频创作业务加码，以适应多变的市场环境。2021年10月，平台上线了"联合创作"功能，高点赞量的图文回答以视频形式被再度创作，在拓展高质量文字传播途径的同时，也激活了平台的视频创作力，丰富了内容创作形式。2022年3月知乎发布的《2021年Q4及全年财报》显示，2021年第四季度，知乎月度平均视频上传量同比上涨211%，视频创作者人数同比上涨33%，视频消费用户在DAU（日活跃用户）中的渗透率超过45%。由此可见，视频用户消费与创作能力在平台上逐渐显现。

图文与视频的结合，使得创作者可以在以往的文本中附上视频，增加内容可视性，提高竞争力。这也给创作型用户提供了两条创作启示：第一，"自产自销"。创作者可以依据自己的文本内容制作视频，将图文和视频一起发布，使创作内容更加具象化。比如账号"星球研究所"创作的视频《中国从哪里来？——以地理的视角，为你解答》，以优质的画面、权威的内容、直观的数据等，向受众科普了地理视角下的中国（见图4-76）。截至2022年7月18日，其播放量达246万，直观且形象地展示了中国之美。第二，"联合创作"。如果创作者的文采好，但剪辑视频的能力欠佳,可以寻求剪辑博主的帮助,将文本内容视频化;相反,如果创作者的视频编辑能力较强,又有视频创作的经验,即可找寻优质文本博主,将其文本内容视频化,合作产出内容。这样取长补短的方式可以增强竞争力,提高产出质量。如视频作者"答案事务所"与图文作者"程毅南"联合创作的视频《毒瘾为什么这么难戒?》,用动画的方式展现毒品侵害人体的过程,配合实拍画面和客观的画外解说,让晦涩的内容变得通俗易懂(见图4-77)。截至2022年7月18日,其浏览量达132万,形成了较好的传播效果。

图4-76　视频《中国从哪里来?——以地理的视角,为你解答》

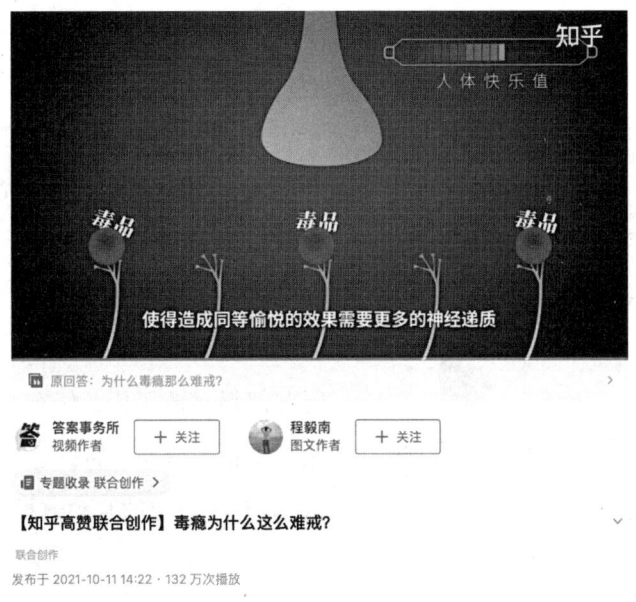

图4-77　视频《毒瘾为什么这么难戒?》

然而，知乎内容视频化的困境依旧存在。作为一个以文字起家的平台，一些"原住民"创作者更加倾向于用文字创作，更加相信文字的力量；而且视频创作者对平台的选择条件较为严苛，视频生产更为困难；另外，一些专业的学术型问答对用户有一定的专业背景要求，用户对文字的需求更旺盛，视频创作周期长且制作难度大，这类内容并不适合以视频形式产出。创作者在进行视频产出时要把控内容方向，并不是所有文字都适合视听化呈现，这与平台本身的定位也有密切关系。因此，知乎创作者要根据内容和需求丰富创作形式，有选择地做出可视化拓展，产出更加新颖的内容。

三、运营规律

（一）明确细分领域的定位

知乎的平均月度活跃用户数已突破1亿，覆盖了不同年龄层的用户，因此创作者应根据自身账号内容的特点找准目标用户群体，并分析他们有什么样的需求，尽量从垂直细分领域入手规划内容。知乎平台将各领域的权重单独计算，垂直细分领域的内容有助于创作者获得较为稳定的点赞、评论等互动数据，积累在此领域内的权重，从而增加曝光量。

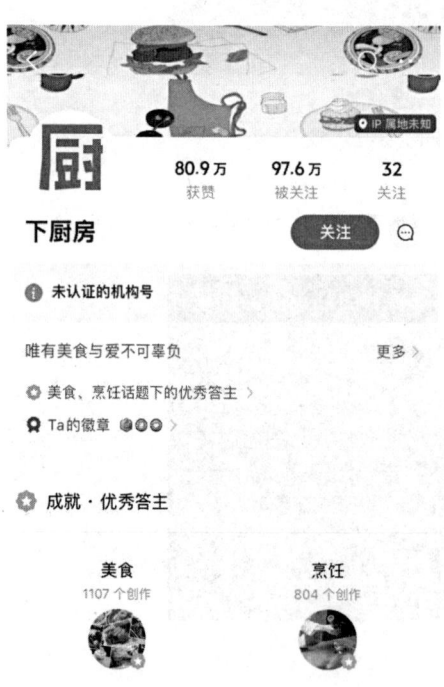

图4-78　知乎账号"下厨房"成就页面

如"下厨房"将账号定位于美食、烹饪领域（见图4-78），账号简介为"唯有美食与爱不可辜负"，回答了"有哪些在家比较容易做的美食？""有没有适合女生减肥的食谱"等问题，发布了"过年期间，厨友都攒着吃了什么好东西""好吃又好做的中秋家宴菜，都在这里了"等相关文章，收获了稳定的互动数据。

(二)筛选热点问题

创作者在创作前,应筛选出既贴合目标垂直细分领域,又具有高曝光度和话题性的问题。如关注人数多、回答数量少、有长期讨论价值、使用视频形式、关键词搜索排序高、被纳入话题索引的问题通常会获得更多的流量。除此之外,可以运用平台功能寻找热点,如关注"知乎热榜""搜索发现""大家在看"等平台功能(见图4-79),捕捉用户感兴趣的话题,从核心关键词里寻找潜在爆款,以此进行创作,可以使内容获得更大的曝光机会。

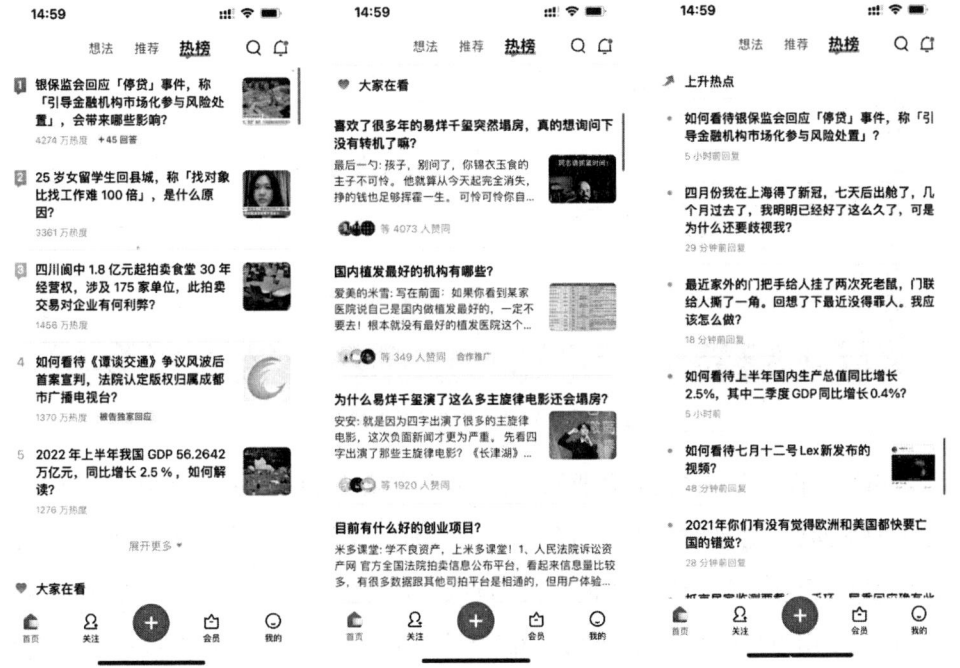

图4-79 "知乎热榜""大家在看""上升热点"页面

创作者也可以使用"知+"选题工具(见图4-80),利用领域关键词、产品关键词等功能查看平台实时热点问题,高效选取并优化选题方案。同时,保持稳定的更新频率,也有利于巩固粉丝基础并提高账号的权重。

(三)利用"知+"投放流量

除了可以利用热点、标题、互动等为内容引流,创作者在发布内容后还可以利用知乎官方的付费内容加速工具"知+"投放流量,从而增加内容的曝光度,实现流量的精准转化。创作者根据投放内容的有效点击次数付费,在选定需要推广的内容并建立投放订单后,"知+"会将内容推送至首页推荐、回答推荐和搜索推荐三个场景,通过优先推荐回答、在搜索页面直接展现内容等方式,使触达效果更加精准、自然。同时,"知+"支持多路径转化,可以实现小程序、商品页等各种形式间的跳转。创作者还可以通过点击数、点击成本等数据计算出内容的投放情况,实时追踪转化效果。

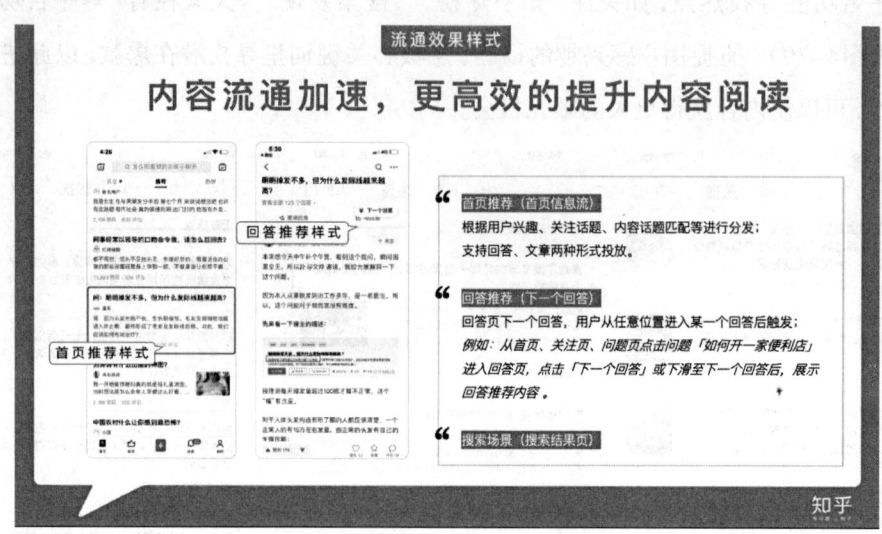

图4-80　知乎对"知+"功能的描述

　　由知乎官方发布的内容数据可知,某位创作者在2020年回答了他人在2015年提出的某问题,并通过"知+"为回答内容投放了流量,该问题被再次激活,阅读量增加4万余次。该问题后续被相关"圆桌"活动设置为"精选",扩展了内容延伸的广度,用户互动量也随之飙升,相比5个月前,评论量提升了56%,点赞数提升了40%。①

四、商业化手段

　　知乎作为一个高质量问答社区,平台调性决定了其难以实现商业化。前期知乎严禁用户进行商业推广,在内容中夹带"软文"、引流等行为都会受到处罚;但在其他平台纷纷推出创作补贴并开启商业化模式的环境下,知乎也开始为用户提供变现方式。

---

① 知乎知+案例集锦 | 六大玩法带你玩转知+ 运营 [EB/OL]. (2020-10-20) [2022-07-20]. https://zhuanlan.zhihu.com/p/243065915.

(一)以知识付费为起点的内容付费机制

作为问答社区，知识付费是知乎商业化的重要一环。2016年，知乎推出了付费查看回答的"值乎"和付费后实时互动问答的"知乎Live"，逐渐建立起内容付费机制，开启了创作者利用自身内容实现商业化变现的第一步。目前，知乎拥有"知乎Live"、"付费咨询"、用户赞赏、盐选专栏分成等与内容相关的商业化手段，如"知乎Live"具有实时问答互动的功能，答主创建"Live"，用户点击并支付票价（由答主设定）后即可进入沟通群内与答主互动；用户在盐选专栏投稿的文章或是问答被选入盐选专栏后，就可以获得平台收入分成。

2020年4月，作者"七月荔"在盐选专栏发表了小说《洗铅华：恶毒女配生存录》，单月分成近40万元，其影视版权也被相关公司抢购，成为2019年盐选专栏上线以来出现的现象级作品；2021年，知乎用户"姓谁名谁"在知乎问题下创作的长篇小说《晴天爱雨靴》被挖掘制作成为盐选专栏内容，上线首月分成收入便超过60万元。

(二)以广告业务为核心

广告业务是目前用户实现商业化的核心手段，主要分为内容引流和品牌合作两种方式。用户可以选择"好物推荐"功能，在创作内容中插入商品卡片，如果读者通过商品卡片购买了对应的产品，用户就能获得佣金分成；"知+自选"按读者对商品卡片的点击量为用户提供相应的收益。除在内容中对商品引流外，用户也可以选择直接与品牌合作。在"招募任务"平台，创作者可以自主选择品牌发布的接单任务，按照品牌方的要求创作内容，根据有效阅读量获得对应的收益；"知+互选"功能则是品牌主直接对创作者进行邀约；"品牌任务"为用户提供一对一的深度合作机会，包括撰写品牌文章、参加线下活动、定制品牌视频等。

知乎宠物领域作者"八只包子"曾在问题"谁是猫粮性价比之王"的回答中，利用"好物推荐"功能插入了20种商品卡片（见图4-81），并将其按照价格、配方、购买渠道等标准划分，目的是让消费者能够清晰地进行判断。截图中此条回答已得到5 052人赞同，860条评论，在此情况下，消费者点击商品卡片购买的概率极高，创作者便可以得到相应的点击量收益以及佣金分成。

图4-81 使用"好物推荐"功能插入商品卡片

除此之外,利用"知+"投放流量,可以实现公众号、小程序、商品页等多种形式的路径跳转,从而为用户在站外的其他账号或商品引流。如知乎用户"DJI大疆教育"在对其产品相关联问题"如何看待大疆创新发布首款教育机器人机甲大师RoboMaster S1?"的回答内容中投放"知+"推广6个月后,其回答获得了13 536次阅读和737次插件点击,单次阅读成本0.3元,插件点击成本5.4元。[①]在产品进入大众视野的同时内置产品介绍和购买插件,用户的精准转化由此实现。

---

① 知乎知+案例集锦|六大玩法带你玩转知+ 运营[EB/OL].(2020-10-20)[2022-07-20]. https://zhuanlan.zhihu.com/p/243065915.

(三)官方活动与平台新业务

知乎平台为官方活动与新业务提供了一定的资金扶持。在"活动广场"板块,用户可以参与平台或品牌发起的活动,这些活动主要分为"知乎众测""品牌活动""品牌专题"等类别,用户创作的内容达到相应要求后便可以与他人一起分奖金。

如在燃力士带货活动中,用户只需在原创内容中添加指定的产品卡片,完成"单篇内容内卡片数量≥1、单篇字数不少于300字"的活动要求,便可以参与创作者瓜分5 000元奖金池的活动(见图4-82)。

图4-82　"活动广场"相关页面

2020年,知乎开始重新发展视频业务,在平台上新增了"视频"专区,并推出"海盐计划",为视频创作者提供资金与流量扶持。创作者发布的视频数量达到5条便可以开通创作者收益,平台按视频播放量计算收益。2022年5月,知乎正式启动第四期"海盐计划",宣布推出更多样的商业变现方式,在2022年为创作者提供价值5亿元的奖励。抓住平台热点,积极参与平台与品牌发起的活动,也是用户实现商业化的一种方式。

知乎2022年第一季度未经审计的财务报告显示,其2022年第一季度的总营收为7.43亿元,其中,广告业务收入为2.17亿元,占总营收的29.2%;商业内容解决方案业务收入为2.27亿元,占比30.5%,较2021年同期增长87.7%,超越了线上广告业务的收入,成为平台营收的第一大业务。2022年5月,知乎创作者商业服务平台"芝士"上线,旨在帮助商业客户精准连接创作者和海量优质内容,从而高效生产商业内容。由此可见,知乎在2020年将发展重心转移至以"知+"为首的商业内容解决方案业务后,为用户提供了更多的商业化手段。

在平台商业内容解决方案业务日益完善的同时,用户应紧跟平台热点,抓住品牌需求,利用知乎高质量问答社区的特性打造独特的商业化模式。长期来看,如何平衡商业化内容和社区本身的调性,使用户与平台实现双赢,仍然是知乎应该重点考虑的问题。

本节思考题

1. 知乎大V群体的典型特质是什么?
2. 知乎投放的平台壁垒和破局手段分别是什么?

第八节 平台汇总及未来发展趋势

根据对平台功能、内容机制、运营规律的分析,主要新媒体平台大致可以划分为长视频新媒体、中视频新媒体、短视频新媒体、功能性新媒体和综合性新媒体,结合对社会化媒介平台特点、核心竞争力以及商业化表现的汇总和比较(见表4-12、图4-83),可以预见上述几类新媒体平台在未来发展中的趋势。

表4-12 各大平台内容布局汇总

长视频新媒体	爱奇艺	百度系综合视频平台,集影视综内容为一体,大力布局厂牌独家视频内容
	优酷视频	前身为"优酷土豆网",大力布局自制网络大电影、综艺、电视剧等自制内容
	腾讯视频	打造"素人选秀"综艺成功破局,大力布局优质影视剧内容吸引用户
	芒果TV	背靠湖南卫视,重点打造自制综艺,延续"小而美"的发展路径
中视频新媒体	B站	围绕"Z世代"人群用户,凭借"二次元"小众文化内容破圈,现寻求打破原小众二次元ACG类目格局,建设成为综合性视频平台
	西瓜视频	字节系短视频产品之一,首创"中视频"概念,通过创作人扶持计划,刺激UGC内容向PGC优质内容迭代,以获取流量增长

续表

短视频新媒体	抖音	字节跳动拳头产品,凭借"音乐+短视频"快速成长为头部流量平台,现今发力中视频领域,寻求用户增长突破
	快手	目标短视频下沉用户市场,实现流量快速增长,现今向高线城市渗透,同步布局中视频领域
功能性新媒体	微博	内容布局从文娱扩展至生活、体育、游戏等多领域,发展"微博视频号"提升流量和变现效率,持续加强对热点和社交等核心功能的产品运营投入
	小红书	内容从以美妆为主到多元化、泛生活化,通过上线"视频号"丰富内容生态,积极提升男性用户占比,通过扩展内容品类,吸引更加泛化的用户群
	知乎	发挥高质量问答优势,搭建多元内容生态,逐步完善商业模式,仍在进行视频化道路探索
综合性媒体	微信	背靠腾讯,受众基数大,内容覆盖面广,依托视频号、公众号、微信支付、小程序、搜一搜、企业微信等产品打造"微信生态",从社交平台转向多功能综合性平台

社会化媒介平台总结

	微博	抖音	快手	小红书	bilibili	知乎	西瓜视频	微信
平台特点	讯息广场	短视频兴趣社区	真实生活分享	生活经验分享	Z世代聚集地	知识问答	短视频个性推荐	全民社交工具
核心竞争力	全民热搜	个性化多元工具	接地气&下沉	女性粉丝	年轻人强黏性	专业知识	中视频&小镇青年	私域社交
商业化表现	高、全链路	高、多元工具	高、多元工具	中、工具单一	低、圈层封闭	中、模式简单	中、流量分散	高、全链路

图4-83 社会化媒介平台汇总

一、长视频新媒体发展路线

以"爱优腾芒"为代表的长视频平台生产的内容具有稀缺性和不可替代性,但其内容制作成本居高不下,对各家平台来说都是短时间内难以解决的行业难题。在此情况下,平台也在积极寻求转型路径。以爱奇艺为例,早前爱奇艺曾过度依赖网文IP自身的热度[①],将相关内容定位为平台S级甚至S+级的大项目,实际上许多内容的影视化成果并不过关,播出后观众并不买账,对平台口碑也造成了影响。除此之外,爱奇艺在年轻偶像和流量明星身上也投入了较多的资源,作为内容的接受方,平台以高价收回作品,虽然明星们收入颇丰,但却让平台的支出成本居高不下。在"限薪令""明星塌房"等行业事件的影响下,爱奇艺也尝试着摆脱过

---

① 深燃.重估爱奇艺[EB/OL].(2022-03-04)[2022-05-13]. https://mp.weixin.qq.com/s/5CmnsWe6ADzIeUus3q6m2g.

去对流量明星和网文IP路径的依赖。

2022年5月26日发布的《爱奇艺2022年一季度财报》显示，2022年一季度爱奇艺营收约为73亿元，营收成本为60亿元，同比下降了16%；销售及管理费用同比下降了38%；归属于公司的净利润为1.69亿元，首次实现季度盈利。①

爱奇艺之所以能够首次实现季度盈利，原因在于其做到了降本增效。财报数据显示，爱奇艺一季度的内容成本为44亿元，同比及环比皆有所下滑。内容成本下降，主要是因为爱奇艺减少了综艺节目的推出数量。爱奇艺的内容投入、内容采购和制作项目资金等均被削减。爱奇艺积极控制人力成本取得的效果也十分明显。2021年末爱奇艺砍掉了一些非核心业务，对企业所属人员进行了全方位优化，客观上降低了爱奇艺的人力成本支出，目前爱奇艺员工不足6 000人，并且一季度人员优化工作还在继续推行，相比之前人员方面的支出已减少了三四成。

在降本增效的同时，爱奇艺还不惜花费重金上线了《猎罪图鉴》《心居》等剧集，在市场占有率和播放量上均取得了不俗的成绩，优质的内容产出成为爱奇艺付费会员人数稳中有升的强有力支撑。在剧集储备方面，爱奇艺也经历了由注重内容数量到注重内容质量的转变，从自制剧栏目《迷雾剧场》到轻松愉快的《一年一度喜剧大会》，再到大火的现实历史题材剧《人世间》，爱奇艺在对精品内容的投入上下足了工夫，成功实现了从高成本低口碑到低成本高口碑的转变。

除了对优势内容做作出调整，长视频平台也着眼于全视频种类，丰富自身视频生态。2020年7月10日，爱奇艺推出了"爱奇艺随刻"（以下简称"随刻"）项目。作为试水中、短视频行业的利器，随刻一经推出便引发热议。相比于抖音、快手等短视频平台，随刻的发力点在于其依托爱奇艺自身的内容IP，鼓励创作者进行二度创作，从而为平台优势内容赋能。但是，随刻的发展始终没有达到公司预期。一方面原因在于，随刻签约扶持的创作者未能持续生产出高质量的作品，原创作品产量无法保持稳定的增长态势；另一方面，同抖音、快手相比，随刻的会员机制和付费模式大大提高了观看成本，与用户已经在抖音、快手等短视频平台养成的观看习惯相悖，导致用户体验感不佳。

除此之外，兴趣社区也是随刻的一大发力点，成为"中国版YouTube"是随刻

---

① "烧钱大户"爱奇艺盈利了！行路难，企业如何在逆境中破局？[EB/OL].(2022-06-13)[2022-06-21].https://m.sohu.com/coo/sg/556731569_121341938.

未来发展的目标。①同样，腾讯视频、优酷也在依托本身的内容资源开拓中、短视频市场，腾讯视频创作号、优酷视频的短视频专区、腾讯视频界面的"圈儿"和优酷视频界面的"社区"，都体现出长视频新媒体致力于打造长短结合的内容平台和视频社区的发展趋势。

二、中视频新媒体发展路线

"中视频"概念被提出以来，不论是平台端还是内容创作者端，目前都正处于高速成长期。中视频兼具短视频的时长优势和长视频的内容优势，这一特点也体现在中视频的内容类型上，从西瓜视频发布的《中视频2021发展趋势报告》可以看出，中视频在知识类、专业类等题材上具有明显优势。2021年西瓜视频、抖音及今日头条的中视频月活创作者数量年增长超80%，中视频内容数量也大幅提高，分布于泛生活、泛知识、泛兴趣等内容赛道。②相较于短视频，中视频的制作难度更高，创作者通常会面临流量焦虑和变现压力，因此对平台端而言，解决创作者在创作方面的问题，吸引更多优质内容创作者加入，是未来中视频行业蓬勃发展的重要推力。从长远来看，泛知识内容依然是中视频的一大竞争优势，B站等中视频平台未来会继续加强泛知识领域布局，以PUGV为内容生态基石的B站一直在用各种方式鼓励平台创作者生产优质内容。

视频逐渐成为用户获取信息的重要途径，在"长、中、短"不同视频内容领域发力，成为平台在未来一段时期内争取用户注意力、增加公司营收的重要支点，以B站、西瓜视频为代表的中视频平台也在向其他视频赛道发力。B站目前兼顾长、短视频，致力于打造全视频生态。在短视频方面，B站推出了Story-Mode竖屏视频，上线不足一年其日活跃用户数量渗透就已经超过了20%。③在长视频方面，B站在纪录片、综艺、晚会等领域都进行了有益尝试，《人生一串》等口碑纪录片，《说唱新世代》等热门网络综艺，"最美的夜跨年晚会""夏日毕业歌会"等晚会

---

① 界面新闻.对话爱奇艺高级副总裁葛宏：随刻核心要做基于IP的二次创作和消费[EB/OL].(2020-07-17)[2022-5-14]. https://baijiahao.baidu.com/s?id=1672456886556514737&wfr=spider&for=pc.
② 中国新闻网.西瓜视频联合抖音、今日头条发布《中视频2021发展趋势报告》[EB/OL].(2022-01-10)[2022-06-23]. https://baijiahao.baidu.com/s?id=1721546316975866823&wfr=spider&for=pc.
③ Tech星球.B站成长的烦恼：拔毛up主、抖音化，只为降本增收[EB/OL].(2022-04-30)[2022-05-14]. https://baijiahao.baidu.com/s?id=1731497969156998051&wfr=spider&for=pc.

IP，都为B站带来了可观的流量和收益。B站公布的2022年影视和综艺片单中也包括《说唱新世代2》《守护解放西3》等"综N代"作品。此外，B站还积极尝试与地方卫视开展合作，如2021年B站与河南卫视联合推出的舞蹈节目《舞千年》，收获了良好的口碑和关注度，2022年B站又联合安徽卫视王牌节目《男生女生向前冲》打造了《哔哩哔哩向前冲》。未来，以B站为代表的中视频新媒体将继续丰富视频内容生态，在保持中视频优势的基础上，加大对短视频和长视频业务的投入力度。

三、短视频新媒体发展路线

截至目前，短视频流量红利尚未见顶，其使用时长和用户黏性持续提升，抖音和快手"两强"格局稳定，短视频行业月活用户站稳9亿大关，平台内容由娱乐类逐渐转向综合类资讯，同时增加了包括电商、本地生活等在内的新业态，短视频的用户规模有望进一步扩大。值得注意的是，短视频的渗透率已经趋近峰值。2019年，快手开放了时长为5—10分钟的视频录制功能内测，同年抖音也宣布将逐步开放15分钟的视频发布能力，这是抖音、快手逐渐重视中视频市场的体现。

我国社会主要矛盾已经转化为人民日益增长的美好生活需要和不平衡不充分的发展之间的矛盾，这在新媒体短视频领域也得到充分显现。在当下碎片化信息井喷式增长的背景下，短视频的用户增长呈现颓废态势。用户在长时间接受同质化信息后，势必会产生视觉和审美疲劳。各大内容平台尝试采取多元化的内容形式打破僵局。

因此，为了满足用户对多元化内容的需求，抖音、快手着重在综艺领域发力，联合卫视频道制作综艺，推出自制综艺。自制综艺方面，抖音、快手尚处于尝试阶段。抖音先后上线了《给你，我的新名片》《很高兴认识你》等自制微综艺，快手也陆续上线了《超Nice大会》《岳努力越幸运》《耐撕大会》等自制综艺，都在相关领域引发热烈反响。而短剧领域的竞争已经进入了白热化阶段。快手短剧主要基于网文IP和平台生态打造，很好地利用了自身在下沉市场的优势，比如《这个男主有点冷》系列短剧的累计播放量一度超过10亿。与快手不同，抖音主要依托自身在一二线城市的用户优势，借力MCN以及明星流量，先后制作了《做梦吧！晶晶》《别怕，恋爱吧！》《为什么还要过年啊》等一系列短剧，其中《恶女的告白》《医生的温度》《柳龙庭传》等多次打破行业播放纪录。

抖音、快手之所以开展长视频内容布局，一方面是迫于竞争对手带来的压力，一家平台开垦了新领域，另一家平台也要迅速跟上行业步伐，防止丧失自身竞争力；另一方面是着眼未来，在信息碎片化时代，短视频占据了主流，但当用户进入疲倦期后，势必会带来流量下滑的问题，如果只局限于短视频这一单一形式，平台迟早会被淘汰。对于短视频平台来说，在中、长视频领域投资，既能提高话题度，又能提升用户停留时长，还能丰富平台变现模式，逐步涉足中视频业务也将成为短视频新媒体的发展趋势。

抖音、快手也将持续为电商业务发力。未来短视频新媒体会加强与商家的联系，加大对品牌商的扶持力度，将企业客户引入平台系统，从以主播带货为主转变为以企业品牌直播为主。

以抖音为例，作为具备依靠大数据分发兴趣、内容和流量优势的平台，抖音电商的起步相对较晚，但能奋起直追，同点淘、快手一道成为当下的主流电商直播平台，这要归功于抖音独特的电商战略：

一是着眼品牌自播。以伊利为例，从入驻抖音电商到达成单场直播成交额破千万的目标，伊利仅用了84天。这主要是因为品牌方拥有精准的消费者细分策略以及有针对性的营销手段，同平台的流量相辅相成，因此互相借力效果显著。

二是注重品牌孵化。通过响应抖音的"兴趣电商"战略，新品牌借助抖音平台更容易讲好自己的品牌故事，快速实现品牌孵化，并且其粉丝黏性和产品复购率极高。以"醉鹅娘小酒馆"为例，入驻抖音后，短短几个月内其账号粉丝数量就突破了100万，截至2022年6月22日，"醉鹅娘小酒馆"的粉丝超过360万，单品销售量更是达到了160余万。

三是围绕用户兴趣分发商品内容。抖音基于自身积累的庞大的用户数据库，利用分发技术将电商内容与潜在的兴趣用户连接起来，很大程度上缩短了品牌产品与需求人群之间的距离，从而吸引了越来越多的品牌商家入驻抖音开展电商直播。

四、功能性新媒体发展路线

相比于视频平台，功能性新媒体早期主要发布图文形式的内容，平台通常主打某项功能，其用户拥有某些共同特点。以提供娱乐资讯为主要功能的社交媒体平台微博，以分享经验和"种草"为主要功能的生活方式平台小红书，以专业解答为主要功能的高质量问答社区及原创内容平台知乎,都是当下主要的功能性新媒体。功能性新媒体虽然最初专注的领域不同,运营模式和商业化程度也存在差异,但是它们面临着一些相似的问题,在未来发展趋势上也存在共性。

(一)发力视频赛道

在短视频盛行的环境下,作为以图文见长的内容平台,微博、小红书、知乎在保持原有图文优势的同时,也在尝试朝视频赛道发力。

2020年7月,微博正式向创作者推出"视频号计划"。《2021年度微博视频号发展报告》显示,截止到2021年12月底,微博视频号的入驻人数超过2 500万,拥有10万以上粉丝的视频号超过15万个,规模占比前三的领域是娱乐明星、时尚美妆、美女帅哥。[①]从数据来看,微博视频号自上线以来规模增长速度快,这得益于微博强大的用户基础及其平台特性。娱乐、热点资讯是微博的优势内容,与搞笑幽默、时尚美妆等内容相关的泛生活类视频,以及与娱乐明星、综艺节目等相关的泛娱乐类视频,在视频规模、视频播放量、热搜数等方面都取得了优异成绩。相较于其他视频平台,微博视频号将更多的注意力放在了vlog上,包括娱乐明星在内的大量微博视频号用户,选择用vlog这一方式来分享生活、记录人生。vlog也是奥运会等大型事件的重要记录载体之一。2021年,微博上有超过124万的人发布过vlog,累计发布数超1 415万。[②]微博官方也会通过发起视频大赛活动等方式鼓励博主们创作vlog。"微博vlog"官方账号在2022年6月3日至6月30日期间发起了"夏日vlog连更挑战"活动,其设置了"最勤更新奖""最勤宠粉奖""优质作品榜",目的是用奖金和流量扶持激励博主提高vlog的数量、质量、互动量。微博每月还会发布"微博vlog原创博主榜单",排名综合考虑了播放量、播放时长、互动量三项数据,用户可以通过榜单发掘平台内的优质vlog博主。除此之外,微博的vlog种类也更为细化,2022年4月"微博影集"官方账号发布了"复古mini vlog"视频大赛活动,内容针对影集和1分钟内的生活分享类视频,鼓励用户记录生活碎片。[③]类似

---

① 微博视频号. 2021年度微博视频号发展报告[EB/OL].(2022-04-21)[2022-05-13]. https://weibo.com/5134019497/LpsZAsAs9?type=comment&sudaref=www.baidu.com&display=0&retcode=6102.

② 微博视频号. 2021年度微博视频号发展报告[EB/OL].(2022-04-21)[2022-05-13]. https://weibo.com/5134019497/LpsZAsAs9?type=comment&sudaref=www.baidu.com&display=0&retcode=6102.

③ 微博影集. 复古永不过时!微博影集复古mini vlog视频大赛重磅来袭![EB/OL].(2022-04-28)[2022-06-23]. https://m.weibo.cn/status/4763199251680122?sourceType=weixin&from=10C6095010&wm=9006_2001&featurecode=newtitle.

的活动都体现了微博深耕vlog领域的发展策略。可以预见，视频号业务在未来一段时间内依然会是微博的重点业务，泛娱乐、泛生活也将是微博视频号中成长最快、粉丝黏性最高的领域，vlog有望成为微博视频号的差异化特色。

早期大众对小红书的主要印象是图片精美，以图文内容为主。但从2022年艺恩发布的《小红书Q1品牌营销报告》来看，目前小红书的优质商业内容以视频为主[1]，这说明小红书用户对视频内容的接受度也较高。小红书在2020年上线视频号时，就向站内达到准入门槛的创作者，以及站外曾在B站、西瓜视频、抖音、快手等其他平台有过创作经验、满足一定条件的优质创作者抛出了橄榄枝，通过百亿流量扶持、去中心化分发机制，扶持视频号创作者生产视频内容。小红书视频内容以UGC为主，视频号创作者可以在创作中心看到多项与视频相关的数据，平台支持用户创作短视频和中视频，视频生态较为丰富。小红书在视频赛道上找准了自身定位，在把握平台优势的前提下发展视频业务。小红书上用户关注度高的美妆、时尚、美食等主题的内容，借助视频形式呈现可能会达到更好的效果，视频笔记成为用户喜爱的笔记形式，也更利于创作者与品牌展开商业合作。未来小红书将大力扶持视频、直播业务，从发展趋势来看，直播和视频也会成为小红书商业化的中坚力量。

知乎作为高质量问答社区和原创内容平台，在图文赛道一直有着内容上的独特优势，但知乎的一系列举措也体现出知乎想要加入视频赛道的决心。2018年知乎就上线过以3—5分钟短视频为主的视频专区，2019年还曾内测过短视频App"即影"。[2]2020年，知乎将视频化作为重要战略，对产品进行了改版，增加了"视频"独立入口，通过"五亿现金""百亿流量"等方式扶持视频答主。然而，知乎的视频化并没有得到大多数用户的认可。同样是以图文内容为优势的平台，小红书的精致图片能给用户带来良好的视觉体验，这符合以视频为主要形式的底层逻辑，而知乎的回答内容以文字为主，用户看重的是其内容专业性而非视听体验，相较于小红书，知乎在视频化道路上受到了重重阻碍。对视频制作技能的要求，将一批拥有专业知识但欠缺视频制作技能的答主拦在了门槛之外，制作视频的时间成本不仅让答主丧失了回答问题的动力，也延长了用户得到问题反馈的周期，图文

---

[1] 艺恩数据. 2022小红书Q1品牌营销报告[EB/OL].（2022-04-13）[2022-05-13]. https://mp.weixin.qq.com/s/FdqUUqWCStklXMnMAPXkyA.

[2] 未来网. "有问题，就会有答案。"视频化时代何去何从？知乎有答案了？[EB/OL].（2022-03-24）[2022-05-13]. https://mp.weixin.qq.com/s/IpahtaFf8RWRjZJhRn6pXw.

回答的社交激励优势也大大减弱。相较于其他视频平台，知乎的视频生态较为单一，早期将文字内容做成"动态PPT"的形式也降低了用户获取答案的效率，"小约翰"等知乎大V纷纷出走，加入B站等平台制作视频内容。

经过一系列尝试，知乎也在不断调整视频业务的发展战略，放弃了与抖音、快手类似的模式，充分利用自身的内容优势，开发出"联合创作"功能，在此功能下，平台的视频创作者可以将图文创作者授权的内容制作成优质视频，与图文创作者共同发布创作的内容，从而发挥各自特长，实现二次分发。从未来发展战略来看，视频仍是知乎内容生态中必不可少的一环。2021年，知乎通过视频回答、联合创作和视频推荐等方式发展了视频业务。未来知乎会继续寻找适合产品本身的视频业务发展道路，探索转变内容的方式。

（二）维护社区生态

社区是功能性新媒体发展中的一个重要概念。在内容社区中，用户有强烈的认同意识，创作者和用户通常有某种共同的需求，在内容社区内用户会积极参与互动，社区会形成自己的特性、风格和氛围，因此用户对社区的归属感、社区带来的身份认同感和平台的用户黏性也会得到提高。

社交是微博的核心竞争力，社区业务在微博生态中占据重要地位。2021年，微博丰富了超话种类，对超话架构进行了调整，超话日均用户微博发布量占全平台微博数量的比例接近20%[1]，体育、游戏等社区的用户规模显著扩大。微博也将持续维护超话社区的生态环境，基于对用户特征、喜好的分析，在"猜你喜欢"中向用户推荐其可能感兴趣的超话，将用户推向超话社区，培养用户访问超话的习惯。

作为生活方式平台，小红书在商业化的过程中注重营造良好的社区氛围，坚持"真诚分享，友好互动"的社区价值观。2022年5月，小红书上线了《社区商业公约》，从交易和营销两方面与商家和品牌作出约定，发出"真诚经营、用心创作"的倡导，希望与商家携手实现"商业与社区共生共赢"。[2]小红书积极规范和引导

---

[1] B站、微博发布近期财报[EB/OL].(2022-03-05)[2022-05-13]. https://mp.weixin.qq.com/s/1eIvkkAHvU8o3JDA0_ofsw.
[2] 小红书正式发布《社区商业公约》[EB/OL].(2022-05-07)[2022-05-13]. https://www.xiaohongshu.com/discovery/item/62760122000000000210399cf.

创作者、普通用户在社区中的行为，例如抵制炫富、反对伪科学等。小红书已经凭借良好的生态吸引了大批品牌和商家，社区内容也持续泛化。未来小红书将继续努力维护良好的社区生态，吸引更多用户和商家入驻。

作为知识社区，知乎在应用首页对内容板块进行了区分，板块包括直播、电竞、健康、知识、娱乐等，以细分方式筛选人群，利于生产和寻找领域内的优质答案，并形成内部认同感，从而让用户间建立起更紧密的联系。提升内容质量和营造社区氛围也是知乎未来长期发展过程的重要工作。

（三）"破圈"吸引多元用户

想要实现长期发展，平台要通过"破圈"吸引多元受众，实现用户持续增长。自"清朗"系列专项行动开展以来，微博上的明星娱乐类内容得以规范，微博在强化热点优势的同时，依托2021年东京奥运会、2022年北京冬奥会等重大体育赛事，通过打造与赛事相关的话题和内容、邀请运动员入驻、开通运动员超话，为微博吸引到了多元用户。未来，微博将继续深化与媒体、文娱、游戏、体育合作方的战略合作，加强对社会性话题的运营力度，吸引更多元的用户。以女性用户为主的小红书也在逐步提高面向男性用户内容的比重，社区内容持续泛化，覆盖健身、知识、体育、科技、教育等多领域，致力于为平台吸引更多男性创作者和用户。

（四）完善个性化商业模式

相较于电商平台和抖音、快手等视频平台，功能性新媒体的商业化渠道较为单一。在广告、电商业务方面，创作者主要通过发布各种形式的广告向用户推荐产品，在功能性新媒体平台内达成交易后，商家通常需要跟电商平台对接货源。为了提高商业化水平，品牌新媒体要找准发展道路，完善自身的商业化模式。

广告和营销业务是微博的主要收入来源。微博坚持发扬品牌优势，以此拓展商业化渠道，依托庞大的用户基数及热点讨论优势，与明星、KOL、头部IP合作，实现整合营销，在各行业市场都拥有一定的竞争力。除了会员、直播、游戏等增值服务，基于知识共享经济新模式，微博还推出了在线付费问答平台"微博问答"。未来，广告依然是微博商业化的重要业务，微博视频号有望为微博带来更多收益，在视频广告和直播收入方面创造更大价值。

为了丰富商业合作形式，小红书推出了直播带货平台"蒲公英"，还打造了自营电商平台"福利社"，便于用户直接在平台上购买产品，努力实现从"种草"到消费的商业闭环。为了提高营销能力，小红书通过专业号、品牌合作、惊喜盒子、品牌专区等多种形式帮品牌进行宣传，从而建立、扩大口碑。[①]为了更好地连接消费者和品牌，小红书推出了"企业号"产品，整合公司从社区营销到交易闭环的资源，帮助品牌在小红书完成一站式闭环营销，提供全链条服务。[②]未来，电商、直播、品牌合作将成为小红书商业发展之路的关键词。

知乎的收入结构正在逐渐优化。知乎2021年财报显示，知乎广告业务收入占知乎营收的比重降低，非广告部分收入比例已达61%。[③]未来，付费会员业务，通过"知+"实现的内容商业化解决方案业务，知识付费变现板块将成为知乎的重点收入来源。

五、综合性新媒体发展路线

依托视频号、微信支付、小程序、搜一搜、企业微信等生态产品，微信从单纯的社交平台发展为多功能综合性新媒体产品，微信生态合力将成为微信未来发展的重要方向，微信视频号、公众号在布局微信生态上也将发挥重要作用。

腾讯2021年财报显示，在视频号直播服务、视频付费会员服务的驱动下，腾讯社交网络收入增长4%，达到291亿元。[④]作为丰富微信内容生态的重要工具，视频号未来将发展重点聚焦于用户喜欢的泛知识、泛资讯、泛生活领域内容，继续扶持原创作者。可以预见，微信视频号未来将在短视频广告、直播打赏、电商业务方面取得更好的商业化成绩。

目前公众号和视频号已经实现了连接，用户可以在公众号的文章里添加视频号中的视频，也可以在视频号下方插入公众号文章的链接，两者可以在内容呈现上实现优势互补，满足用户对图文、视频内容的需求。"公众号+搜一搜"可以扩大

---

① 小红书. 小红书商业化[EB/OL]. (2022-05-13) [2022-05-13]. https://e.xiaohongshu.com.
② 小红书. 关于我们[EB/OL]. (2022-05-13) [2022-05-13]. https://www.xiaohongshu.com/protocols/about.
③ 楚风. 从2021年财报看知乎，你为什么越来越难在平台上学到知识？[EB/OL]. (2022-03-17) [2022-5-13]. https://baijiahao.baidu.com/s?id=1727506413152300344&wfr=spider&for=pc.
④ 卷毛, 松露. 一文看懂快手、微信、B站、微博、知乎最新财报, 巨头们告别增长神话[EB/OL]. (2022-03-29) [2022-5-13]. https://mp.weixin.qq.com/s/R4X_9ln4bWw9oxtxIT0Qdg.

营销推广的影响力;"视频号+直播+电商"可以打通交易链路,提高微信的商业化水平;"视频号+企业微信+小程序"可以提升微信私域运营的能力,企业可以运用视频号开展直播带货,在直播中推送商品链接并借助小程序完成交易。从视频号推出的一系列创作者激励计划,以及其开展的现场演唱会直播等各种尝试来看,视频号已经成为微信未来发展战略中的重点业务。未来视频号将继续鼓励原创内容并保护创作者权益,以现金加流量的激盛模式扶持创作者,加大对直播的投入力度,帮助新主播成长并扶持优质商家。作为打通微信生态的连接产品,视频号将助力微信商业价值获得进一步的提升。

❓ 本节思考题

1. 谈谈长视频、中视频、短视频未来发展战略的差异及各自的侧重点。
2. 谈谈未来新媒体商业化的发展趋势。

附　　录

1　总台新媒体运营概况

New media
总台新媒体运营概况

CONTENT

01. 总台新媒体概况
    Overview of new media of China Media Group.

02. 总台新媒体资源
    New media resources of China Media Group

03. 总台新媒体运营理念及规划
    New media management concept and planning of China Media Group

04. 总台新媒体产品案例概况
    Case study of New media products of China Media Group

PART ONE

总台新媒体概况

（一）网站矩阵

（二）客户端矩阵

（一）依托于传统互联网站形成的新媒体矩阵——央视网

01 央视网自有平台：央视网网站

央视网是中央广播电视总台主办的中央重点新闻网站，1996年12月上线。

02 央视网自有平台：央视影音客户端

央视影音作为总台核心资源客户端之一（央视新闻、央视频、央视财经、央视体育、央视少儿、央视文艺、央视影音、云听系核心资源客户端），是总台节目宣推的重要阵地。

（一）依托于传统互联网站形成的新媒体矩阵——央视网

央视网自有平台：手机电视业务　**03**

CCTV 手机电视自2006年12月开播以来，以专网手机电视业务为核心，全面拓展面向移动通信网的手机阅读、手机动漫、游戏电竞、视频赛事分、人工智能审核、5G消息等业务，构建起面向5G移动智能终端的全媒体产业格局。

央视网自有平台：互联网电视业务　**04**

未来电视是中央广播电视总台央视网旗下自主可控、具有强大影响力的互联网电视新媒体平台，是总台主题主线报道的重要阵地之一。

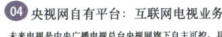

央视网自有平台：移动传媒业务　**05**

央视网移动传媒终端覆盖包括民航频道、饭店频道、城市智慧屏三大场景。

（一）依托于传统互联网站形成的新媒体矩阵——央视网

央视网
站外社交平台传播矩阵

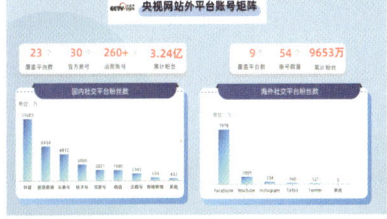

252 新媒体内容创作与运营

（二）新媒体时代下的总台移动社交客户端系列

01 自有客户端：央视新闻
中央广播电视总台新闻新媒体中心的官方客户端，提供丰富的新闻资讯、直播、点播、预告、搜索和分享服务，是重大新闻、突发事件、重要报道的发布平台。

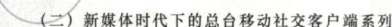

02 自有客户端：央视频
央视频于2019年11月20日正式上线。中央广播电视总台基于"5G+4K/8K+AI"新技术推出的综合性视听新媒体旗舰平台，也是中国首个国家级5G新媒体平台，央视频聚合中央广播电视总台海量优质资源，是主流媒体中首个"视频社交媒体"。

（二）新媒体时代下的总台移动社交客户端系列

03 自有客户端：央视财经
中央广播电视总台财经节目中心官方应用。依托强大的新闻采编系统以及专业的财经数据，提供权威财经资讯、独家财经视角，实现了财经专业新闻的专业服务。

04 自有客户端：央视文艺
中央广播电视总台文艺节目中心官方客户端。汇聚精品文艺资源，涵盖晚会、文艺赛事、综艺节目和文娱资讯，聚合综艺频道、戏曲频道、音乐频道等频道的海量独家资源。为用户量身打造一个可看可听的文艺互动平台。

（二）新媒体时代下的总台移动社交客户端系列

05 自有客户端：央视少儿
中央广播电视总台少儿频道官方客户端。分享知名教师、心理学家、教育专家、艺术家、儿童健康专家等权威人士的文章、视频，为孩子及家长提供权威参考的大师课堂，聚合少儿频道优质资源，是孩子喜欢的视、听、互动等大型资料库。

06 自有客户端：央视体育
中央广播电视总台体育频道官方客户端。为用户提供精彩的赛事直播、全面的视频点播、有深度的赛事报道、主持人和评论员专业点评等内容。

（二）新媒体时代下的总台移动社交客户端系列

07 自有客户端：央视影音
涵盖了央视、卫视、地方频道等多个电视栏目的点播搜索。包括央视及地方卫视精品电视栏目点播回放，央视权威评论、时事热点新闻、精彩体育赛事等高清视频，是网上的CCTV。

08 自有客户端：云听
中央广播电视总台音频客户端，于2020年3月4日正式上线。平台基于"5G+4K/8K+AI"等新技术，在总台的支持下，对聚央广、国广的优质音频资源进行收录、分发、实现音频的综合利用，集纳总台自有视及央广精品节目，聚合全国广播频率，与"央视频"共同构成了总台的"一体两翼"。

站外社交平台传播矩阵

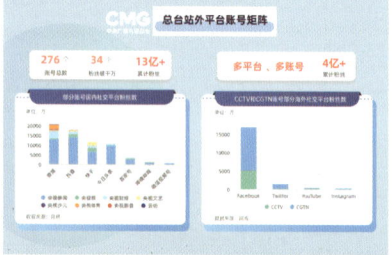

PART TWO
总台新媒体资源

（一）背书　　（四）平台

（二）内容　　（五）客户联动

（三）人力　　（六）媒体聚合

（一）背书资源：国家级媒体权威背书，搭载总台优势资源

1.以热点话题赋能企业，全方位展现品牌自身价值
央视新闻×vivo：
#香港会更好#赋能企业，精美图文尽显产品品质

（一）背书资源：国家级媒体权威背书，搭载总台优势资源

2.以聚合性影响力拓宽用户覆盖面，在广域圈层打开品牌知名度
央视频×蒙牛：
热点事件结合产品植入，展现品牌价值格局

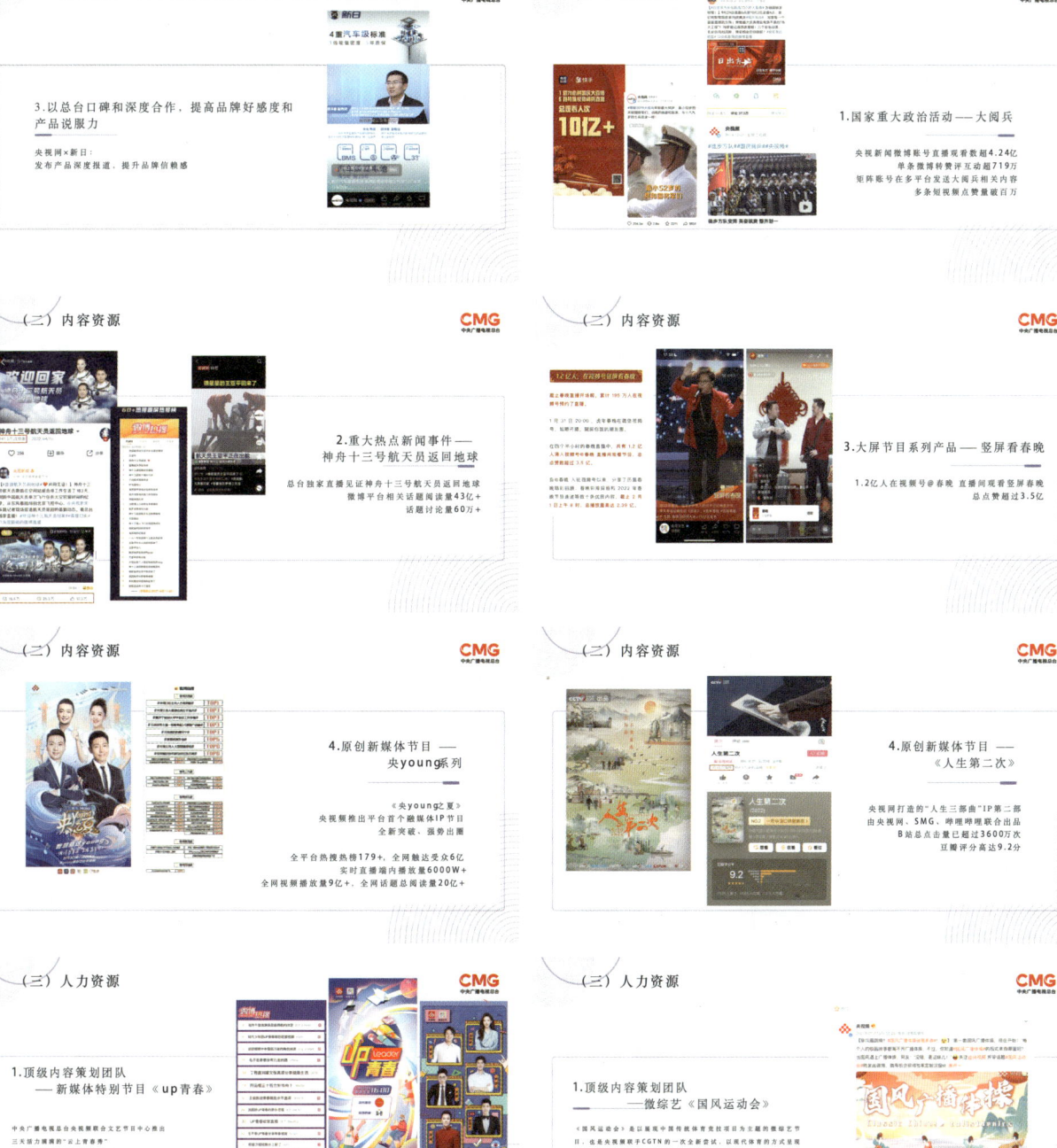

（三）人力资源

1. 顶级内容策划团队
   —— 定制创意直播

   王冰冰探秘娃哈哈生产线

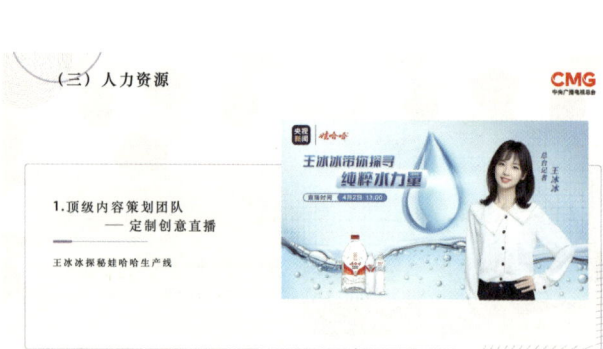

（三）人力资源

1. 顶级内容策划团队
   —— 花式活动策划

   更多花式活动策划，各种创意玩法

（三）人力资源

2. 优质内容制作与执行团队
   —— 内容生产实力，百亿传播兼具口碑和流量 —— 冬奥会新媒体产品

（三）人力资源

2. 优质内容制作与执行团队
   —— 超强IP赋能，商业与内容无缝融合

（三）人力资源

2. 优质内容制作与执行团队
   —— 落地合作，超强执行展现平台力量的大型活动发布会

2022烟台国际葡萄酒节启动发布会，"央地联动"擦亮烟台葡萄酒节品牌，总台充分发挥融媒体资源矩阵优势，实现活动内容的全媒体传播，地方优势产业与央媒体平台力量相结合，推动地方经济高质量发展，助力讲好中国故事，传播地方特色文化，引领消费升级，擦亮"烟台葡萄酒"这张递给世界的文化名片。

（三）人力资源

2. 优质内容制作与执行团队
   —— 文旅线下合作新模式

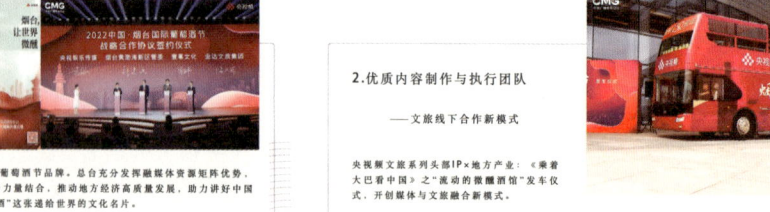

央视频文旅系列头部IP×地方产业：《乘着大巴看中国》之"流动的微醺酒馆"发车仪式，开创媒体与文旅融合新模式。

（三）人力资源

3. 王牌主持人及明星记者
   —— 总台主持人矩阵

（三）人力资源

3. 王牌主持人及明星记者
   —— 总台记者矩阵

附录　255

（四）平台资源

（五）客户联动资源

为美好生活拼了

央视携手国美、拼多多、京东

（六）媒体聚合资源

1. 央视系新媒体多平台合力

总台举办的发布会在央视新闻、央视频、央视财经、央视体育、央视网等多个央视系新媒体平台传播。

（六）媒体聚合资源

2. 社交平台矩阵账号传播

"超级月亮"视频在央视新闻客户端、微博号、头条号、快手号、抖音号、微信公众号、微信视频号等多个央视新社交平台矩阵账号上发布。

（六）媒体聚合资源

3. 媒体合作多渠道宣发

央视《你好生活第三季》相关内容在人民网、新华网、光明网、工人日报、中国青年网等多个新媒体账号上发布。

PART THREE

总台新媒体运营
理念及规划

（一）共赢

（二）融合

（一）建构新媒体闭环新生态，实现内容、商业与平台价值共赢

1、内容

总台全面布局内容生态，以多样化内容创新实现新媒体平台经营突破。依托专业采编团队和海量独家资源，结合前沿热点与品牌个性，打造爆款图文内容和定制视频、节目。总台在转向国际一流原创视音频制作发布全媒体机构的道路上，坚持新媒体内容多元化、精品化，实现内容与商务的完美融入、和谐共赢。

（一）建构新媒体闭环新生态，实现内容、商业与平台价值共赢

2、平台

总台不断推进新媒体平台建设，加速向大、中、小屏联动一体化迈进。央视网系列、央视新闻、央视频、央视财经、央视文艺、央视少儿、央视体育、央视影音、云听等自有客户端、微博、快手等站外平台的央视新媒体账号都在飞速发展，触达各个领域用户。新媒体账号矩阵影响力不断扩大。

总台的5G新媒体平台央视频累计下载量已达4.3亿，累计激活用户数超过了1.5亿。央视新闻抖音账号粉丝量高达1.4亿。多渠道、广覆盖、高流量的新媒体平台建设是总台新媒体经营发展的有力保障。

（一）建构新媒体闭环新生态，实现内容、商业与平台价值共赢

3、商务
节目产品、内容产品、运营产品齐头并进

（二）打造全新媒介融合链条："网频"融合

1、融合的本质维度在央视网和央视频客户端的呈现
（1）传统pc与移动互联

央视网
随着中国公用计算机互联网开通，中国PC互联网发展逐渐进入快车道，国内新闻门户网站发展步入萌芽期，1996年中央广播电视总台主办了中国最早发布中文信息的新闻网站之一——央视网。

央视频
随着信息传播技术的飞速发展，2014年媒体融合上升为国家战略，随后几年视频社交媒体崛起，随着5G时代到来，2019年基于"5G+4K/8K+AI"等新技术推出的综合性视听社交新媒体平台央视频上线。

（二）打造全新媒介融合链条："网频"融合

（2）长视频与中短视频

央视网
长视频生态，内容以新闻资讯、频道栏目、特别报道、大赛晚会等完整视频节目为主

央视频
长短结合，以中短视频为主。
拥有大量依托总台资源生产的短视频和移动直播

（二）打造全新媒介融合链条："网频"融合

（3）内容生态与账号生态

▶ **央视网**
注重布局内容生态，"资讯+社区"、"图文+视频"的多元化内容呈现方式，为网民提供全面、直观的内容服务，以新闻为龙头，以视频为重点，实现精品内容的最大化传播。

▶ **央视频**
注重账号和运营，以账号体系为内容聚合逻辑，独家打造垂直内容体系与账号森林体系。在依托总台队伍的同时引进外部优质账号。

（二）打造全新媒介融合链条："网频"融合

（4）浏览量与粉丝量

央视网
UV: Unique Visitor 独立游客。央视网需要浏览量，因此通过用户IP排重统计数据：央视网没有时间范围限制，指访问用户数（去重）。一般会每日UV，现在一般指PC站的访问用户数。

央视频
DAU: Daily Active User 日活跃用户。央视频需要粉丝数，因此通过用户ID排重统计数据：央视频增加了时间限制，指每日访问用户数（去重），现在一般指APP的日活用户数。

（二）打造全新媒介融合链条："网频"融合

3、融合路径
INTEGRATION PATH

- **01 体制层面**
  调整组织架构，深化中台视角

- **02 技术层面**
  倡导技术融合，打破媒体边界

- **03 内容层面**
  打造鲜明标识，形成互补效果

- **04 经营层面**
  灵活调配资源，建构服务平台

（二）打造全新媒介融合链条："网频"融合

2、融合策略
INTEGRATION STRATEGY

▶ **面向央视频的融合策略**
合理规划内容播出周期，打造优质短视频；营造社交氛围，提升互动效果

▶ **面向央视网的融合策略**
多样化内容建设，建立产品矩阵；开展IP合作，形成传播合力

PART FOUR

总台新媒体产品案例概况

（一）图文编辑

《总台独家揭秘！多角度北斗三号全球系统"收官之星"点火升空如何拍摄？》

央视新闻微信公众号文章阅读量10万+，内容受到网友好评

（二）视频定制

菜鸟：《财运道道道》菜鸟   卓尔控股有限公司：《国聘行动第三季》卓尔

微博#财运道道道#话题阅读次数3793万   微博#国聘行动#话题阅读次数1.1亿
单条微博阅读量162万   讨论次数7.3万

（二）视频定制

一汽红旗：《数字样板工程》一汽红旗

微博#数字样板工程#话题阅读次数5568.4万，单条微博阅读量52万。

（三）发布会

总台2022"品牌强国工程"发布活动

央视新闻客户端活动相关新闻单条阅读量近50万。

（三）发布会

2022卡塔尔世界杯融媒体传播服务方案发布会

央视频客户端发布会视频观看次数超过77万
央视新闻客户端活动相关新闻单条阅读量超过85万

（四）论坛

百度世界大会

直播总观看量1.1亿
总曝光量超5亿

（五）直播探店

老板电器工厂探访   走进谭木匠工厂

直播观看量破千万
单条微博1578万，微博话题量1.5亿
央视网#人人都爱中国造#话题阅读次数高达5.8亿

（六）新品上市

红旗：《新使命 新红旗 新技术 新旗迹》   vivo：《夜游中国》

全网观看量破亿

直播单条微博阅读量3691万
视频观看次数699万
#朱广权夜游中国#话题阅读次数1.7亿

（六）新品上市
橙子数字科技《长期主义者的高光方式》

#长期主义者的高光方式#微博话题阅读次数1019.2万，央视网单条微博阅读量32.3万

（七）热点话题
蒙牛：共和国授勋仪式 主播说联播

单条微博阅读量5375万，#送属于的阿中哥上热搜#话题阅读次数3646万

（七）热点话题
伊利：神舟十三号凯旋 联合致敬欢迎英雄回家

4.16央视网和伊利舒化带话题发布短视频 舒化@央视网微博账号进行互动　4.17央视官方微博话题 @伊利官方微博　相关话题 阅读总次数破亿　4.18伊利官方微博 @央视网互动

话题#探索不易 欢迎英雄回家#视频观看次数3024万；
话题#探索不易 欢迎英雄回家#话题阅读次数1亿；
话题#伊利携手中国航天#话题阅读次数1.9亿。

（八）产品海外传播：长城车展
英语、阿拉伯语、西班牙语

三场直播加短视频、海报等共获得全球覆盖超1.5亿次，同时还包括海外企业在华宣推、出海咨询等业务

（九）大屏节目的新媒体延伸
撒开聊

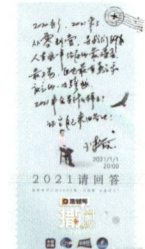   

全网直播观看量数3200万，7个相关微博话题阅读量超12亿
3个切条视频实时冲上微博热搜榜，微博平台30万网友留言互动

（九）大屏节目的新媒体延伸
@青春，2022！

直播观看量4500万+
相关视频累计播放量2亿+
上榜热搜81个

（九）大屏节目的新媒体延伸
竖屏看春晚

直播前观看量达2100万
除夕当晚观看人数1.2亿，观看人次超2亿
点赞数超过3.5亿次，总评论数超过919万次

（十）原创新媒体节目：央young之夏

    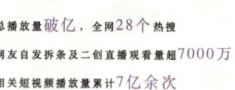    

总播放量破亿，全网28个热搜
网友自发拆条及二创直播观看量超7000万
相关短视频播放量累计7亿余次

（十）原创新媒体节目：央young之夏

全网热搜179个
8个微博热搜前十，5个抖音前十，19个快手前十，4个B站前十
#央young之夏#主话题总阅读量8.4亿
节目阅读及互动量逾30亿

（十）原创新媒体节目：央young之夏

首档登上《新闻联播》的总台原创网综
首档先网后台的总台综艺节目

（十一）新闻报道日常植入

安踏植入前方记者衣着

（十二）直播带货

未来有望打造总台独立的电商平台
做到选品、运营、支付、售后一体化服务

（十三）实体产品

联名：央视新闻&泡泡玛特

（十三）实体产品

总台IP产品——春晚系列
福牛春碗、生肖和合虎

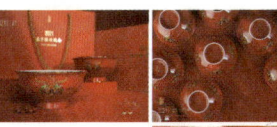 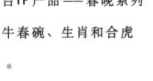  

（十三）实体产品

总台IP产品——口罩

（十三）实体产品

总台IP产品——口罩

后 记

《新媒体内容创作与运营》是一本工作指南，更是一部记录媒体人成长转型、拓宽边界的答案之书，其编写过程承载了学界及业界新媒体人们对新媒体事业的热爱与反思。

感谢中国传媒大学文艺编导专业赋予我的行业基因，赋予我思辨能力洞察瞬息万变的媒体行业发展。

感谢中国传媒大学与业界平台给予我理论及实践相结合的空间。感谢学界专家及业界一线新媒体内容创作与运营团队对本教材的支持。

感谢中央广播电视总台；感谢人民日报新媒体中心、人民网；感谢新华社音视频部、新华网；感谢新浪微博、北京字节跳动科技有限公司、北京快手科技有限公司、哔哩哔哩、小红书、知乎等相关新媒体内容创作与运营平台的支持。

同时感谢参与本教材资料整理、内容文献核对、数据分析、绘图及对业界项目进行系统分析的各位同学，他们分别是：中央广播电视总台张楚、秦睿迪，新华社刘音苑、张文嵘，人民日报胡润新、余秋雨、李思尧，中视前卫张淑雅，中国传媒大学张师迅、武俊豪、张李聪、黄丹仪、武婷婷、余佩璇、罗艺、毛雨佳、贺雅欣、张安妮、刘蕙瑄等。

特别感谢央视频王佳对本教材的整体规划与统筹。

特别感谢本教材理论顾问中国传媒大学媒体融合与传播国家重点实验室研究员熊皇。

感谢每一位深耕在创作一线的行业伙伴及各位行业前辈，感谢在这个机遇与冲击纷至沓来的新媒体时代，我们仍然坚守着传媒理想与专业初心。

朱星辰

中国传媒大学广播电视艺术学教授，博士生导师

图书在版编目（CIP）数据

新媒体内容创作与运营／过彤，关玲，朱星辰著． -- 北京：中国传媒大学出版社，2024.4
（2025.2重印）
ISBN 978-7-5657-3358-1

Ⅰ．①新… Ⅱ．①关… ②过… ③朱… Ⅲ．①传播媒介—网络营销 Ⅳ．①G206.2

中国版本图书馆CIP数据核字（2022）第248152号

新媒体内容创作与运营
XINMEITI NEIRONG CHUANGZUO YU YUNYING

著　　者	过　彤　关　玲　朱星辰
策划编辑	曾婧娴
责任编辑	曾婧娴
责任印制	李志鹏
封面设计	张李聪
出版发行	中国传媒大学出版社
社　　址	北京市朝阳区定福庄东街1号　　邮　编　100024
电　　话	86-10-65450528　65450532　　传　真　65779405
网　　址	http://cucp.cuc.edu.cn
经　　销	全国新华书店
印　　刷	北京中科印刷有限公司
开　　本	787mm×1092mm　1/16
印　　张	黑白16.25　彩插0.75
字　　数	323千字
版　　次	2024年4月第1版
印　　次	2025年2月第2次印刷
书　　号	ISBN 978-7-5657-3358-1　　定　价　59.80元

本社法律顾问：北京嘉润律师事务所　　郭建平